CODE

ET

MÉMORIAL

DU TRIBUNAL DE CASSATION.

CODE

ET

MÉMORIAL

DU TRIBUNAL DE CASSATION,

CONTENANT:

TOME I. Tous les Décrets, articles de lois et arrêtés relatifs au tribunal de cassation ; le Réglement de 1738, sur la forme de procéder qui s'y observe, etc.

TOME II. L'Analyse alphabétique ou Dictionnaire de tous les jugemens rendus par ce tribunal, en matière civile, depuis son installation.

Recueillis et publiés par le citoyen G........, homme de loi et défenseur officieux près ce tribunal.

TOME SECOND.

Prix 6 liv., et 8 liv. franc de port, les deux volumes.

A PARIS,

Chez { L'Éditeur, rue du Coq-Honoré, N°. 123.
Rousseau, Imprimeur, rue Saint-Dominique, N°. 8, près la place Saint-Michel.

AN VI DE LA RÉPUBLIQUE.

TABLE

Des articles ou mots principaux sous lesquels on a placé les divers jugemens contenus dans ce second Volume.

Fin de la Table.

AVIS

AU LECTEUR.

A la fin de la plupart des articles, on trouvera un numéro avec la lettre B ou E.

La lettre B indique que le jugement est extrait du Bulletin du tribunal de cassation, imprimé par ordre du directoire.

La lettre E indique que le jugement est extrait des États rendus annuellement au corps législatif par le tribunal de cassation.

Les jugemens qui ne sont côtés d'aucun numéro, sont tirés des minutes mêmes du greffe, ou d'affaires particulières.

DICTIONNAIRE

O U

NOTICE ALPHABÉTIQUE

*Des jugemens du Tribunal de Cassation,
en matière civile.*

A B S E N S.   A C Q U I T.

ABSENS. *Du 8 ventôse, an 4.* Annullation sur la demande de Carbonneau, contre la femme Caumont, d'un jugement arbitral, du 8 fructidor, an 2.

Il s'agissait d'une succession à laquelle Carbonneau, alors défenseur de la patrie et à l'armée, avait intérêt. Il avait été sommé ; des arbitres avaient été nommés en son absence, et le juge de paix n'avait averti ni lui, ni le ministre de la guerre, et l'agent national n'avait pas convoqué sa famille pour lui nommer un curateur.

Contravention aux articles 1 et 2 de la loi du 11 ventôse, an 2, qui voulaient que le juge de paix l'avertît...... et instruisit le ministre de la guerre, et que l'agent national convoquât sa famille à l'effet de lui nommer un curateur. (N⁰. 171, E.) Voyez *Défenseurs de la patrie.*

ACQUIT A CAUTION. I. *Du 4 prairial, an 3.* Annullation sur la demande de la Commission des revenus nationaux, contre Jean Prevost, des jugemens du tribunal de Charleville, des 27 thermidor et 7 fructidor, an 2.

Il s'agissait de bestiaux saisis comme passant à l'étranger. Prevost avait eu un acquit à caution pour les conduire de Rocroy à Sedan ; mais il ne l'avait pas fait décharger, et n'en avait point pour son retour.

Cependant après l'avoir admis à des preuves vocales, le tribunal de Charleville lui avait accordé main-levée.

Contravention à la loi du 11 septembre 1793, et à celle du 29, suivant lesquelles il est prescrit de prendre des acquits à caution au lieu du départ, et de les faire viser au lieu de la destination. Voyez *Douanes*. (N°. 63, E.)

2. *Du 26 prairial, an 4.* Annullation sur la demande de Pierre Vervaerde, contre Louis Cornech et Louis Vanneuville, d'un jugement du tribunal d'Hazebrouck.

Il s'agissait d'une saisie de farines faite sur Vervaerde, faute d'acquit à caution dans l'espace de deux lieues frontières, mais dans sa cour, où les farines étaient arrivées. Le juge de paix l'avait condamné à l'amende, et le tribunal d'Hazebrouck avait confirmé la sentence.

Fausse application des articles 9, 10 et 12 de la loi du 4 nivôse, an 3, qui maintient la formalité des acquits à caution dans les deux lieues frontières ; car la représentation de l'acquit à caution n'avait pu être demandé que dans le transport, et non après l'arrivée et dans la cour de Vervaerde, où il n'était plus nécessaire. (N°. 72, E.)

ADMINISTRATEURS, ADMINISTRATION, FONCTIONS ADMINISTRATIVES. Le nombre des cassations de jugemens de tribunaux civils, criminels et de police, comme étant en contravention aux lois qui ont fixé l'indépendance du pouvoir administratif, et comme contenant excès de pouvoir, est très-considérable. On n'a rapporté ici que les espèces les plus remarquables. On en trouvera plusieurs autres aux mots *municipalités, excès de pouvoir, réglemens, contributions, biens nationaux, émigrés*, etc.

I. *Du 3 mai 1792.* Annullation sur le réquisitoire du commissaire du pouvoir exécutif, d'un jugement rendu par le juge de paix de Montagrin, contre le procureur-général-syndic du département de la Dordogne, en sadite qualité, le 18 janvier 1792.

La demande formée contre le procureur-général-syndic, n'avait été précédée d'aucun mémoire présenté aux corps administratifs.

Contravention à l'article 15 de la loi du 29 octobre 1790, qui porte : *Il ne pourra étre exercé aucune action contre le procureur général-syndic, en sadite qualité, par qui que ce soit, sans qu'au préalable on se soit pourvu par simple mémoire, d'abord au directoire du district, pour donner son avis, ensuite au directoire du département, pour donner une décision, à peine de nullité.* (N°. 5, E.)

II. *Du 20 juillet 1793.* Annullation d'une ordonnance du tribunal de Mont-de-Marsan, du 16 octobre 1792.

Buyard était créancier, comme adjudicataire de certains travaux publics.

Le directoire du département des Landes, lui délivra, le 24 juillet 1792, un mandement de la somme de huit cent cinquante livres, en numéraire métallique, sur Mauriet, trésorier des bastilles de Marsan.

Mauriet, à la représentation du mandement, offrit d'y satisfaire en assignats ; mais Buyard refusa de les recevoir.

Menacé de contrainte, Mauriet se pourvut au tribunal de Mont-de-Marsan, et en obtint une ordonnance de sursis et permission d'assigner.

Il était alors rigoureusement défendu par la loi, d'établir aucune différence entre les assignats et la monnaie de métal, ce qui fournissait à Mauriet son prétexte.

D'un autre côté cependant, Mauriet avait dans sa caisse du numéraire métallique ; il était dépositaire, et ce n'était point à lui qu'il appartenait de régler la disposition des objets du dépôt.

Mais quelle que fut au fond la difficulté de cette affaire, le tribunal de Mont-de-Marsan n'avait pu recevoir la requête de Mauriet, lorsqu'il était question d'un fait de pure administration, de travaux publics, du régime d'une caisse publique, et du mandement d'un corps administratif.

III. *Du 13 germinal, an 2.* Cassation d'un jugement du tribunal du district de Vierzon, du 10 novembre 1790, sur la demande du procureur-général-syndic du département du Cher, contre François Baucheton.

Il s'agissait du fermage d'un bien national, dans lequel l'administration du district avait maintenu le fermier, et que le tribunal de Vierzon avait déclaré nul.

Contravention à l'article 13 du titre 2 de la loi du mois d'août 1790, et à l'article 10 du titre 2 de la loi du mois de novembre 1790, sur l'administration des biens nationaux. (N°. 77, B.)

IV. *Du* 17 *thermidor, an* 2. Entre Fievet, Clequet et autres, cassation d'un arrêté du tribunal du district de Cambray, du 18 juin 1792, en ce qu'il avait jugé le tribunal de Douai incompétent pour connaître de la validité d'un bail à ferme d'un bien national, après l'adjudication et le renvoi fait aux tribunaux par l'administration même du département.

Fausse application de la loi qui défend aux tribunaux de s'immiscer dans les opérations des corps administratifs.

Décidé que lorsque les biens nationaux sont sortis, par l'aliénation, des mains de l'administration, c'est aux tribunaux à connaître des contestations qui peuvent s'élever entre les adjudicataires et les fermiers.

Nota. Il y avait cependant ici cette circonstance, que l'administration de département avait d'abord déclaré le bail valable, et le tribunal de Douai l'avait déclaré nul. (N°. 172, B.)

V. *Du* 8 *messidor, an* 3. Annullation sur le réquisitoire du commissaire national, d'un jugement du juge de paix du canton de Sauret, du 13 ventôse, et d'autre jugement du tribunal du district de Tarascon, du 26 germinal, an 3.

Le juge de paix avait condamné le maire de Bedzillac à remettre une certaine quantité de seigle qu'il s'était fait délivrer chez un particulier, par réquisition pour le compte de la république, sans que sa conduite eut été soumise préalablement à l'administration supérieure, et le tribunal de Mâcon avait confirmé le jugement.

C ADMINISTRATEURS.

Contravention à l'article 2 de la loi du 24 octobre 1790, qui porte : *Aucun administrateur ne peut être traduit dans les tribunaux pour raison de ses fonctions publiques, à moins qu'il n'y ait été renvoyé par l'autorité supérieure, conformément aux lois.* (N°. 79, E.)

VI. *Du 29 brumaire, an 3.* Annullation d'un jugement du tribunal de district de Sarguemines, du 19 prairial, an 2, confirmatif d'un jugement du tribunal correctionnel, du 25 floréal précédent.

Bassigny et Larbeletier furent dénoncés pour avoir empêché, par un concert frauduleux, que les enchères relatives à l'adjudication d'un bien national, ne fussent élevées à sa vraie valeur.

Bassigny et Larbeletier furent condamnés à l'amende et à la détention.

En même tems ces tribunaux avaient annullé l'adjudication qui avait été faite et dont la validité ne pouvait former une question judiciaire, et ils avaient renvoyé l'affaire à l'administration seulement pour procéder à la revente.

Dans ces dernières dispositions, il y avait entreprise sur l'administration.

VII. *Du 23 nivôse, an 4.* Annullation d'un jugement rendu au district de Sens, le 3 floréal, an 3, sur la dénonciation et le réquisitoire du commissaire du pouvoir exécutif.

Le fait est que, Legrand, *étapier*, avait mis en réquisition trois cents livres de foin ; le tribunal du district de Sens a pris connaissance de la contestation élevée sur la validité de cette réquisition, et à jugé que Legrand n'avait pas qualité pour la faire.

Le motif de cassation est la contravention à l'article 13 du titre 2 du décret du 21 août 1790, qui défend toutes confusions de fonctions judiciaires avec les fonctions administratives, qui défend aux juges de troubler les opérations des corps administratifs, ni de citer devant eux les administrateurs pour raison de leurs fonctions. (N°. 54, E.)

VIII. *Du 22 ventôse, an 4.* Annullation sur le réquisitoire du commissaire du directoire exécutif, d'un jugement du tribunal de Coutances, du 14 thermidor, an 2.

Il s'agissait de prétention d'un adjudicataire national. L'administration de département avait rejeté la réclamation, le tribunal de Coutances l'avait adjugée.

Entreprise sur l'administration ; contravention à l'article 13 du titre 2 de la loi du mois d'août 1790, selon lequel les juges ne peuvent..... troubler..... les opérations des corps administratifs. (N°. 181 , E.)

IX. *Du 18 germinal, an 4.* Annullation sur la demande de l'agent national du département du Finistère, contre Coader et Legouziet, d'un jugement du tribunal de Quimper, du 19 fructidor, an 2.

Il s'agissait de la révendication de biens, dont l'administration avait pris possession après l'émigration de Dumimoire : elle avait été formée directement, sans réclamation préalable, auprès de l'administration.

Contravention à l'article 15 du titre 3 de la loi du mois de novembre 1790, qui voulait qu'il ne fut exercé aucune action contre le procureur-général-syndic, en sa qualité, sans qu'au préalable on ne se fut pourvu, par simple mémoire, aux corps administratifs, à peine de nullité. (N°. 15, E.)

X. *Du 28 floréal, an 4.* Rejet d'une demande en cassation présentée par Bertrand et consorts, contre un jugement du tribunal de Saint-Etienne, du 17 vendémiaire, an 4.

L'administration du district de Villefranche fit adjudication des fruits des biens de Groslier, prétendu émigré, à Bertrand et autres.

Groslier justifia qu'il n'était pas émigré, et obtint la levée du sequestre mis sur ses biens.

Il demanda la nullité de l'adjudication, offrant aux adjudicataires le remboursement de leurs impenses.

Le tribunal de Villefranche rejeta cette demande ; mais sur l'appel, elle fut accueillie par le jugement du tribunal de Saint-Etienne.

Parmi les moyens de cassation que proposaient Bertrand et consorts, était l'excès de pouvoir, prétendu commis en ce que cette affaire était de la compétence de l'administration.

Dans le jugement, qui rejeta cette requête, il est dit sur ce point, que le jugement de Saint-Etienne avait statué sur des intérêts particuliers, sans aucun rapport avec les fonctions administratives.

XI. *Du 22 fructidor, an 4.* Rejet d'une requête en cassation présentée par la nommée Descoings, contre deux jugemens, l'un du tribunal civil du département de la Seine, et l'autre confirmatif du premier, rendu par le tribunal du département de Seine et Marne.

La Descoings prétendit que les meubles sur lesquels les scellés avaient été apposés lors de l'arrestation du représentant du peuple Joseph Delaunay, depuis condamné révolutionnairement, lui appartenaient ; elle en obtint la main-levée par arrêtés du bureau national des domaines, des 25 frimaire et 12 nivôse, an 3.

Postérieurement ces meubles furent révendiqués par les héritiers de Joseph Delaunay, qui obtinrent du tribunal du département de la Seine, un jugement conforme à leur demande, lequel fut, sur l'appel, confirmé par celui du département de Seine et Marne.

Entre autres moyens, la fille Descoings articulait contre ces jugemens le reproche de l'excès de pouvoir, en ce qu'ils avaient réformé des actes d'administration.

La demande en cassation fut rejetée par le bureau des requêtes, en ce qu'il n'y avait plus d'intérêt national ni de compétence administrative ; la question de propriété entre des particuliers avait été celle des tribunaux.

XII. *Du 27 fructidor, an 4.* Annullation, sur le réquisitoire du commissaire du pouvoir exécutif, de jugemens du tribunal du Var, des 16 germinal, 19 floréal et 5 messidor précédens.

Il s'agissait d'une saisie de grains et farines, pour contravention aux lois des 4 thermidor, an 3, et 7 vendémiaire, an 4.

Le tribunal, en réformant la sentence du juge de paix, avait refusé d'admettre le commissaire du pouvoir exécutif près la municipalité de Moissac, à prendre dans l'instance la place du ci-devant procureur de la commune ; il avait cassé la saisie et condamné ce dernier officier à rendre les grains et farines, et à des dommages-intérêts ; ensuite il avait rejeté la tierce-opposition, tant dudit commissaire du pouvoir exécutif, que de celui près l'administration du Lot.

Contravention à l'article 203 de la constitution, qui ne permet pas aux juges de citer devant eux les administrateurs pour raison de leurs fonctions, et à plus forte raison ne permet pas de les condamner.

Et encore à la loi du 19 nivôse, an 4, articles 1 et 2, qui chargeaient les commissaires du pouvoir exécutif près l'administration, de diriger les actions en justice, intentées par les corps administratifs au nom de la république. (N°. 135, E.)

AFFIRMATION. *Du 29 brumaire, an 2.* Cassation d'un jugement en dernier ressort, rendu par le ci-devant présidial de Clermont-Ferrand, le 18 février 1789, sur la demande de Jean-Baptiste Guerrier, fils, capitaine de l'armée révolutionnaire de Paris, contre François Cuel, ex-député à l'assemblée nationale.

Ce jugement avait admis le citoyen Guerrier, père, appellé en garantie, à affirmer que le citoyen Cuel avait acquitté le billet de douze cents livres ; répété contre lui par le citoyen Guerrier, fils, et sur l'affirmation du père, Cuel avait été renvoyé de la demande.

Annullé comme contraire à l'article 2 du titre 20 de l'ordonnance de 1667, qui veut qu'il ne soit admis aucune preuve par témoins contre le contenu aux actes. (N°. 9, B.) Voyez *Preuve testimoniale.*

AJOURNEMENT, ASSIGNATION, CITATION.
I. *Du 10 juin 1791.* Annullation d'un arrêt rendu

par le conseil supérieur du Port-au-Prince, le 17 juillet 1781, entre Dufresne, Antoine Thermes et autres.

L'assignation donnée à Dufresne, pour procéder au conseil supérieur du Port-au-Prince, sur l'appel qu'il avait interjeté du jugement de première instance, n'avait été signifiée ni à sa personne, ni à son domicile.

Contravention à l'article 3 du titre 2 de l'ordonnance de 1667, qui porte que : *Tous exploits d'ajournement seront faits à personne ou domicile, à peine de nullité.* (N°. 45, E.)

II. *Du 3 novembre 1792.* Annullation sur la demande de François Boissel, d'un arrêt du conseil supérieur du Cap, du premier décembre 1767, et de tout ce qui s'en est ensuivi.

Cet arrêt, *sur le compte verbal,* rendu à la cour, par le procureur-général du conseil supérieur du Cap, sans ajournement, sans instruction de procédure écrite et sans discussion contradictoire, avait prononcé, *par forme de discipline,* l'interdiction de Boissel de ses fonctions d'avocat et de procureur. Celui-ci avait inutilement épuisé tous les moyens de faire entendre ses réclamations.

Contravention aux dispositions de l'ordonnance de 1667, sur les formes de procéder, et notamment, 1°. A l'article premier du titre 2, qui porte : *Les ajournemens et citations en toute matière et en toute juridiction seront libellés.*

2°. A l'article 3 du même titre, qui veut que tous exploits d'ajournement soient faits à personne ou domicile, etc.

3°. Aux articles 3 et 4 du titre 11, et à l'article premier du titre 14 de la même ordonnance. (N°. 31, E.)

III. *Du 11 germinal, an 2.* Cassation de deux jugemens rendus par le tribunal de commerce de Montpellier, des 19 décembre 1791, et 7 février 1792, sur la demande des citoyens Troilhet, frères, négocians, contre Joseph Barthélemy, négociant, et le nommé Rougier, agent de change.

Des billets à ordre avaient été passés par les frères Troilhet, à Barthélemy, et par celui-ci à Rougier. Un de ces billets, de cinq cents livres, ayant été protesté en la personne des Troilhet, Rougier, qui en était le porteur, fit assigner les Troilhet demeurans à Carcassonne, au domicile de Barthélemy, à Montpellier, comme étant *débiteurs solidaires*, pour paraître dans le jour, au tribunal de commerce de la même ville. Et ledit jour, jugement de condamnation.

Cassé, en ce que ledit Rougier n'avait pas fait assigner les Troilhet à leur domicile à Carcassonne, conformément à l'article 3 du titre 2 de l'ordonnance de 1667, qui porte que : *Tous exploits d'ajournemens seront faits à personne ou à domicile.* (N°. 76, B.)

IV. *Du 16 brumaire, an 5.* Annullation sur la demande de Crécy, contre la commune de Riès, d'un jugement arbitral du 28 septembre 1793.

Il s'agissait de biens communaux ; les citations et significations relatives à l'instruction de l'affaire avaient été faites à Crécy, dans un domicile faussement énoncé dans la nomination des arbitres.

Contravention à l'article 3 du titre 3 de l'ordonnance de 1667, selon lequel tous exploits d'ajournement sont faits à personne ou domicile. (N°. 185, E.) Voyez *Procédure, Délai.*

AMENDE, TIMBRE. I. *Du 19 pluviôse, an 2.*

Cassation d'un jugement du tribunal du district de Saint-Paul, sur la demande des régisseurs nationaux, contre Louis Roger, du 18 janvier 1793 : en ce qu'il avait modéré à cinq livres l'amende de cent livres portée par l'article 13 de la loi de février 1791, pour emploi de papier marqué qui avait déjà servi.

Contravention à l'article 51 de la loi du 18 mai 1791, qui fait défenses aux tribunaux d'accorder des modérations de droits et amendes, à peine de nullité. (N°. 47, B.)

II. *Du 3 floréal, an 2.* Cassation d'un jugement du tribunal de Vendôme, du 23 décembre 1791, sur la demande de l'agence nationale de l'enregistrement, contre le citoyen Pillette, notaire.

Le citoyen Pillette avait délivré une procuration en brevet sur du papier timbré pour minute, au lieu de papier d'expédition.

Traduit au tribunal de Vendôme, pour cette contravention, il y avait été condamné à payer le véritable timbre ; mais attendu l'honnêteté connue dudit Pillette, et que son infraction ne pouvait être considérée que comme une pure erreur involontaire ; le tribunal avait modéré l'amende de cent livres, à trois livres.

Cassation fondée sur l'article 51 du décret du 18 mai 1791. (N°. 83, B.) Voyez *Enregistrement.*

III. *Du 22 messidor, an 3.* Annullation sur la demande de Marie-Humbert Monneret, femme de Jean-Joseph-Marie Resay, contre Pierre-Humbert Barondel et consorts, d'un jugement du tribunal du district d'Orgelet, du 25 messidor, an 2.

Les demandeurs en cassation avaient été condamnés en l'amende sur l'appel, quoiqu'ils ne fussent point appellans, et qu'ils eussent été en défaut de comparaître au bureau de paix.

Contravention à l'article 101 du titre 10 de la loi du 24 août 1790, ainsi conçu: *Tout appellant dont l'appel sera jugé mal fondé, sera condamné à une amende de neuf livres, pour un appel de jugement de juge de paix, et de soixante livres pour l'appel d'un jugement de tribunal de district, sans que cette amende puisse être remise, ni modérée, sous aucun prétexte. Elle aura également lieu contre les intimés qui n'auront pas comparu devant le bureau de paix, lorsque le jugement sera réformé.* (Nº. 81, E.)

AMÉRICAINS. *Du 8 fructidor, an 4.* Annullation sur la demande de Wans, contre Sands, d'un jugement du tribunal de la Seine inférieure, du 9 pluviôse, an 4.

Il s'agissait de lettres de change tirées de l'Amérique. Les parties étaient Américaines. Sands, de l'autorité du tribunal de commerce du Hâvre, avait saisi des marchandises de Wans. Celui-ci avait proposé un déclinatoire dont il avait été débouté, et sur l'appel il n'avait pas été plus heureux.

Contravention à l'article 12 de la convention, conclue le 14 novembre 1788, entre le gouvernement Français et les Etats-Unis d'Amérique, portant que: *Tous procès entre les citoyens des Etats-Unis, en France, seront terminés par les consuls et vice-consuls, et qu'aucun officier territorial ne pourra y intervenir.* (Nº. 123, E.)

APPEL. On a réuni sous ce mot toutes les cassations relatives à des appels mal à propos admis ou rejetés. Comme les espèces sont très-multipliées, on a pensé devoir les diviser en deux séries : l'une des appels illégalement admis, l'autre des appels mal à propos rejetés. On trouvera encore à la fin de cet article plusieurs autres espèces particulières.

§. Ier. *Appels mal à propos rejetés , quoique recevables.*

I. *Du premier fructidor , an 2.* Sur la demande d'André Danjou, contre Françoise Lapratz, veuve Villemont , cassation d'un jugement du tribunal du district de Bourges, du 18 avril 1793, qui avait déclaré Danjou non-recevable dans son appel , parce qu'il n'avait cité au bureau de paix que le lendemain de son acte d'appel.

Fausse application de l'article 7 du titre 10 de la loi du mois d'août 1790 , laquelle ne dit point que : *La citation au bureau de paix doit précéder l'acte d'appel pur et simple ; mais seulement que l'appel ne sera pas reçu, s'il n'y a pas eu citation afin de conciliation..* (N°. 186 , B.)

II. *Du 3 fructidor , an 2.* Sur la demande de Marzet , contre Sylvain Prevost , cassation d'un jugement du tribunal du district d'Issoudun , du 15 frimaire , an 2 , lequel avait déclaré non-recevable l'appel d'un jugement par défaut interjeté après le délai de trois mois.

Fausse application de l'article 14 du titre 5 de la loi du mois d'août 1790 , lequel ne fixe le délai de trois mois , que pour les appels des jugemens *contradictoires.* (N°. 191 , B.)

III. *Du troisième jour complémentaire , an 2.* Sur la demande de Marie Bénard , veuve Feuqueur, contre Jean-Baptiste Feuqueur , cassation d'un jugement du tribunal de Beauvais, du 11 octobre 1793, pour fausse application de la loi du mois d'août 1790, et du 24 germinal, an 2, en ce qu'il avait déclaré la demanderesse non-recevable en son appel, pour n'avoir pas fait précéder l'émission de cet appel, de la citation au bureau de paix ; tandis que la loi exige seulement que la formalité soit remplie avant l'ajournement. (N°. 212, B.)

Du quatrième jour complémentaire, an 2. Sur la demande de Baussaye, contre Decoux, cassation d'un jugement du tribunal de Civray, du 8 ventôse, lequel avait déclaré Baussaye non-recevable dans son appel, pour n'avoir pas signifié en tête de son acte d'appel copie de l'acte de non conciliation, encore qu'il eut préalablement cité au bureau de paix. C'était son adversaire qui, le premier, avait ajourné sur l'appel.

Fausse application de la loi, d'après laquelle l'obligation de signifier copie du procès-verbal de non conciliation, est imposée à celle des parties qui ajourne la première sur l'appel. (N°. 213, B.)

IV. *Du 22 nivôse, an 4.* Annullation sur la demande de Jacques Gérard, contre Viguine et sa femme, d'un jugement rendu par le tribunal du district d'Annonay, le 8 nivôse, an 3.

Ce jugement avait déclaré Jacques Gérard non-recevable dans un appel, faute par lui de l'avoir relevé dans les trois mois de la signification du jugement appellé.

Le motif de cassation est que l'appel avait été notifié dans le délai de l'article 14 du titre 5 de la loi du 24 août 1790, et que cet article n'exige pas que l'appel soit relevé dans ledit délai, mais seulement notifié. (N°. 150, E.)

V.

V. *Du 22 ventôse, an 4.* Annullation sur la demande des Girard, contre Catherine Perrin, d'un jugement du tribunal d'Avignon, du 29 vendémiaire, an 3.

Il s'agissait d'alimens prétendus fournis à un enfant.

Un jugement arbitral, qui les avait adjugés par défaut, avait été signifié ailleurs qu'au domicile des Girard; et comptant plus de trois mois depuis cette signification jusqu'à l'appel, on l'avait déclaré non-recevable.

Contravention à l'article 14 du titre 5 de la loi du mois d'août 1790, qui, d'une part, ne fait courir le délai que du jour de la signification faite à personne ou domicile; et d'autre part, ne parle que des jugemens *contradictoires.* (N°. 182, E.)

VI. *Du 4 germinal, an 4.* Annullation sur la demande d'Odille Collin, contre Joseph Grandadans, d'un jugement du tribunal de Schelestadt, du premier floréal, an 2.

Il s'agissait de l'appel d'une sentence du baillage de Chatenois, du 20 novembre 1783, qui n'avait point été signifiée, et dont il y avait eu le 27 juillet 1793, un appel que le jugement argué avait déclaré non-recevable.

Contravention à l'article 17 du titre 27 de l'ordonnance de 1667, qui n'accordait la force de chose jugée aux jugemens qu'après dix ans, à compter du jour de la signification.

Odille Collin, était femme de Faur; elle avait perdu sa cause, et le commissaire du pouvoir exécutif n'avait pas été ouï.

Contravention à l'article 3 du titre 8 de la loi du mois d'août 1790, qui veut que l'officier

III. Partie. B

exerçant le ministère public soit entendu dans les causes des femmes mariées. (N°. 1er, E.)

VII. *Du 6 germinal, an 4.* Annullation sur la demande de Lehenof, contre la veuve Thomas, des jugemens du tribunal de Quimper, des 24 thermidor et deuxième jour complémentaire, an 2.

Il s'agissait d'un appel formé dans les trois mois du jour de la signification du jugement, déclaré non-recevable pour n'avoir pas été relevé dans le même délai.

Contravention à l'article 14 du titre 5 de la loi du mois d'août 1790, qui veut que l'appel soit reçu s'il a été signifié avant l'expiration des trois mois, et n'exige pas qu'il soit relevé dans ce tems. (N°. 8, E.)

VIII. *Du 26 germinal, an 4.* Annullation sur la demande des mariés Morel, et la veuve Billacois, contre les frères et sœurs Pérault, d'un jugement du tribunal de Cosne, du 13 germinal, an 3.

Il s'agissait de l'appel d'un jugement du tribunal de Sancerre, lequel avait été déclaré non-recevable, pour n'avoir pas été précédé de la citation au bureau de conciliation qui avait eu lieu avant l'ajournement.

Fausse application de l'article 7 du titre 10 de la loi du mois d'août 1790. (N°. 26, E.)

IX. *Du premier messidor, an 4.* Annullation sur la demande de Rouchol, contre Choisin et Duroux, d'un jugement du tribunal du Puy, du 25 floréal, an 3.

Il s'agissait d'un appel déclaré non-recevable pour n'avoir pas été relevé dans les trois mois, à compter de la signification du jugement.

Contravention à l'article 24 du titre 5 de la loi

du mois d'août 1790, qui veut que l'appel soit reçu s'il a été signifié avant l'expiration des trois mois, et n'exige pas qu'il soit relevé dans ce délai.

Il y avait eu dans ces trois mois une protestation de se pourvoir par appel, et une citation au bureau de conciliation sur l'appel que Rouchol *entendait interjeter.* Ces déclarations furent regardées comme un appel suffisamment expliqué. (N°. 73, E.)

X. *Du 26 thermidor, an* 4. Annullation sur la demande de Paré, père, contre son fils, d'un jugement du tribunal de Montpellier, du 23 ventôse, an 3.

Il s'agissait d'une décision d'arbitres de famille, signifiée le 17 septembre 1793, dont l'appel avait été signifié le 27, et n'avait été relevé que le 28 frimaire, an 3. Le jugement argué avait déclaré Paré, père, déchu de cet appel, faute de l'avoir relevé dans les trois mois.

Fausse application de l'article 14 du titre 5 de la loi du mois d'août 1790. (N°. 116, E.)

XI. *Du 11 vendémiaire, an* 5. Annullation sur la demande des mariés Babin, contre Bruhaut, d'un jugement du tribunal de Marennes, du 13 thermidor, an 3.

Il s'agissait de l'appel interjeté le 15 avril 1764, d'une sentence du 15 novembre 1763, et autres sentences subséquentes. Il n'avait été relevé que le 25 messidor, an 3; le tribunal de Marennes, l'avait déclaré non-recevable sans expliquer le motif.

Les motifs de l'annullation furent pris de ce que la date de la signification de la sentence de 1763 ne paraissait pas, et qu'elle pouvait être telle que les trente ans n'eussent pas couru lorsque l'appel fut relevé : auquel cas il y avait fausse application de l'article 5 du titre 27 de l'ordonnance de 1667, sur la force de la chose jugée. (N°. 154, E.)

XII. *Du 19 vendémiaire, an 5.* Annullation sur la demande de Grisard, contre les frères Martin, d'un jugement du tribunal de Marigny, du 14 nivôse, an 3.

Des arbitres de famille nommés volontairement par les frères Martin, et judiciairement pour Grisard, avaient déclaré recevable l'opposition de Grisard, à leur nomination, et la nomination qu'il avait fait d'autres arbitres de son chef, et ils avaient ordonné une vérification de papiers.

L'appel de Grisard, avait été déclaré non-recevable, sur le fondement que les arbitres n'avaient rendu qu'une décision interlocutoire.

Fausse application de l'article 6 de la loi du 3 brumaire, an 2, qui n'admet pas l'appel des interlocutoires ; car la décision était définitive, en ce qu'elle rejettait une opposition à une nomination d'arbitres. (N°. 155, E.)

XIII. *Du 25 vendémiaire, an 5.* Annullation sur la demande des mariés Desolmes, contre Bion, d'un jugement du tribunal du Puy, du 22 messidor.

Il s'agissait de l'appel interjeté par Desolmes, d'un jugement plus de huit jours après sa date, mais avant qu'il eut été signifié ; et par cette dernière raison il avait été déclaré non-recevable.

Contravention à l'article 14 du titre 5 de la loi du 16 août 1790, qui dit que l'appel ne pourra être signifié avant le délai de huitaine, *à dater du jugement*, et non à dater de la signification. (N°. 164, E.)

XIV. *Du 26 vendémiaire, an* 5. Annullation sur la demande de Moline, contre les Vincent et Marie Pegret, d'un jugement du tribunal de Florac, du 7 prairial, an 3.

Il s'agissait d'un appel rejeté par le tribunal de Florac, parce qu'il n'était énoncé que dans une citation au bureau de conciliation, en ces termes : *l'appel que le requérant entend relever*, ce qui n'avait été, selon ce tribunal qu'un projet d'appel.

C'était un véritable appel, et ainsi contravention à la loi du mois de mai 1790, institutive des deux dégrés de jurisdiction. (N°. 161, E.)

XV. *Du 19 frimaire, an* 5. Annullation sur la demande des mariés Faure, contre les Parcat, d'un jugement du tribunal de Bourges, du 9 thermidor, an 3.

Il s'agissait d'un appel déclaré non-recevable, faute de citation préalable au bureau de concilia-tion, bien que cette citation eut ensuite précédé l'ajournement.

Contravention à la loi du 24 germinal, an 2, qui n'exigeait le certificat du bureau de conci-liation qu'en tête de l'ajournement. (N°. 219, E.)

XVI. *Du 29 brumaire, an* 5. Annullation sur la demande de Monteil et Cochon, contre Duchier, d'un jugement du tribunal de la Haute-Vienne, du 5 germinal, an 4.

Il avait déclaré non-recevable l'appel fait après trois mois d'un jugement par défaut.

Contravention à l'article 14 du titre 5, qui ne

fixe ce délai qu'à l'égard des jugemens *contradic-toires*. (Nᵒ. 206, E.)

XVII. *Du premier nivôse , an 5.* Annullation sur la demande des frères Pesico, contre les mariés Coulon, d'un jugement du tribunal civil du département du Mont-Terrible, du 12 pluviôse, an 4.

Il s'agissait au fond d'un prix de vente, stipulé payable en métal, que l'acquéreur voulait solder en assignats.

Son offre avait été déclarée valable par deux jugemens par défaut des 25 fructidor, an 3, et 4 vendémiaire, an 4 : ce dernier avait été signifié le 6.

L'appel de ces jugemens, interjeté le 30 frimaire, avait été déclaré non-recevable pour avoir été émis plus de trois mois après le jugement du 25 fructidor.

Mais le tribunal avait, à cet effet, mis de côté le jugement du 4 vendémiaire, et aucune loi ne l'y autorisait. D'ailleurs la date de l'appel n'était pas postérieure de plus de trois mois à la signification de ce dernier jugement.

Fausse application de l'article 4 du titre 5 de la loi du mois d'août 1790, qui ne déclare l'appel non-recevable qu'autant qu'il est interjeté trois mois après la signification du jugement à personne ou domicile. (Nᵒ. 227, E.)

XVIII. *Du 8 nivôse , an 5.* Annullation sur la demande de Jean Laurent, contre Jean Bussière et sa femme, de deux jugemens du tribunal civil du département du Cher, des 17 prairial et 8 messidor, an 4.

Il s'agissait au fond du remboursement en assignats d'une rente constituée pour le prix d'une mai-son vendue en 1791.

Un jugement ayant autorisé ce remboursement, il y en eut appel qui fut déclaré non-recevable pour avoir été interjeté dans les quatre jours de sa date, et sans citation préalable, au bureau de paix.

Nouvel appel déclaré aussi non-recevable, parce qu'au moyen du précédent jugement, les deux dégrés de jurisdiction étaient épuisés.

Fausse application de l'article 7 de la loi du premier mai 1791, qui n'accorde effectivement que deux dégrés de jurisdiction en matière civile; en ce que cet article ne pouvait être opposé ici, où l'appellant, déclaré non-recevable dans son premier appel pour vice de forme seulement, avait pu, en procédant régulièrement, en interjeter un nouveau dans les trois mois accordés par la loi pour faire prononcer sur le fond. (N°. 234, E.) Voyez *ci-après les* N°s IV *et* VII.

XIX. *Du 15 nivôse, an* 5. Annullation sur la demande de Jeanne François et d'Anne-Louise François, veuve Filuihir, contre Guillaume Sotteau, d'un jugement du tribunal civil du Loiret, du 18 nivôse, an 4.

Au fond il s'agissait du remboursement d'une rente foncière de cent cinquante livres, autorisé par deux jugemens de première instance.

L'appel en avait été déclaré non-recevable à défaut de citation préalable au bureau de paix.

Contravention à l'article 215 de la constitution et à la loi du 17 ventôse, an 4, qui ne soumettant à l'épreuve de la conciliation préalable que les affaires susceptibles d'être portées directement au tribunal civil, en affranchissent par suite les instances sur appel. (N°. 236, E.)

XX. *Du 23 nivôse, an* 5. Annullation sur la

demande de Sébastien Ferley, contre Antoinette Richard, d'un jugement du tribunal de Chambéry, du premier fructidor, an 3.

Au fond il s'agissait de la restitution des meubles et effets enlevés chez Antoinette Richard pendant sa détention.

Condamné par défaut à faire cette restitution, Sébastien Ferley qui avait interjeté appel, en avait été déclaré déchu pour n'avoir pas relevé son appel dans les trois mois.

Fausse application de l'article 14 du titre 5 de la loi du mois d'août 1790, en ce qu'il n'exige l'appel dans les trois mois que des jugemens *contradictoires;* ici le jugement dont était appel était par défaut : et en ce qu'il ne fait courir les trois mois que du jour de la signification du jugement ; et ici l'appel avait été signifié neuf jours après cette signification.

Contravention à la loi du 3 brumaire, an 2, dont l'article 8 n'exige que la notification de l'appel dans les trois mois de la signification, et n'ajoute point qu'il sera aussi relevé dans ce délai. (N°. 247, E.)

§. II. *Appels illégalement admis, quoique non-recevables.*

I. *Du 6 frimaire , an 2.* Cassation de trois jugemens du tribunal du district de Saint-Omer, des 15 avril, premier juillet et 19 août 1791, sur appel de l'amirauté de Dunkerque.

L'appel avait été déclaré avant le délai de huitaine ; le tribunal de Saint-Omer n'avait pas été légalement saisi.

Contravention à l'article 14 du titre 5 de la loi du mois d'août 1790, et à la loi du 24 mars 1791, portant: jusqu'à ce qu'il en ait été autrement ordonné, les appels des tribunaux de commerce seront portés suivant les formes et de la même manière que les appels des tribunaux de district. (N°. 15, B.)

II. *Du 12 frimaire, an 2.* Cassation d'un jugement du tribunal de Vic, du 12 mars 1792, sur la demande de Jean-Julien Cazaux, Jean Bessas, ancien consuls de Rabastens, contre Jean Cazéres, Bertrand Gardéres, etc.

Le parlement de Toulouse était saisi par appel d'une contestation entre ces particuliers. Lors de sa suppression, ils avaient fait choix du tribunal de Graves, séant à Lourde, qui avait rendu un jugement définitif, le 28 octobre 1791. Quoique ce jugement fut en dernier ressort, Cazéres et Gardéres avaient fait appel au tribunal de Vic, qui avait statué, sans égard aux fins de non-recevoir proposés contre l'appel.

Contravention à l'article 5 du titre 27 de l'ordonnance de 1667, portant que : *les jugemens qui doivent passer en force de chose jugée, sont ceux rendus en dernier ressort, et dont l'appel n'est pas recevable.* (N°. 18, B.)

III. *Du 9 floréal, an 2.* Cassation d'un jugement du tribunal de Noyon, du 27 mai 1793, sur la demande des enfans et héritiers Boullemes, contre les héritiers Poileux.

Une réclamation des héritiers Poileux, contre les héritiers Boullemes, ayant d'abord été jugée en la ci-devant Châtellenie de Pont-Sainte-Maxence, avait été ensuite portée par appel au bailliage de Senlis, et jugée par le nouveau tribunal de district. Les héritiers Poileux ayant de nouveau fait appel au tribunal de Noyon, les parties y avaient procédé contradictoirement et sans réclamation.

La principale question était de savoir si, même du consentement des parties, le tribunal de Noyon avait pu connaître , par un second appel , d'une affaire déjà jugée sur appel au tribunal de Senlis.

Décidé que non, d'après la loi du premier mai 1790, qui avait limité toutes les affaires civiles à deux dégrés de jurisdiction au plus. (N°. 85, B.)

IV. *Du 24 vendémiaire, an 4.* Annullation sur la demande de Seillier, contre les frères Cautel, d'un jugement du tribunal de district de Caudebec, du 8 pluviôse, an 3.

Les frères Cautel ayant été condamnés par un jugement du tribunal de commerce de Rouen , au paiement d'une somme de vingt-cinq mille livres envers Seillier, en avaient interjeté appel avant le délai de huitaine prescrit par la loi , et s'en étaient ensuite départis ; ils en avaient interjeté un nouveau , sur lequel ils avaient cité Sellier au tribunal de Caudebec : Sellier les y avait soutenu non-recevables , attendu qu'ils s'étaient pourvus avant le délai de huitaine, et que la déchéance par eux encourue ne pouvait être couverte par leur désistement de ce premier appel, qui n'avait pour objet que d'en interjeter un second. Le jugement attaqué avait au contraire jugé cette fin de non-recevoir inadmissible , attendu que le second appel avait été interjeté dans le tems permis par la loi.

Contravention à l'article 14 du titre 5 de la loi du 16 août 1790, qui porte que : *ces deux termes* (savoir de huitaine et de trois mois) *sont de rigueur, et que leur inobservation emportera la déchéance de l'appel.* (N°. 126 , E.) Voyez *ci-devant le* N°. XVIII.

V. *Du 4 germinal , an 4.* Annullation sur la

demande des mariés Rivet, contre Pontois, d'un jugement du tribunal de la Rochelle, du 18 messidor, an 2.

Il s'agissait d'un jugement du tribunal de Rochefort, rendu sur appel, et confirmatif d'une sentence du bailliage de Fouray. Le tribunal de la Rochelle avait reçu l'appel du jugement de celui de Rochefort, et par conséquent admis un troisième dégré de jurisdiction.

Contravention à la loi du mois mai 1790, suivant laquelle il y a seulement deux dégrés de jurisdiction. (N°. 5, E.)

VI. *Du 11 germinal, an 4.* Annullation sur la demande des mariés Perissé, contre la veuve Cazes, d'un jugement du tribunal de Saint-Lizier, du 22 pluviôse, an 2.

Il s'agissait d'une révendication adjugée par sentence de la ci-devant justice d'Espel, du 22 septembre 1768, signifiée le 29 du même mois ; un appel formé seulement le 16 avril 1791, avait été reçu.

Contravention à l'ordonnance de 1667, titre 27, article 7, qui décidait que les sentences avaient force de chose jugée après dix ans accomplis, du jour de leur signification. (N°. 10, E.)

VII. *Du 13 thermidor, an 4.* Annullation sur la demande de Sallé, contre Ducrost, des jugemens du tribunal du premier arrondissement du département de Paris, des 21 thermidor et premier fructidor, an 3.

Il avait été interjeté appel sous le nom de Ducrost, le 29 germinal, an 3, d'un jugement du tribunal du deuxième arrondissement, du 27 : cet appel n'avait pas été régulièrement formé. Ducrost ayant seulement, par acte du premier floréal , déclaré qu'il n'y avait pas eu part, et qu'il le désavouait , et ayant ensuite , après la huitaine, interjeté un nouvel appel , le tribunal du premier arrondissement avait d'abord rejeté la demande en déchéance , et ensuite jugé le fond , pensant que la déchéance ne portait que sur l'acte même signifié dans la huitaine , et non sur la faculté d'appel.

Contravention à l'article 14 du titre 5 de la loi du mois d'août 1790 , qui dit que : *Nul appel ne pourra être signifié avant le délai de huitaine ,* et qui , ajoutant: *que l'inobservation de ce terme emportera la déchéance de l'appel ,* éteint par-là la faculté même de l'appel. (N°. 113 , E.)

VIII. *Du 4 germinal , an 5.* Annullation sur la demande de Marie-Anne Durune , femme divorcée de Chirost , contre ledit Chirost , d'un jugement du tribunal du district de Saint-Pol , du 19 germinal , an 3.

Un jugement d'un tribunal de famille du 10 germinal , an 2 , déclara qu'il y avait lieu au divorce entre les parties pour cause d'abandon ; il fut signifié à Chirost le lendemain.

Le 13 du même mois , l'officier public déclara le contrat civil du mariage dissout.

Le jugement du 10 germinal , avait été acquiescé par Chirost , et suivi de divers actes d'exécution ; un second jugement du 10 messidor suivant , le condamna à rembourser à la citoyenne Durune , une somme de treize mille livres qu'il avait reçu de sa part ; et le 2 pluviôse, an 3 , un jugement le condamna à lui payer une pension.

Chirost, appella le 10 germinal , an 3 , tant du jugement du 29 pluviôse, an 5, que de celui du 10 germinal , an 2.

Cet appel fut reçu par le tribunal de district de Saint-Pol, qui réforma le jugement du tribunal de famille du 10 germinal, an 2, en ce qu'il avait donné le motif d'abandon pour cause du divorce, et celui du 29 pluviôse, an 3, en ce qu'il accorde une pension, dit que la véritable cause du divorce est le consentement mutuel et l'incompatibilité d'humeurs.

Contravention à l'article 14 de la loi du 24 août 1790, en ce qu'on a reçu un appel interjeté après les trois mois de la signification du jugement.

Et à l'article 15 du titre 27 de l'ordonnance de 1667, qui met au nombre des jugemens dont l'appel n'est pas recevable, ceux auxquels il a été acquiescé. (N°. 303, E.)

§. III. *Espèces particulières d'appels irrégulièrement reçus et jugés.*

I. *Du 9 frimaire, an 2.* Cassation d'un jugement du tribunal du district de Toulouse, du 20 septembre 1791, sur la demande de Jean-François Lassus, contre Marie-Sophie Mallet et autres.

Lors de la suppression des parlemens, celui de Toulouse était saisi de l'appel d'une sentence du sénéchal. Marie-Sophie Mallet avait assigné en reprise d'instance au tribunal du district de Toulouse. Lassus avait proposé le déclinatoire ; il en avait été débouté.

Contravention à l'article 5 de la loi d'octobre 1790, qui veut que : *les procès civils pendans aux parlemens, soient renvoyés aux tribunaux qui remplacent ceux qui ont jugé en première instance, pour y procéder aux choix d'un tribunal d'appel.* (N°. 17, B.)

II. *Du 28 brumaire, an 4.* Annullation sur la

demande de Lucet , contre les mariés Girard et Antoine Mathieu, d'un jugement du tribunal du district de Die , du premier messidor , an 2.

Le demandeur avait été condamné par un juge de paix , sur une demande possessoire intentée contre lui par le défendeur. Il avait interjeté appel de sa décision, et de plus il s'était permis des actes de violence contraires à ses dispositions , ce qui avait donné lieu à une plainte suivie d'information, et décret d'assigné pour être ouï.

Sur l'appel , il avait été formé de nouvelles demandes, dont il n'avait point été question en première instance , et le jugement attaqué y avait fait droit, ainsi que sur la procédure criminelle dont on a parlé , qui n'avait été suivie d'aucun jugement de première instance.

Contravention , 1º. à l'article 7 de la loi du 3 brumaire, qui porte : *qu'il ne sera formé en cause d'appel aucune nouvelle demande , et que les juges ne pourront prononcer que sur les demandes formées en première instance.*

2º. A celle du premier mai 1790 , qui veut : *qu'il y ait deux dégrés de jurisdiction en matière civile.*

3º. A l'article 5 du titre 4 de la loi du 16 août 1790: *qui n'accorde le premier et dernier ressort que dans les affaires dont l'objet principal sera de cinquante livres de revenu déterminé, soit en rente , soit par prix de bail.* (Nº. 34, E.)

III. *Du 26 germinal , an 4.* Annullation sur la demande de Lafaye, contre Deschamps, des jugemens du tribunal de Lyon, des 17 floréal et 2 prairial , an 3.

Il s'agissait d'une révendication jugée par sen-

tence de la justice de Saint-Paul en 1784, confirmée par le tribunal de Saint-Etienne, le 18 floréal,
an 2, et le tribunal de Lyon avait reçu cet appel
par son premier jugement, et avait prononcé sur le
fond par le second.

Contravention à la loi du premier mai 1790,
portant : *qu'il n'y aura que deux dégrés de jurisdiction en matière civile* ; en ce que le tribunal de
Lyon en avait admis un troisième. (N°. 30, E.)

IV. *Du 22 brumaire, an 5.* Annullation sur la
demande de la veuve Lefauqueux et Pierre Grault,
contre Joret, d'un jugement du tribunal du Calvados, du 12 pluviôse, an 4.

Il s'agissait de fermages. Les fermiers n'avaient
pas objecté en première instance qu'ils ne recueil-
laient pas des grains, et avaient été condamnés à
payer la moitié en grains. Sur l'appel, on avait
regardé leur objection comme une nouvelle demande qui ne devait pas être reçue.

Contravention à l'article 6 de la loi du 3 brumaire, an 2, qui n'excluait pas, en cause d'appel,
le développement de la défense ; et à l'article 11 de
la loi du 2 thermidor, an 3, qui dispensait de payer
en grains les fermiers qui n'en percevaient pas.
(N°. 191, E.)

V. *Du 26 frimaire, an 5.* Annullation sur la
demande de Ledoux, contre Rigaud et Ramponeau,
d'un jugement du tribunal de Clamecy, du 9
fructidor, an 3.

Il s'agissait d'un bail à ferme. Le fermier avait
demandé des réparations : le propriétaire avait
demandé la résiliation.

Le juge de paix n'avait pas prononcé sur ce

dernier objet. Le tribunal de Clamecy, avait sur l'appel, accordé la résiliation.

Contravention à l'article 17 du titre 2 de la loi du mois d'août 1790, qui ne permet pas que l'ordre des jurisdictions soit troublé.

D'ailleurs un suppléant avait été appellé. (N°. 224, E.) Voyez *Suppléans*.

VI. *Du 11 pluviôse, an 5.* Annullation sur la demande de Jean Bonnet, contre Antoinette Maroache, veuve Fleuret, contre Jean et Guillaume Maroache, d'un jugement du tribunal du ci-devant district de Saint-Flour, du 3 floréal, an 3, et d'un jugement du juge de paix du canton d'Allauche, du 19 messidor de la même année.

Il s'agissait d'une demande en restitution d'une somme de deux mille cinq cent trente-deux livres, que Bonnet avait payé aux Maroache, ses fermiers, au mois de germinal, an 2, à la suite des arrangemens passés entr'eux, pour plus value des bestiaux que ceux-ci avaient laissés à la fin de leur bail dans un de ses domaines, en même nombre, espèce et quantité qu'ils les avaient reçus.

Bonnet étayait sa demande sur les arrêtés du comité de salut public des 2 et 17 fructidor, an 2, quoique ces arrêtés fussent intervenus postérieurement aux conventions faites entre les propriétaires et les fermiers, et après l'entière exécution de ces conventions.

Le tribunal de Murat débouta Bonnet de sa demande par jugement du 3 vendémiaire, an 3.

Sur l'appel porté au tribunal du district de Saint-Flour, ce tribunal renvoya les parties devant le juge de paix du canton d'Allauche, qu'il crut autorisé par la loi du 15 germinal, an 3, à statuer sur l'appel.

Le

Le juge de paix partageant cette erreur, prononçant sur l'appel, confirma le jugement du tribunal de Murat.

Contravention aux articles premier et suivans du titre 5 de la loi du 16 août 1790, qui constituent les tribunaux de district juges d'appel les uns à l'égard des autres.

Fausse application de l'article 12 de la loi du 15 germinal, portant : *les contestations qui pourront survenir sur l'exécution de la présente loi, seront décidées par le juge de paix des lieux où il pourra s'en élever.* En ce que cet article n'autorise pas les juges de paix à prononcer en dernier ressort, encore moins à connaître par appel des jugemens des tribunaux de district. (N°. 260, E.)

ARBITRAGE, ARBITRES. Trois sortes d'arbitrages ont existé dans notre nouvelle législation : les arbitrages volontaires, les arbitrages ou tribunaux de famille, institués par la loi des 16—24 août 1790 : et les arbitrages forcés établis par les lois révolutionnaires, concernant les communaux, les successions, etc. On a donc cru, pour plus de clarté et de facilité dans les recherches, devoir diviser les jugemens du tribunal de cassation relatifs aux arbitrages, en trois séries ou paragraphes, ainsi qu'il suit :

§. I. *Arbitrages volontaires.*

I. *Du 28 floréal, an 2.* Rejet d'une requête en cassation présentée par Jean Lacroix, contre une décision rendue en forme de sentence arbitrale, par des membres d'un bureau de paix, auxquels les parties avaient déclaré soumettre leur contestation. La raison fut que le consentement des parties avait donné aux membres du bureau le caractère d'arbitres.

III. Partie.   C

II. *Du 11 prairial, an 2.* Rejet d'une demande en cassation présentée par Jacques Failleurez, contre une décision rendue par les membres d'un bureau de paix, auxquels les parties avaient déclaré s'en rapporter. —Même motif.

III. *Du 11 prairial, an 2.* Cassation d'un jugement du tribunal du district de Bruyères, du 11 octobre 1792, sur la demande de François Guilgat, contre Mouin.

Ce jugement avait admis l'appel et réformé une sentence arbitrale sur compromis volontaire par lequel, loin de se réserver, les parties avaient au contraire exclus la faculté de l'appel.

Contravention à l'article 4 du titre premier de la loi du mois d'août 1790. (N°. 107, B.)

IV. *Du 28 prairial, an 2.* Rejet d'une requête en cassation présentée par la veuve Thieullen, contre un jugement d'arbitres nommés volontairement, le 5 juillet 1791, sous prétexte qu'ils avaient jugé après leur révocation.

Le motif du rejet fut que la révocation n'avait pas été valablement notifiée aux arbitres, et de plus que la cassation n'était pas admissible contre les arbitrages volontaires.

V. *Du 23 messidor, an 2.* Rejet d'une requête en cassation présentée par Chevalier, contre un jugement d'arbitres, nommés volontairement et sans réserve de recours.

Le motif fut que le tribunal ne peut connaître que des jugemens des tribunaux et non des sentences arbitrales, à moins qu'il n'y en ait réserve expresse par le compromis.

VI. *Du 24 thermidor, an 2.* Rejet d'une requête

en cassation présentée par Guillaume Perrault et sa femme, contre un jugement arbitrale du 20 février 1791, sur compromis contenant réserve d'appel, mais sans désignation d'un tribunal.

Or, l'article 5 du titre premier de la loi du mois d'août 1790, exigeait que les parties convissent en outre par le compromis du tribunal auquel l'appel serait déféré.

VII. *Du 9 fructidor, an 2.* Sur la demande de Joachim Lafarge, contre Louis Morsy, cassation de deux jugemens du quatrième tribunal de Paris, des 18 mai 1793 et 28 frimaire, pour avoir reçu l'appel d'un jugement arbitral, du 15 janvier précédent, par le compromis duquel arbitrage, les parties s'étaient bien réservé la voie de l'appel, mais sans convenir en même tems d'un tribunal pour connaître de l'appel, ce qui est exigé par l'article 5 du titre premier de la loi du mois d'août 1790. (N°. 196, B.)

VIII. *Du 14 ventôse, an 3.* Annullation d'une sentence arbitrale rendue le premier germinal, an 2, entre Augy et Figeat, en ce que les arbitres partagés avaient eux-mêmes nommé un tiers-arbitre, sans y avoir été autorisé par les parties. Il fut jugé que ce tiers n'avait pas de pouvoir légitime.

IX. *Du 21 prairial, an 3.* Annullation sur la demande de Lafarge, contre Orsel, d'un jugement du tribunal du premier arrondissement de Paris, du 7 nivôse précédent.

Débats entre associés : arbitres nommés pour juger en dernier ressort ; jugement en dernier ressort ; mais Orsel prétendait avoir révoqué les pouvoirs des arbitres.

Le tribunal du premier arrondissement avait

fait droit sur l'appel de la décision arbitrale, et l'avait annullée.

Contravention à l'article 4 du titre premier de la loi du mois d'août 1790, qui ne permet l'appel des jugemens d'arbitres que lorsque les parties s'en sont expressément réservé la faculté; et à l'article 2 de la loi de novembre 1790, qui attribue au tribunal de cassation la connaissance des demandes en cassation contre les jugemens en dernier ressort. (Nº. 73, E.)

X. *Du* 13 *thermidor, an* 3. Rejet d'une demande en cassation intentée par le nommé François, contre un jugement du tribunal de Lassay, du 7 ventôse, lequel avait fait droit sur la contestation, postérieurement à une nomination d'arbitres, faite du consentement des parties, par le même tribunal.

Pour moyen de cassation on invoquait les principes de la nouvelle législation relatifs à l'arbitrage, auxquels ont avait contrevenu, disait-on, en admettant les parties à plaider nonobstant le renvoi par-devant arbitres.

La raison de rejeter fut que, si les parties avaient pu se lier par un consentement réciproque à l'arbitrage, elles avaient été libres aussi de se délier par un consentement contraire, lequel résultait suffisamment de leur comparution ultérieure devant le tribunal, de leurs plaidoyeries contradictoires sur le fond, sans qu'aucune des parties eut objecté aucune fin de non-procéder.

X. *Du* 25 *thermidor, an* 3. Rejet d'une demande en cassation intentée par Aribert, contre un jugement rendu le 29 frimaire, an 3 , par des arbitres nommés à l'audience du tribunal de Grenoble, le 4 floréal, an 2, du consentement des parties.

Pour moyen de cassation, le demandeur disait que l'acte judiciaire, du 4 floréal, n'avait pu tenir lieu d'un compromis, à la validité duquel la signature des parties aurait été nécessaire.

Le motif du rejet fut que les tribunaux avaient incontestablement caractère pour constater ce qui se passe dans leurs audiences, et donner acte des aveux, déclarations et consentemens des parties, relatifs aux contestations qui leur sont soumises ; et que foi est due à leurs actes au moins autant qu'à ceux des notaires, sans que la signature des parties fut nécessaire.

XII. *Du 7 messidor, an 4.* Rejet d'une demande en cassation formée par Jean Alexandre, contre un jugement du tribunal de Sédan, qui avait reçu l'appel d'une sentence arbitrale, sans que par le compromis il y eut réserve et indication du tribunal d'appel.

Le motif fut que Alexandre avait comparu volontairement devant les juges de Sédan, et que par sa comparution volontaire, il avait renoncé à la fin de non-recevoir.

§. II. *Arbitrages de famille.*

I. *Du 30 avril 1792.* Annullation d'un jugement rendu par le tribunal de Pimbeuf, le 6 avril 1791, entre René Coueffé, et Michelle Cormier, son épouse.

Sur des contestations depuis long-tems pendantes au présidial de Nantes, et en la cour provisoire de Rennes, entre les parties, le mari avait provoqué la formation d'un tribunal de famille ; la femme avait nommé deux arbitres ; pendant le débat sur ses répétitions, la femme s'oppose à ce que les arbitres passent outre, attendu qu'il y a contestation liée devant les tribunaux, et que le père de son mari, l'un des arbitres, est comptable envers elle. Les arbitres rendent leur décision sur les prétentions respectives ; mais l'un de ces arbitres ne prend aucune part à la décision, et l'autre la signe avec des restrictions. Appel de la part de Michelle Cormier, *cinq jours après*, sous prétexte de nullité et incompétence. Le tribunal de Pimbeuf déclare la décision nulle et incompétente ; et attendu la litispendance, renvoie au tribunal de Nantes, qui a remplacé le présidial.

Le tribunal de Pimbeuf a reçu un appel, signifié avant la huitaine, il a déclaré incompétens des arbitres nommés par les parties, il n'a pas retenu et jugé le fond.

Contravention, 1°. à l'article 14 du titre 5 de la loi du mois d'août 1790, qui porte qu'aucun appel ne pourra être signifié avant le délai de huitaine, terme de rigueur, et dont l'inobservation emportera la déchéance de l'appel.

2°. A l'article 2 du titre premier de la même loi, suivant lequel toutes personnes ayant le libre exercice de leurs droits, peuvent nommer un ou plusieurs arbitres.

3°. A l'article 14 du titre 10 de la même loi, qui dit que la partie lésée par la décision arbitrale, pourra se pourvoir par appel au tribunal du district, qui prononcera en dernier ressort. (N°. 3, E.)

II. *Du 27 floréal, an 3.* Annullation sur la demande de la femme divorcée Varenghien, contre son mari, des jugemens du tribunal d'Ornay, des 15, 29 brumaire et 2 frimaire précédens.

Il s'agissait du réglement des droits de ces époux divorcés ; les parties avaient nommé des arbitres : par le premier jugement d'Ornay, un arbitre avait été nommé d'office pour procéder à une enquéte à la place de l'un de ceux de la femme, indisposé le jour indiqué.

Par le second, deux arbitres avaient été nommés d'office, parce que ceux de la femme n'avaient pu accepter le jour indiqué par les autres.

Par le troisième, la femme avait été déboutée de son opposition à ces nominations.

Il n'y avait ni refus, ni demeure constatés.

Contravention à l'article 13 du titre 10 de la loi du mois d'août 1790, qui ne permet aux juges de nommer des arbitres d'office qu'après avoir constaté le refus. (N°. 53, E.)

III. *Du 13 prairial, an 3.* Annullation sur la demande de Sbire, contre Ursule Jugan, d'un jugement du tribunal de Port-Malo, du 7 thermidor, an 2.

Il s'agissait d'une demande en reconnaissance de paternité, sur laquelle des arbitres de famille avaient prononcé.

Sur l'appel, le tribunal de Port-Malo avait renvoyé les parties à se pourvoir devant juges compétens.

Mais puisque le jugement avait été rendu par des arbitres de famille, il y avait eu lieu à l'appel, selon l'article 14 du titre 10 de la loi du mois d'août 1790, qui veut que la partie lésée puisse se pourvoir par appel.

Du reste, il n'y avait point de parenté entre

les parties, et par conséquent le tribunal de Port-Malo aurait dû annuller la décision des arbitres de famille. (N°. 67, E.)

IV. *Du premier brumaire, an 4.* Annullation sur la demande de Marie-Thérèse Villermoz, contre les Janet, d'un jugement du tribunal du district de Saint-Claude, du 5 fructidor, an 3.

Du premier mariage de la demanderesse, était né un enfant mort depuis en bas âge, dont la succession avait fait l'objet d'un procès entr'elle, sa mère et les défendeurs ses oncles et tantes, sur lequel était intervenu, en 1786, un jugement de première instance à son profit, confirmé sur l'appel par le tribunal du district de Poligny, substitué au ci-devant parlement de Besançon.

Les choses étaient en cet état lorsque les nouvelles lois sur les successions ont servi de motifs aux demandeurs pour provoquer l'établissement d'un tribunal de famille, à l'effet d'annuller les dispositions de ces deux jugemens. Le tribunal était formé; mais les arbitres étant divisés, un tiers avait été nommé, qui, sans communiquer avec eux, avait rendu un jugement favorable aux défendeurs.

Regis et sa femme s'étaient pourvus contre par appel au tribunal du district de Saint-Claude, qui avait rendu le jugement attaqué.

Contravention, 1°. à l'article 12 du titre 10 de la loi du 24 août 1790, qui veut que les personnes comprises dans sa disposition soient tenues de nommer des arbitres devant lesquels elles éclairciront leurs défenses.... et rendront une décision motivée.

2°. Au décret du 28 thermidor, an 2, qui porte qu'aucune loi n'autorise les tiers-arbitres à prononcer seuls et sans le concours des arbitres divisés d'opinions.

Ce jugement avait en outre été rendu par quatre juges et un suppléant, dont la présence n'était pas nécessaire, ce qui emportait contravention.

1°. A l'article 7 du titre 4 de la loi du 24 août 1790, qui porte qu'en cas d'appel, les tribunaux pourront prononcer au nombre de quatre juges.

2°. A l'article 29 de celle du 27 mars 1791, qui porte que les suppléans ne seront appellés dans les tribunaux, que dans le cas où leur présence sera nécessaire à la validité du jugement. (N°. 128, E.)

V. *Du* 3 *nivôse, an* 4. Annullation sur la demande de Pillard et sa femme, contre Marie Basset, femme séparée quant aux biens de Pierre Putin, d'un jugement rendu au district de Pont-de-Vaux, le 14 germinal, an 3, par lequel Pillard et sa femme ont été déclarés non-recevables dans leur réclamation contre un jugement du tribunal de famille, réclamation attaquant le jugement dans sa forme, en ce qu'il n'avait été rendu que par deux arbitres.

La cassation est fondée sur ce motif, conformément à l'article 12 du titre 10 de la loi du 24 août 1790, suivant lequel le tribunal de famille ne peut exister que dans la réunion des quatre arbitres. (N°. 143, E.)

VI. *Du* 23 *nivôse, an* 3. Annullation sur la demande de Thomas Grisard, contre Martin, et ses frères et sœurs, d'un jugement rendu au district de Marigny, le 14 nivôse, an 3.

Il s'agissait de la composition d'un tribunal de famille. Des arbitres avaient été nommés d'office pour Grisard ; celui-ci forma opposition à cette nomination et choisit d'autres arbitres. Les arbitres nommés d'office rejetèrent son opposition et la nomination des arbitres de son choix. Le tribunal de Marigny l'a déclaré non-recevable dans l'appel de ce jugement, en le considérant comme un jugement préparatoire.

Le motif de cassation est la fausse application de l'article 6 de la loi du 3 brumaire, an 2, en ce que le jugement des arbitres n'était pas préparatoire, mais définitif sur la composition du tribunal de famille. (N°. 153, E.)

VII. *Du 3 ventôse, an 4.* Annullation sur la demande de Boau-Regnaud, contre Gauthé, d'un jugement arbitral, du 9 nivôse, an 3.

Il s'agissait du réglement d'une communauté. On avait nommé des arbitres de famille, et ceux-ci avaient jugé comme arbitres volontaires et sans appel.

Contravention à l'article 14 du titre 15 de la loi du mois d'août 1790, qui, à l'égard des arbitres de famille, veut que la partie qui se croira lésée par la décision arbitrale, puisse se pourvoir par appel. (N°. 167, E.)

VIII. *Du 4 frimaire, an 5.* Annullation sur la demande de Bordage, contre les mariés Creste, d'un jugement arbitral, du 6 fructidor, an 2.

Il s'agissait du partage d'une communauté : on avait originairement nommé des arbitres de famille, lesquels ensuite s'érigèrent en arbitres en dernier ressort, et entretinrent un partage contre lequel Bordage réclamait pour cause de lésion, sous le prétexte que l'article 53 de la loi du 17 nivôse avait déclaré définitifs les partages faits en exécution.

Contravention en ce que l'on avait étendu la jurisdiction arbitrale établie par l'article 54 de la loi du 17 nivôse, en matière de succession à une contestation différente, qui, suivant les principes généraux, et suivant la loi du 9 fructidor, an 2, réponse 36, restait dans la compétence des tribunaux ordinaires.

Et encore en ce que le partage entretenu n'avait pas eu lieu en exécution de la loi du 17 nivôse. (Article 209, E.)

§. III. *Arbitrages révolutionnaires.*

I. *Du 5 vendémiaire, an 4.* Annullation sur la demande de Forêt et consorts, contre autres Forêt, d'un jugement arbitral, du 11 brumaire, an 3.

Le jugement attaqué avait été rendu par un tiers-arbitre, sans le concours de ceux qu'il avait départis, ce qui était contraire à la disposition de l'article 54 de la loi du 17 nivôse, an 2, qui porte que les contestations qui pourront s'élever sur son exécution, seront jugées par des arbitres.

Et au décret du 28 thermidor suivant, par lequel la convention nationale a passé à l'ordre du jour, motivé sur ce qu'aucune loi n'autorise les tiers-arbitres à prononcer seuls et sans le concours des arbitres divisés d'opinions. (N°. 120, E.)

II. *Du 24 vendémiaire, an 4.* Annullation sur la demande de Faverol, contre Friboulet et consorts, d'une ordonnance du juge de paix, du 19 messidor, an 2, d'un jugement arbitral, du 4 thermidor suivant.

L'ordonnance du juge de paix était attaquée, 1°. en ce qu'elle avait ordonné un arbitrage forcé, aux termes de la loi du 17 nivôse, quoiqu'il ne fut question que d'un droit de propriété réclamé par les défendeurs en qualité d'héritiers de Mathurin-Julien Nicole, et qu'aux termes de l'article 54 de cette loi, il n'y a que les contestations qui s'éleveraient sur son exécution qui doivent être jugés par des arbitres forcés.

2°. En ce que le juge de paix n'avait pas même attendu le délai de huitaine accordé par l'article 55 de la même loi. (N°. 124, E.)

III. *Du 26 vendémiaire , an 4.* Annullation sur la demande de Leger, contre les mariés Pommier, d'un jugement du district de Nevers, du 13 prairial.

Leger avait été cité comme curateur à l'interdiction des biens de Jean Rateau, son beau-frère, en reddition de compte de sa gestion devant un tribunal de famille formé à cet effet sur la demande de Pommier et de sa femme, et une décision de ce tribunal l'avait condamné à rendre ce compte.

Appel de la part de Leger devant le tribunal du district de Moulins-la-République, qui était seul compétent pour en connaître. Mais sur une pétition présentée à Noël Pointe, représentant du peuple, alors en mission, expositive que la faveur des arbitrages exigeait que l'appel n'en fut pas reçu, il rend un arrêté, portant renvoi de cette affaire au tibunal de Nevers, pour y être jugée en dernier ressort, suivant *la raison , la loi et la justice.*

Un premier jugement de ce tribunal condamne Leger par défaut ; il y forme opposition , sur laquelle intervint un second jugement ; et enfin un troisième dont il demandait la cassation sur le fondement de l'incompétence du tribunal qui l'avait rendu.

Ce jugement a été cassé, 1°. parce que la loi du 29 fructidor, an 3, porte : *sont déclarés nuls et comme non-avenus tous arrêtés des représentans du peuple en mission, qui ont autorisé les tribunaux à juger en dernier ressort les affaires que la loi de leur institution ne leur donne pas le droit de juger de cette manière…. En conséquence de quoi dans le délai d'un mois, à compter de la publication de la présente loi, les parties intéressées pourront se pourvoir contre les jugemens dont il s'agit, par les voies que la loi détermine.*

2°. Contravention à l'article 17 du titre 2 de la loi du 16 août 1790, qui porte : *l'ordre constitutionnel des juridictions ne pourra être troublé, ni les justiciables distraits de leurs juges naturels par aucune commission, ni par d'autres attributions ou évocations, que celles qui sont déterminées par la loi.*

3°. A l'article 14 du titre 10 de la même loi, qui porte : *la partie qui se croira lésée par une décision arbitrale, pourra se pourvoir par appel devant le tribunal du district qui prononcera en dernier ressort.* (N°. 127, E.)

IV. *Du 18 germinal, an 4.* Annullation sur la demande de la veuve Ortaffa et de Vilarhain, d'une décision arbitrale, des 3 et 24 frimaire, an 3, contre la femme Carriere.

Les arbitres ne s'étaient pas réunis au tiers-arbitre pour rendre sa décision.

Il y a donc contravention aux lois qui avaient établi des arbitres forcés, lesquelles en déclaraient le nombre, et leur attribuaient une jurisdiction collective qu'un seul n'avait pu exercer, ainsi qu'il avait depuis été déclaré par le décret explicatif, du 28 thermidor, an 3. (N°. 16, E.)

V. *Du* 16 *floréal , an* 4. Annullation sur la demande de la femme Pêche, contre Bernier, d'une décision arbitrale, du 24 messidor, an 3.

Un tiers-arbitre avait rendu seul la décision sans l'assistance des autres.

Même contravention que ci-dessus. (N°. 41 , E.)

VI. *Du* 4 *prairial , an* 4. Annullation sur la demande de Breuillard , contre Pinet, d'un jugement arbitral , du 2 frimaire, an 3.

La décision avait été rendue par les deux arbitres de Pinet, sans la présence de ceux de Breuillard.

Même contravention que ci-dessus. (N°. 54 , E.)

VII. *Du* 12 *prairial , an* 4. Annullation sur la demande de Concorde, contre Colin et autres , d'une décision arbitrale, du 7 floréal, an 3.

Il y avait eu partage, le tiers-arbitre avait jugé sans l'assistance des autres.

Même contravention que ci-dessus. (N°. 64 , E.)

VIII. *Du premier messidor , an* 4. Annullation sur la demande de Riess, contre les frères Ackermann, d'un jugement arbitral du 8 messidor, an 3.

Il s'agissait d'indemnité pour non-jouissance de biens loués ; on avait eu recours à des arbitres, parce que la République était intéressée à la place de quelques émigrés.

Il y avait eu partage, et le tiers-arbitre nommé avait rendu seul et sans la présence des autres le jugement argué.

Contravention aux lois qui avaient établi des arbitrages forcés, lesquels en déterminaient le nombre, et leur attribuaient une jurisdiction collective qu'un seul d'entr'eux n'avait pu exercer , comme il résultait du décret du 28 thermidor, an 3, rendu depuis, dans lequel il était dit qu'aucune loi n'avait autorisé les tiers-arbitres à juger seuls, décret qui déclarait le droit existant, et n'en établissait pas un nouveau. (N°. 77, E.)

IX. *Du premier messidor, an 4.* Annullation d'un jugement arbitral forcé, rendu entre Meff', et les frères Ackermann, en ce que le tiers-arbitre avait jugé séparément des autres.

Autre annullation sur un cas semblable, du 15 du même mois, entre Nancey et Grosselette.

X. *Du 15 messidor, an 4.* Annullation sur la demande de Nancy, contre Hyppolite et Camus, d'un jugement arbitral, du 5 thermidor, an 3.

Ce jugement avait été rendu par un tiers-arbitre sans le concours ni la présence des autres.

Même contravention que ci-dessus. (N°. 88, E.)

XI. *Du 26 messidor, an 4.* Annullation sur la demande de Chenal, contre la veuve Compagnol, d'un jugement arbitral des 12 germinal et 11 thermidor, an 3.

Il s'agissait d'une succession. Les arbitres nommés étant partagés, avaient nommé un tiers, et celui-ci avait rendu un jugement sans le concours et la présence des autres.

Contravention à l'article 55 de la loi du 17 nivôse, an 2, qui voulait que le tiers fut nommé par le juge de paix.

Même contravention que ci-dessus. (N°. 105, E.)

XII. *Du 4 thermidor, an 4.* Annullation sur la demande des frères Pigon, contre Lefer et autres, d'un jugement arbitral, du 13 fructidor, an 3.

Il s'agissait d'une succession. Les arbitres avaient

été partagés : le tiers nommé avait rendu son jugement séparé sans l'assistance des autres.

Même contravention que ci-dessus. (N°. 109, E.)

XIII. *Du 6 vendémiaire, an 5.* Annullation sur la demande d'Alasseur, contre la commune de Thornay, d'un jugement arbitral, du 15 germinal, an 2.

Il s'agissait de biens communaux. Les arbitres avaient été partagés, le tiers-arbitre nommé avait jugé seul sans la présence des autres.

Contravention aux lois sur l'arbitrage forcé, notamment à l'article 3 et suivans, section 5 de la loi du 10 juin 1793, qui attibuant la jurisdiction à la réunion des arbitres, et jamais à un arbitre seul. (N°. 142, E.)

XIV. *Du 3 brumaire, an 5.* Annullation sur la demande de Delétang, contre Fenouillard et autres, de jugemens d'arbitres, des 8 floréal, 14 prairial et 13 messidor, an 3.

Les arbitres avaient fait divers jugemens séparés.

Même contravention que ci-dessus. (N°. 177, E.)

XV. *Du 4 frimaire, an 5.* Annullation sur la demande de la veuve Rabelleau et ses enfans, contre la commune de Belleville, d'un jugement arbitral, du 19 pluviôse, an 2.

Il s'agissait de révendication de biens prétendus communaux, les arbitres avaient eux-mêmes vérifié les lieux.

Contravention à l'article 13, section 5 de la loi du mois de juin 1793, qui voulait qu'ils nommassent pour faire la vérification des *gens de l'art.*

Ils avaient jugé, les 8 et 11 pluviôse, qu'il fallait entendre des anciens en témoignage, et ensuite ils avaient jugé sans les entendre.

Contravention

Contravention à l'article 2 du titre 20 de l'ordonnance de 1667. (N°. 208 , E.)

XVI. *Du 26 frimaire, an 6.* Annullation sur la demande de Gallement, contre la commune de Delval, de décisions arbitrales, du 26 thermidor, an 2 et jours suivans.

.Jugemens divers et séparés par les arbitres et par le tiers.

Même contravention que ci-dessus. (N°.225, E.)

XVII. *Du 11 pluviôse, an 5.* Annullation sur la demande des habitans du hameau de Parets, contre les habitans du hameau de Serre, de deux décisions arbitrales, des 3 et 22 messidor, an 3.

Il s'agissait d'un terrain dont la propriété était réclamée par les habitans de Serre.

Les arbitres avaient été partagés ; le sur-arbitre avait rendu seul, et sans le concours des autres arbitres, le jugement du 3 messidor, en faveur des habitans de Serre.

Ensuite les fruits restituables par les habitans de Parets ayant été liquidés par des experts, trois des premiers arbitres, sans la présence du quatrième, avaient homologué la liquidation par la décision du 22 messidor.

Même contravention que ci-dessus. (N°.258, E.)

XVIII. *Du 27 ventôse, an 5.* Annullation sur la demande des habitans de la commune de Long-·catelet, contre les habitans de la commune de Longre, d'une décision arbitrale, du 7 messidor, an 3.

Il s'agissait d'une propriété contestée entre les deux communes. Les arbitres avaient été partagés, et le sur-arbitre avait jugé seul.

III. Partie. D

Contravention aux articles 12, 17 et 21 de la cinquième section de la loi du 10 juin 1793·(N°. 302, E.) Voyez *Communes*.

XIX. *Du 4 germinal, an 5*. Annullation sur la demande des officiers municipaux de la commune de Bolleren, contre les officiers municipaux de celle d'Obersbrouck, d'une décision arbitrale, du 17 germinal, an 3.

Il s'agissait d'une contestation entre les deux communes, à raison d'un droit de parcours sur un pâturage appartenant à la commune d'Obersbrouck.

Les arbitres avaient mis les parties hors de procès sur les dommages et intérêts qu'elles réclamaient de part et d'autre.

Ils furent partagés d'opinions sur les dépens.

Le sur-arbitre avait vidé le partage seul et sans le concours des autres arbitres.

Même contravention que ci-dessus. (N°.307, E.)

XX. *Du 8 floréal, an 5*. Annullation sur la demande de d'Arthaud et autres, contre Lacroisade, d'une décision arbitrale, du 24 prairial, an 2.

Il s'agissait des dispositions testamentaires de Marie Gaillard. Dans l'arbitrage forcé un tiers-arbitre avait jugé isolément.

Même contravention que ci-dessus. (N°.331, E.)

XXI. *Du 16 floréal, an 5*. Annullation sur la demande d'Haubuzart, tant en son nom que pour la veuve Raison, contre les habitans de la commune de Sain, d'une décision arbitrale, du 6 frimaire, an 2.

Il s'agissait d'une demande en révendication d'une certaine quantité d'arbres plantés sur un chemin, et qui avaient été cédés à d'Haubuzart èt consorts, par acte du 11 mai 1779, par les maïeur et échevins de la commune, à la charge par d'Haubuzart et consorts, de rétablir et d'entretenir le chemin.

Les arbitres avaient été partagés d'opinions, et le sur-arbitre avait statué seul.

Même contravention que ci-dessus. (N°. 344, E.)

ARRÊTS DE PROPRE MOUVEMENT. I. *Du 8 brumaire, an 2.* Cassation de deux arrêts du ci-devant conseil, des 2 décembre 1786 et 8 novembre 1788, sur la demande de Charles-François Drouault, capitaine de navire à l'Orient, contre Jean Duchemin, aussi capitaine de navire.

Contestation s'était élevée entre ces deux capitaines, devant l'amirauté de l'Orient ; elle y avait été plaidée et jugée contradictoirement. Puis Duchemin avait surpris au conseil, sur requête non-communiquée, un arrêt qui cassait toute la procédure tenue en l'amirauté de l'Orient. Sur l'opposition de Drouault, un second arrêt sans procédure, l'avait débouté, sauf à lui de se pourvoir devant les tribunaux d'Ostende.

Cassation fondée sur l'article 15 du titre 25 de l'ordonnance de 1667 ; sur les articles 4, 5 et 6 de la deuxième partie du réglement du conseil de 1738, et sur le décret du 27 septembre 1793, portant : *les arrêts de propre mouvement* et autres du ci-devant conseil, rendus sans parties présentes ou duement appellées, ou sans mention de pièces originales et productions du procès, ne peuvent, en aucun cas, être valablement opposés à ceux contre qui ils ont été obtenus. (N°. 5, B.)

II. *Du 13 frimaire, an 2.* Cassation d'un arrêt du ci-devant parlement de Paris, du 29 décembre

52 **ARRÊTS:**

1788, et autres subséquens , sur la demande de Gabriel Lempereur de la Rochelle, contre la femme Déjanel, veuve Lempereur de Saint-Père.

Cet arrêt avait été rendu par le parlement , en vertu d'attribution extraordinaire à lui donnée par arrêt du conseil et lettres-patentes en réglement de juges.

Cassation fondée sur les article 1 et 2 du décret du 20 septembre 1793, portant : *les lettres-patentes accordées dans des cas particuliers , enregistrées aux ci devant parlemens ou autres cours supérieures , sans opposition ni discussion préalables; les arrêts de propre mouvement , etc.... ne pourront en aucun cas être valablement opposés....*

Les personnes qui auront essuyé des condamnations en vertu de ces lettres-patentes ou arrêts , ont le droit de se pouvoir dans les délais prescrits. (N°. 19, B.)

III. *Du 8 fructidor , an* 2. Entre les frères Manen , Paul Bruni d'Entrecasteaux , Montgrand et autres, cassation d'arrêts et jugemens du ci-devant conseil des 31 juillet 1779 , 14 mai 1782 , etc. et arrêt du parlement de Paris , du 28 mars 1789, comme n'étant que la suite et l'effet d'un arrêt *de propre mouvement* du ci-devant roi , du 24 juillet 1778 ; et ce, en vertu de la loi du 20 septembre 1792, portant que ces sortes d'actes rendus sans instructions contradictoires, ne pourront être opposés à ceux contre lesquels ils auront été obtenus, et que les personnes qui auront essuyé des jugemens de condamnation en vertu de ces arrêts , peuvent se pouvoir contre dans les délais prescrits. Renvoi des parties devant leurs juges naturels. (N°. 194, B.)

ASSEMBLÉES PRIMAIRES. *Du 23 floréal ,
an* 5. Annullation sur le réquisitoire du commissaire du directoire exécutif, du jugement du
tribunal civil de la Haute-Saône , du 14 germinal ,
an 5.

En statuant sur le droit de voter dans les assemblées primaires de Saverney , reclamé par Humbert,
Erestin et Colombot, et en réformant la décision
de cette assemblée, on avait en même tems annullé
les élections , sur le fondement que ces citoyens
avaient été admis à voter sans en avoir le droit.

Contravention à l'article 22 de l'acte constitutionnel , selon lequel : *s'il s'élève des difficultés
sur les qualités requises pour voter , l'assemblée*
(primaire) *statue provisoirement , sauf le recours
au tribunal civil du département.*

Et à l'article 23 , qui veut que : *en tout autre
cas le corps législatif prononce seul sur la validité
des assemblées primaires.*

En ce que, si d'après le premier de ces articles
les tribunaux ont le droit de prononcer sur les
qualités requises pour voter, celui de statuer sur
la validité des assemblées primaires appartient
exclusivement au corps législatif. D'après le second,
d'où résultait de la part du tribunal un excès de
pouvoir. (N°. 349 , E.)

ASSIGNATION. Voyez *Ajournement.*

ASSIGNATS. *Du 5 frimaire , an* 2. I. Cassation
d'un jugement du tribunal du district de Lille ,
du 19 mars 1793 , confirmatif d'un autre du tribunal de Valenciennes , sur la demande d'Odelaut
d'Athis , contre Boursier.

Ces jugemens avaient condamné d'Athis à payer
en écus , si mieux il n'aimait tenir compte de la

différence en assignats, un effet de commerce de cinq mille livres, stipulé *valeur reçue en espèces sonnantes.*

Contravention à l'article 3 du décret du 16 avril 1790, et à l'article 4 de celui du 12 septembre suivant, d'après lesquels toutes sommes stipulées en espèces, pouvaient être payées en assignats, nonobstant toutes clauses à ce contraires. (N°. 13, B.)

II. *Du 2 pluviôse, an 2.* Cassation d'un jugement du tribunal du district de Chollet, du 11 juin 1792, sur le réquisitoire du commissaire national, en ce qu'il avait condamné à payer la somme de quatre cent vingt-cinq livres en argent, ou celle de six cents livres en assignats, aux termes de la convention des parties.

Contravention à l'article 4 de la loi du 18 septembre 1790. (N°. 38, B.)

III. *Du 22 ventôse, an 2.* Cassation de deux jugemens du tribunal du district de Toul, des 10 et 17 août 1792, sur la demande d'Antoine Lebel, contre François Gouy.

Lebel, après avoir été long-tems syndic et receveur des deniers d'une masse de créanciers, s'était trouvé reliquataire au mois d'avril 1791, d'une somme de quatorze mille livres, et en avait offert le versement en assignats ès mains de Gouy, nouveau syndic. Le tribunal de Nancy, considérant Lebel comme dépositaire, l'avait condamné, sur ce fondement, à remettre onze mille livres en espèces, le surplus, s'il voulait en assignats. Sur l'appel, le tribunal de Toul avait confirmé cette décision, par deux jugemens par défaut.

Annullation fondée sur la disposition des lois

concernant les assignats, et sur ce que le tribunal crut voir dans la personne de Lebel, un agent ou receveur comptable, plutôt qu'un dépositaire. De plus les jugemens n'étaient pas rédigés avec les quatre parties distinctes, ainsi qu'il est prescrit par la loi du mois d'août 1790. (N°. 65, B.)

AUMONE. *Du 7 février* 1793. Annullation sur la demande de Memmie Lonclas, d'une disposition d'un jugement rendu par le tribunal du district de Châlons-sur-Marne, le 4 juin 1792.

Ce jugement condamnait Lonclas à trois livres *d'aumône.*

Contravention à l'article 35 du titre premier de la première partie du code pénal, qui porte : *toutes les peines actuellement usitées, autres que celles ci-dessus, sont abrogées.*

Aucun article du code pénal ne porte la peine de l'aumône. (N°. 49, E.)

AVANTAGES. Voyez *Donations, Époux.*

AVIS DE PARENS. Voyez *Délibération de famille.*

B

BATARDS. Voyez *Enfans naturels.*

BAIL A FERME. I. *Du 24 prairial, an* 2. Cassation d'un jugement du tribunal du district de Cambray, du premier février 1793, sur la demande de Louis Destrées, contre Agapithe de Harvent.

Ce jugement avait confirmé un bail à ferme, consenti à Harvent, le 5 fevrier 1788, par anticipation, par le ci-devant abbé de l'abbaye

D 4

d'Haumont, et simplement inscrit sur un registre de l'abbaye.

Contravention à l'article 9 du titre premier du décret du 14 mai 1790, qui ne maintenait que les baux ayant une date authentique antérieure au 2 novembre 1789. (N°. 115, B.)

II. *Du 13 messidor , an 2.* Cassation d'un jugement du tribunal du district de Remiremont, du 16 avril 1792, infirmatif d'un autre de Béfort; sur la demande de Brengard et autres , contre Naas.

Ce jugement avait maintenu le bail fait à Naas, par une simple délibération capitulaire de l'abbaye de Massevaux, en date du 24 avril 1789.

Annullé comme contraire à la loi du 14 mai 1790, qui ne conservait que les baux ayant une date certaine et authentique avant le 2 novembre 1789. (N°.134, B.) Voyez *Biens nationaux, Fermiers.*

BAIL A CHEPTEL. *Du 15 messidor, an 4.* Annullation sur la demande de Lafleur , contre la femme Mossac , d'un jugement du tribunal de Bellac, du 13 prairial , an 3.

Il s'agissait d'exécution de baux à Cheptel. On était allé au juge de paix , d'après l'article 12 de la loi du 15 germinal, an 3, et le tribunal de Bellac avait déclaré l'appel non-recevable , supposant à tort que cette loi avait attribué au juge de paix le dernier ressort. (N°. 97, E.) Voyez *Juge de Paix.*

BAIL A RENTE. *Du 14 ventôse , an 5.* Annullation sur la demande de Girod, contre Monniot et Lapre , d'un jugement du tribunal du district de Gray, du 25 germinal , an 3.

Il s'agissait de savoir si un bail à locaterie ou à rente était purement foncier, et si la redevance en était sujète à retenue ou non abolie sans indemnité.

Un jugement de première instance avait décidé la négative; mais celui de dernière instance avait jugé l'affirmative , sur le fondement que cette redevance avait été constituée par un ci-devant seigneur, sur des fonds de fiefs.

Fausse application des lois des premier décembre 1790 et 10 juin 1793 , en ce que ce bail n'était point un titre émanant de la féodalité.

Et contravention aux articles 1 et 2 de la loi du 17 juillet 1793 , qui porte , l'un : *toutes redevances ci-devant seigneuriales , droits féodaux , censuels.... sont supprimés sans indemnité ;* et l'autre : *sont exceptées les rentes purement foncières et non féodales* , en ce que cette redevance étant purement foncière, n'était point dans le cas de l'abolition sans indemnité. (N°. 289 , E.) Voyez **Rentes.**

BIENS NATIONAUX. I. *Du 13 messidor, an 2.* Cassation d'un jugement du tribunal du district de Douay, du 11 août 1792 , sur la demande des administrateurs du département du Pas-de-Calais, contre Jean-Baptiste Songuis.

Ce jugement avait ordonné au profit de Songuis la restitution d'un domaine anciennement donné, par un de ses auteurs, à la fabrique de Saint-Nicaise d'Arras, par motif de nullité de la donation.

Annullé comme contraire à la loi du 2 novembre 1789, qui avait mis dès cette époque tous les biens ecclésiastiques à la disposition de la nation. (N°. 133 , B.)

II. *Du 16 fructidor , an 2.* Sur la demande des régisseurs de l'enregistrement , contre Louis Delahaye , cassation d'un jugement en dernier ressort du tribunal d'Issoudun, du 15 frimaire, an 2, comme contraire à l'article 6 de la loi du 24 février 1791, et à l'instruction du 3 juillet suivant, pour avoir adjugé à l'adjudicataire d'un bien national, le prix des fermages applicables à l'année antérieure à l'adjudication. (N°. 202, B.)

III. *Du* 21 floréal, an 3. Annullation sur la demande de Dupont et Menenteuil, contre Martin, d'un jugement du tribunal de Saint-Quentin, du 18 thermidor, an 2.

Il s'agissait du bail d'un bien ci-devant ecclésiastique, lequel avait été déclaré, déposé et paraphé dans la quinzaine après la publication de la loi du mois d'août 1790, au district, dans la commune ; et pourtant la déchéance en avait été prononcée, parce que la loi avait été précédemment publiée dans les tribunaux.

Fausse application des articles 37 et 38 de ladite loi.

Le jugement était en premier et dernier ressort, bien que l'objet fut indéterminé. (N°. 45, E.) Voyez *Dernier ressort.*

IV. *Du* 28 *floréal*, *an* 3. Annullation sur la demande de Gaultier, contre Robert, d'un jugement du tribunal d'Egalité-sur-Marne, du 9 vendémiaire précédent.

Il s'agissait d'un bail de biens ci-devant ecclésiastiques, lequel avait été suivi d'un sous-bail du 23 septembre 1790, postérieur à la loi qui avait ordonné la déclaration par les fermiers à peine de déchéance.

Les biens avaient été adjugés et revendus à la charge expresse d'entretenir le bail.

Fausse application à la loi de 1790, expliquée

par celles des 15 frimaire, an 2 , et 28 germinal.
(N°. 56, E.)

V. *Du 19 thermidor, an 3.* Annullation sur la demande de Louis Courtier et sa femme , contre Rolland , d'un jugement du tribunal du premier arrondissement de Paris, du 14 ventôse, an 3.

Le jugement attaqué , en prononçant la déchéance du bail de la ferme de Marville , consenti par les ci-devant religieux de l'abbaye de Saint-Denis , en faveur de Courtier , par le défaut de communication du bail à l'acquéreur, l'avait privé de la faculté de recueillir les fruits de la récolte pendante par les racines, ce qui était contraire aux lois des 28 germinal et premier messidor , an 2 , qui accordent au fermier déchu la récolte prochaine. (N°. 91 , E.)

VI. *Du 22 fructidor, an 3.* Annullation sur la demande de Ducruzel, contre Sanclo, d'un jugement du tribunal du district de Blois , du 4 nivôse, an 3.

1°. Les juges de Blois avaient pris connaissance de la validité d'une adjudication de biens nationaux, ce qui était contraire à l'article 2 du titre 8 de la loi du 5 novembre 1790, qui ordonne la vente des biens nationaux , et en confie l'administration aux corps administratifs.

2°. Ils avaient autorisé, de la part du commissaire national, l'exercice d'une action, en annullant sur sa demande l'adjudication dont il s'agit ; ce qui était contraire à l'article 2 de la loi du mois d'août 1790 , qui interdisait la voie d'action au commissaire national. (N°. 110, E.)

VII. *Du 22 fructidor, an 3.* Annullation sur

la demande de Gaultier , contre Robert , d'un jugement du tribunal du district d'Egalité-sur-Marne , du 9 vendémiaire , an 3.

Gauthier avait été déclaré déchu du bail de la ferme de Mont-Soutin , faisant partie du prieuré de Grandchand , fait devant notaire , avant le 2 novembre 1789 , à Leprince , son cédant , et dont celui-ci avait fait sa déclaration au secrétariat du district.

Contravention à l'article 9 du titre premier de la loi du 14 mai 1790 , ainsi conçu : *les baux à ferme ou à loyer desdits biens qui ont été faits légitimement , et qui auront une date certaine et authentique , antérieure au 2 novembre 1789 , seront exécutés suivant leur forme et teneur , sans que les acquéreurs puissent expulser les fermiers , même sous l'offre de l'indemnité de droit et d'usage.* (N°. 109 , E.)

VIII. *Du 18 frimaire , an 4.* Annullation sur la demande des mariés Foube , contre Arnaud et autres , d'un jugement du tribunal du district de Bergues , du 19 ventôse , an 3.

La femme Foube avait pris à bail , avant son premier mariage avec Besquet, la ferme de Tourne-Puit, appartenant à Lauvernal , émigré ; mais seulement par acte en brevet original... devant notaire. Cette ferme avait été mise en vente par l'administration , et partagée à cet effet en quarante-sept lots , dont deux avaient été acquis par les demandeurs , et sept autres par les défendeurs. Ces derniers avaient notifié leur acquisition aux demandeurs , et les avaient sommés de justifier de leur bail dans le délai de trois jours ; et à défaut par eux d'y avoir satisfait , ils avaient formé contre eux une demande en résiliation et en indemnité de dégradations devant le tribunal de Calais.

Foube et sa femme avaient répondu, 1°. que le délai accordé par la loi était de deux décades et non de trois jours ; 2°. que leurs adversaires n'étant pas les seuls qui eussent droit de former contre eux une pareille demande , puisque la totalité de la ferme avait été divisée en quarante-sept lots , ils ne pouvaient être tenus de leur communiquer un titre original sous simple récépissé , et qu'ils l'avaient déposé chez un notaire , où les parties intéressées convenaient en avoir pris communication.

Le tribunal de Calais , convaincu de la justice de ces raisons , les avait accueillies par un jugement dont les défendeurs avaient interjeté appel à Bergues , où était intervenu le jugement attaqué, qui , ne regardant pas le dépôt du bail chez un notaire comme remplissant l'objet de la loi , avait prononcé non-seulement la résiliation demandée , en première instance , mais encore la déchéance entière du bail , sans même que le commissaire national eût été entendu dans cette cause, où une femme mariée avait intérêt.

Contravention , 1°. à l'article 17 de la loi du 15 frimaire , an 2 , qui ne prononce la déchéance qu'au profit de l'acquéreur seul , à qui la notification aurait été refusée.

2°. A l'article 7 de la loi du 3 brumaire, an 2 , qui défend de former, en cause d'appel , aucune nouvelle demande , et aux juges d'y prononcer. (N°. 138, E.) Voyez *Femmes mariées.*

IX. *Du 3 nivôse , an 4.* Annullation sur la demande de Rivocet , adjudicataire de biens nationaux , contre Moquet, sous-fermier desdits biens ;

D'un jugement rendu au district d'Egalité-sur-Marne, le 24 fructidor, an 2, par lequel il avait été ordonné que le sous-bail , ci-devant consenti à Moquet , aurait son exécution.

La cassation est fondée sur ce que Moquet n'avait pas représenté et fait parapher son sous-bail au secrétariat du district de la situation des biens, et sur ce qu'il n'avait fourni aucune déclaration de sa jouissance ; ce à quoi il était soumis par les articles 37 et 38 du décret des 6 et 11 août 1790, sous peine d'être déchu du droit de jouir.

Et encore sur ce que Moquet n'avait point communiqué son bail dans le délai de deux décades après en avoir été sommé par Rivocet ; sommation à laquelle il était soumis à déférer , par l'article 17 de la loi du 18 frimaire , an 2 , sous peine de demeurer de plein droit déchu de son bail. (Nº. 145 , E.)

X. *Du 11 pluviôse , an 4.* Annullation sur la demande de Beranger et autres, contre Barrière et autres, d'un jugement du tribunal de Castellanne, du 22 vendémiaire , an 2.

Il s'agissait d'un bien national , et des sous-fermiers avaient été condamnés à abandonner , avant d'avoir perçu la récolte.

Contravention à l'article 35 de la loi du 3 juin 1793 ; à l'article 6 de la loi du 15 frimaire, an 2 , et à celle du 28 germinal, qui assuraient la récolte aux sous-fermiers. (Nº. 159, E.)

XI. *Du 25 pluviôse , an 4.* Annullation sur la demande de Saigne, contre Pejoine et Valade , d'un jugement du tribunal d'Uzerches , du 26 frimaire , an 3.

Il s'agissait d'un bien national dont Saigne était fermier , il avait été condamné à déguerpir dans l'année , à dater de la sommation qui lui avait été faite.

Contravention à l'article 6 de la loi du 15 frimaire , an 2, qui voulait que la résiliation n'eût lieu qu'après l'année de ferme qui suivait celle dans le courant de laquelle la notification avait été faite. (N°. 164., E.)

XII. *Du 4 germinal, an 4.* Annullation sur la demande de Saigne, contre Laporte , d'un jugement du tribunal d'Uzerches, du 26 frimaire, an 3.

Saigne, fermier d'un bien national , sommé de déguerpir par exploit, du 12 messidor , an 2 , y avait été condamné pour le 12 messidor, an 3, en-sorte qu'on lui laissait une année et non la récolte entière.

Contravention à l'article 6 de la loi du 15 frimaire , an 2, qui lui assurait la récolte alors pro-chaine. (N°. 2, E.)

XIII. *Du 4 prairial, an 4.* Annullation sur la demande de Chaumont , contre le commissaire du pouvoir exécutif près l'administration du département des Vosges , d'un jugement du tribunal d'Epinal, du 21 ventôse, an 3.

Il s'agissait de maisons que Chaumont , évêque de Saint-Diez , avait achetées *pour lui, ses héritiers ou ayant cause,* et dont il avait joui avec la maison épiscopale qu'elles touchaient. Il avait ensuite vendu à Chaumont , son neveu , tous les immeubles qu'il avait à Saint-Diez , et l'adminis-tration avait réclamé ces maisons , comme dépendantes du ci-devant évêché , et par conséquent nationales , et cette demande avait été accueillie.

Des lettres-patentes de 1791 avaient ordonné la réunion à la maison épiscopale des maisons canoniales, jardins et emplacemens qui seraient achetés pour cet objet ; ce qui avait été le fondement de la condamnation prononcée contre Chaumont.

Contravention , en ce que l'évêque n'avait pas acquis dans le dessein de l'union ; mais pour lui et ses héritiers, et qu'ainsi les maisons, dont il s'agissait , avaient été une propriété particulière. (N°. 55, E.)

XIV. *Du 11 prairial , an 4.* Annullation sur la demande de Brosselard , contre Alix, d'un jugement du tribunal de Mâcon , du 4 ventôse, an 3.

Il s'agissait d'un bien national par confiscation , dont Brosselard était fermier, et Alix adjudicataire; le bail à ferme était de 1791 , Brosselard avait été condamné à déguerpir sans avoir perçu la récolte, et sans indemnité.

Contravention à l'article 34 , section 4 de la loi générale de 1792 et 1793 , concernant les émigrés, qui maintenait les baux authentiques de date antérieure au 9 février 1792 , disposition rendue commune aux biens confisqués par la loi du 15 frimaire , an 2.

Et encore à l'article 6 de cette dernière loi, qui voulait que la résiliation ne put être exécutée qu'après une année. (N°. 63, E.)

XV. *Du quatrième jour complémentaire , an 4.* Annullation sur la demande de Lismond , contre la veuve Thiébaud , d'un jugement du tribunal de Pont-à-Mousson, du 13 fructidor, an 2.

Il s'agissait d'un bien national dont la veuve
Thiébaut

Thiébaud était fermière ; elle n'avait présenté son bail à l'administration qu'après le délai prescrit par les lois, et cependant Lismond, adjudicataire, avait été débouté de sa demande en déchéance.

Contravention aux articles 37 et 38 de la loi du mois d'août 1790, qui voulait que les fermiers des biens jadis ecclésiastiques représentassent leurs baux dans la quinzaine de la loi du 15 frimaire, an 2, articles 9, 10, 12 et 13, selon laquelle le délai était de rigueur. (N°. 139, E.)

XVI. *Du 23 brumaire, an 5.* Annullation sur la demande de Billot, contre Chabert et autres, d'un jugement du tribunal de Bourgoin, du 18 fructidor, an 4.

Il s'agissait d'un bail à ferme d'un bien national provenu d'un hospice, lequel avait été annullé, faute des formalités prescrites par la loi du mois d'août 1790, et de la communication du bail sur la réquisition des adjudicataires.

Contravention en ce que les biens provenans des hospices n'avaient été assimilés, par la loi du 23 messidor, an 2, aux autres biens nationaux que relativement à leur administration, et non quant aux obligations imposées aux fermiers. (N°. 192. E.) Voyez *Bail, Fermiers, Emigrés.*

BOIS communaux. *Du 10 septembre 1791.* Annullation d'un arrêt du parlement de Douay, du 18 mars 1788, entre les habitans de Floyon, département du Nord, et Jean-Marguerite Preseau, ci-devant leur seigneur.

Par cet arrêt le parlement de Douay avait adjugé au seigneur le triage sur les bois communaux des habitans, sans qu'il eut été justifié que ces bois

III. Partie.   E

étaient de sa concession, et que les deux tiers suf-
fisaient à l'usage de la paroisse.

Contravention, 1°. à l'article 4 du titre 25 de
l'ordonnance des eaux et forêts, portant : *si néanmoins les bois étaient de la concession gratuite
des seigneurs, sans charge d'aucun cens, prestation et servitude, le tiers pourra en être distrait
et séparé à leur profit, en cas qu'ils le demandent,
et que les deux autres tiers suffisent à l'usage de
de la paroisse, sinon le partage n'aura pas lieu;*
2°. à l'article 19 du même titre, portant : *tous
partages entre les seigneurs et les communautés
seront faits en connaissance de cause, sous les
titres représentés par avis et rapports d'experts.*
(N°. 52, E.) Voyez *Communaux.*

BUREAU DE PAIX. I. *Du* 20 *décembre* 1792.
Annullation sur le réquisitoire du commissaire
du pouvoir exécutif, d'un jugement rendu par le
tribunal du district de Saumur, du 22 avril 1792.

Ce jugement intervenu entre les frères Blesteau
et Hilaire Savaron, avait rejeté la fin de non-recevoir, tirée de ce que Savaron n'avait pas été
préalablement cité au bureau de paix, pour parvenir
à une conciliation.

Contravention à l'article 2 du titre 10 de la loi
du 24 août 1790, qui porte : *aucune action principale ne sera reçue au civil devant les juges de
district, entre parties.... si le demandeur n'a
pas donné, en tête de son exploit, copie du certificat du bureau de paix, constatant que la partie
a été inutilement appellée à ce bureau, ou qu'il
a employé sans fruit sa médiation.* (N°. 36, E.)

II. *Du* 25 *vendémiaire, an* 2. Annullation de
trois jugemens du tribunal du district de Rennes,

du 8 avril 1791 , sur la demande des héritiers l'Hérissé , contre Pierre-Réné Dupin et autres.

Les jugemens en question avaient déclaré non-recevables dans leur appel les héritiers Hérissé , sur le motif qu'ils n'avaient pas fait précéder leur acte d'appel d'une citation devant le bureau de paix ; et il s'agissait de l'appel de trois jugemens de l'ancienne jurisdiction des réguaires de Dol.

Contravention à la disposition de l'article 7 du titre 10 de la loi du 24 août 1790 , qui ne soumettait à la citation préalable , devant le bureau de paix , que l'appel des jugemens *des tribunaux de district* ; et à l'article 17 de la loi additionnelle du 27 mars , qui dispensait formellement de la formalité préalable devant le bureau de paix , les affaires commencées dans les anciens tribunaux. (N°. 2 , B.)

III. *Du 21 floréal , an 3.* Annullation sur la demande de Launoy , contre les Quesnel , d'un jugement du tribunal d'Abbeville , du 17 floréal , an 2.

Il s'agissait au fond de dommages-intérêts et alimens d'un enfant naturel.

Le tribunal d'Abbeville avait déclaré Launoy non-recevable dans son appel , pour n'avoir pas justifié du certificat de non-conciliation sur cet appel.

Mais il y avait eu citation , et le certificat avait été signifié par les Quesnel.

Fausse application de la loi du mois d'août 1790 , titre 10 , article 7 , qui veut que l'appel ne soit pas reçu si l'appellant n'a pas signifié copie du certificat du bureau de paix. (N°. 47 , E.) Voyez au mot *Appel*.

IV. *Du 12 prairial , an 3.* Annullation sur la

demande des mariés Pugnant, contre les frères Sauvage, d'un jugement du tribunal de Beauvais, du 27 vendémiaire.

Il s'agissait de la validité du congé donné par un acheteur à un fermier.

Les Sauvage n'avaient pas paru au bureau de paix, et n'avaient pas consigné d'amende.

Le ministère public n'avait pas été entendu, bien que la femme Pugnant fut partie.

Contravention à la loi du 21 germinal, an 2, qui veut que l'on ne soit admis à se défendre, qu'en produisant la quittance de l'amende.

Et contravention à l'article 3 du titre 8 de la loi du mois d'août 1790. (N°. 66, E.) Voyez *Femme mariée*.

V. *Du 8 messidor, an 3.* Annullation sur la demande d'Auger Lamereau, contre Pierre Bréjon, Jeuneur, Lamereau, son père, d'un jugement du district de Civray, du 7 thermidor, an 2.

Le jugement attaqué avait déclaré Auger non-recevable dans l'appel par lui interjeté d'un jugement de première instance, pour n'avoir pas donné copie du certificat de non-conciliation en tête de l'acte d'appel, quoique ses adversaires l'eussent assigné eux-mêmes sur l'appel, et lui eussent donné copie du certificat du bureau de paix.

Contravention à l'article premier de la loi du 24 germinal, an 2, qui s'exprime en ces termes : *les appels des jugemens de première instance ne pourront être reçus qu'autant que la partie qui ajournera la première sur l'appel, fera signifier en tête de l'ajournement copie du certificat du bureau de paix, contenant que son adversaire y a été inutilement cité pour se concilier, ou qu'il*

a employé sans fruit sa médiation. (N°. 78 , E.)
Voyez *Appel.*

VI. *Du 2 fructidor , an 3.* Annullation sur la
demande des frères Sorel , contre Dupray , d'un
jugement du tribunal du district de Beziers , du 13
brumaire, an 3.

Le jugement attaqué avait admis, sans certificat
préalable de conciliation , une demande en résiliation d'un marché pour la jouissance d'un moulin,
ce qui était contraire à l'article 2 du titre 10 de
la loi du 24 août 1790 , qui porte : *qu'il ne sera
reçu aucune action principale* , sans qu'il appa-
raisse du certificat du bureau de paix.

Le même jugement avait déclaré non-recevable
dans l'appel d'un jugement qui rejetait l'appellation
d'un jugement par défaut , qui ordonnait une
visite d'experts , ce qui était une fausse application
de la loi de brumaire , qui , en excluant par l'article 6 les recours contre les jugemens interlocutoires , n'a pu comprendre dans ses dispositions
un jugement qui statuait définitivement sur la fin
d'une opposition. (N°. 97 , E.) Voyez *Appel.*

VII. *Du 11 pluviôse , an 4.* Annullation sur
la demande de Polliare, contre David et autres ,
des jugemens du tribunal de Saint-Quentin, des
18 pluviôse et 18 ventôse, an 3.

Il s'agissait originairement de fermages. A l'audience , on avait demandé la déchéance contre
Polliare de son bail à ferme , s'agissant d'un bien
national. Demande toute nouvelle non-précédée
de citation à conciliation.

Le tribunal de Saint-Quentin avait confirmé la
déchéance prononcée par celui de Vervins.

Contravention à l'article 2 du titre 10 de la loi

du mois d'août 1790, qui veut que : *aucune action principale ne soit reçue....... si le demandeur n'a pas donné copie du certificat du bureau de paix*, etc. (N°. 58, E.)

VIII. *Du 12 pluviôse, an* 4. Annullation sur la demande de Louis Dubosc , contre Moulard , des jugemens du tribunal du Havre , des 28 nivôse et 28 pluviôse, an 3.

Il s'agissait au fond de quelque prétendue usurpation de terrain.

Dubosc, était appellant d'un juge de paix. Moulard , avait anticipé, sans citer en conciliation ; et faute de conciliation tentée , Dubosc avait été déclaré non-recevable par le premier jugement.

Il avait ensuite cité à conciliation , ajourné devant le tribunal , et le second jugement l'avait encore déclaré non-recevable , sur le fondement que c'était chose jugée.

Fausse application de l'article 21 de la loi du 27 mars 1791 , qui n'exigeait la citation à conciliation de la part de l'appellant , que lorsqu'il ajournait.

Contravention à la loi du 24 germinal , an 2 , article premier, qui voulait que Moulard fut lui-même déclaré non-recevable, faute d'avoir cité à conciliation avant d'anticiper. (N°. 160, E.)

IX. *Du 19 germinal , an* 4. Annullation sur la demande de Pigon , contre Legrand , d'un jugement du tribunal d'Abbeville , du 9 germinal, an 3,

Il s'agissait de l'appel fait par Pigon , d'un jugement du tribunal d'Amiens. L'ajournement donné en conséquence avait été précédé de citations au bureau de conciliation , et il avait été donné copie, en tête de l'exploit, du certificat de comparution, et l'appel avait été déclaré non-recevable pour n'avoir pas été lui-même précédé de la citation et accompagné de la copie du certificat.

Contravention à l'article 7 du titre 10 de la loi du mois d'août 1790, et à l'article premier du mois de germinal, an 2, qui porte : *l'appel ne sera pas reçu si l'appellant n'a pas donné copie du certificat du bureau de paix, et les appels ne pourront être reçus qu'autant que la partie qui ajournera la première, fera signifier copie du certificat du bureau de paix.*

D'après ces lois, l'appel était valide sans citation préalable au bureau de paix, qui n'était prescrite qu'avant l'ajournement. (N°. 21, E.)

X. *Du 5 prairial, an 4.* Annullation sur la demande de Hézard et autres, contre Guay, des jugemens du tribunal de Cosne, des 23 nivôse et 11 germinal, an 3.

L'appel d'une sentence du ci-devant bailliage de Guerchy avait été déclaré non-recevable, faute de citation au bureau de conciliation.

Fausse application de l'article 7 du titre 10 de la loi du mois d'août 1790, qui ne regarde que l'appel des jugemens des nouveaux tribunaux.

L'affaire avait été mise au rapport; mais le jour du rapport n'avait pas été indiqué.

Contravention à la loi du 3 brumaire, qui voulait que le rapport fut fait au jour indiqué.

Il y avait parmi les demandeurs en cassation des femmes mariées, et le commissaire du pouvoir exécutif n'avait pas été entendu. (N°. 57, E.) Voyez *Femmes mariées.*

XI. *Du 9 messidor, an 4.* Annullation sur

la demande de Branlard, contre Perraudin, d'un jugement du tribunal de la Charité, du 21 thermidor, an 2.

L'appel d'une sentence du ci-devant bailliage de Saint-Pierre-le-Moutier, avait été déclaré non-recevable pour n'avoir pas été précédé de citation au bureau de conciliation.

Contravention à l'article 7 du titre 10 de la loi du mois d'août 1790, qui n'exigeait cette citation qu'à l'égard des appels des nouveaux tribunaux. (N°. 84, E.)

XII. *Du 27 floréal, an 5.* Annullation sur la demande de Dagonnet, contre les héritiers Lavertu, d'un jugement du tribunal de Louviers, du 14 germinal, an 3.

Dagonnet était poursuivi en restitution d'armes enlevées dans une arrestation, et comme il avait agi en qualité d'agent national, l'administration avait autorisé la poursuite.

Au moyen de cette autorisation, l'on avait cru que le passage au bureau de paix n'avait pas été nécessaire, et il avait été jugé ainsi.

Contravention aux articles 2 et 5 de la loi du mois d'août 1790, qui voulaient, sans excepter ce cas, que le certificat du bureau de paix fût rapporté. (N°. 350, E.) Voyez *Conciliation, Appel, Juge de paix, Arbitres.*

C

CANONIALES (MAISONS). *Du 26 pluviôse, an 5.* Annullation sur la demande de Waizenier, contre François Durot, d'un jugement du tribunal du ci-devant district d'Hazebrouck, séant à Bailleul, du 8 messidor, an 3.

Le chapitre de Lille avait concédé ancienne-ment un terrain pour y construire des maisons, sous la condition imposée aux concessionnaires et à leurs ayant cause, que les maisons qui seraient construites sur ce fond, retourneraient au chapitre, s'ils venaient à mourir sans en avoir disposé par vente.

Becroix-d'Auchin, possédait sous cette condi-tion une maison, qu'il vendit en 1766 à Wazenier, chanoine.

Le 11 avril de la même année 1766, Waizenier fit une nouvelle convention avec le chapitre, par laquelle il renonça au droit de vendre la maison, à condition que lui et Charles-Théodor Waizenier, son frère, en jouiraient pendant leur vie. Le cha-pitre devait rentrer après leur mort en possession de la maison, sans que leurs héritiers pussent rien réclamer.

Les deux frères Waizenier en jouissaient, lorsque Durot se rendit adjudicataire le premier février 1792, à l'administration du ci-devant district; et Durot forma contr'eux une demande en déguerpissement devant le tribunal du district de Lille, et il en fut débouté.

Sur l'appel porté au tribunal du district de Bailleul, le jugement a été infirmé le 8 messidor, an 3, et Charles-Théodore Waizenier condamné à déguerpir, quoiqu'il fut étranger au chapitre,

Contravention à la réponse à la sixième question inscrite dans le décret d'ordre du jour du 28 germinal, an 2, ainsi conçue : question si la dis-position de l'article 20 de la loi du 15 frimaire, an 2 : qui annulle les ventes ou les baux à vie des maisons dépendantes des ci-devant corps ecclé-siastiques, s'applique aux ventes ou baux à vie que ces corps auraient pu faire, soit à des étrangers, soit à des bénéficiers de leurs églises, comme particuliers de maisons qui n'étaient pas canoniales.

Réponse : *que la loi du 15 frimaire, an 2, comprend indistinctement dans sa disposition toutes les maisons dépendantes des ci-devant ecclésiastiques, qu'ils ont vendues ou louées à vie à des bénéficiers de leurs églises ; mais qu'elle ne s'applique ni dans son texte, ni dans son esprit, aux ventes ou baux à vie faits en faveur d'étrangers.* (N°. 274, E.)

CASSATION. I. *Du 24 germinal, an 3.* Annullation sur la demande de Casaux et Beccal, contre Garderet et autres, d'un jugement du tribunal de Mirande, du 17 prairial, an 2.

Il s'agissait d'un appel et prise à partie dirigés par les demandeurs en cassation, anciens maire et consuls de Rabastens, à raison de la contrainte par corps exercée contr'eux pour la restitution de quelques registres.

Le tribunal de Lourde avait annullé le jugement de la nouvelle municipalité. Il y avait eu appel porté au tribunal de Vic, lequel, malgré la fin de non-recevoir objectée, résultante des deux dégrés de jurisdiction parcourus, retint la cause.

Le tribunal de cassation avait cassé ce dernier jugement, et les parties avaient porté le fond de l'affaire au tribunal de Mirande, lequel avait rejeté la fin de non-recevoir proposée contre l'appel, annullé une partie de la procédure de Lourde, et renvoyé les parties au tribunal de Vic.

Il a paru au tribunal qu'il y avait contravention à la loi du mois de novembre 1790, qui porte : *que le tribunal de cassation connaîtra des dé-*

mandes en cassation contre les jugemens rendus en dernier ressort , en ce que l'appel d'un jugement en dernier ressort avait été reçu, lorsqu'il ne restait que la voie de la cassation. (N⁰. 20, E.)

II. *Du 29 fructidor, an 3.* Annullation sur **le** réquisitoire du commissaire national , d'un jugement du tribunal du district de Carentan , séant à Périers , du 27 brumaire , an 2.

Le tribunal de Périers avait refusé de connaître du fond d'une contestation qui lui était dévolue par l'effet des exclusions des parties , après la cassation d'un jugement du tribunal d'Avranches , sur le fondement de ces mots : *dans le tribunal ordinaire qui avait d'abord connu en dernier ressort ,* insérés par erreur dans la rédaction de l'article 21 de la loi du 27 novembre 1790 , portant organisation du tribunal de cassation.

Contravention à la loi du 14 avril 1791 , qui a ordonné le retranchement de ces mots , pour ne laisser subsister que le surplus de l'article , qui établit la voie des actions après la cassation comme à l'égard des appels. (N⁰. 116 , E , *bis.*)

III. *Du 6 vendémiaire , an 5.* Rejet de la demande de la veuve Rolland , en cassation d'un jugement du tribunal de Mâcon , du 7 nivôse , an 4.

Il y avait différend entre la veuve Rolland **et** Jacques Meunier , pour deux objets , savoir : un compte de société et l'exécution d'une transaction.

Le tribunal de Mâcon , par un jugement du 22 décembre 1791 , admit Meunier à la preuve vocale de divers faits relatifs aux deux objets.

Sur l'appel de la veuve Rolland , le tribunal de

la campagne de Lyon infirma ce jugement et renvoya les parties devant le tribunal de Mâcon.

Enfin, après un autre interlocutoire, le jugement définitif déclara la transaction rescindée, et condamna la veuve Rolland au paiement d'une somme.

Tel était le jugement argué; la raison de rejeter la requête en cassation, fut que cette voie n'était pas admissible contre un jugement de premier ressort, susceptible d'appel. Voyez *Appel, Dernier ressort*.

CHEMINS. Voyez *Voierie*.

CHOSE JUGÉE. Sous ce titre, on a cru devoir placer plusieurs cassations de jugemens pour avoir admis des appels, oppositions ou nouvelles actions, contre des jugemens qui avaient acquis *force de chose jugée*.

I. *Du 25 pluviôse, an 2.* Cassation d'un jugement du tribunal du sixième arrondissement du département de Paris, du 18 octobre 1792, sur la demande de Geneviève Masson, épouse de François Nugent, autorisée, contre Etienne-Jean Masson, dit Maison-Rouge.

De nombreuses contestations avaient long-tems divisé ces deux personnes, relativement à une substitution qu'elles se disputaient. Elles avaient été toutes terminées par un arrêt du parlement de Paris, du 20 juillet 1790, qui avait rejeté les prétentions de Masson, dit Maison-Rouge, comme étant fils *illégitime*. Ayant été débouté de sa demande en cassation contre cet arrêt, il chercha à faire revivre ses prétentions sur les biens substitués, en intentant une nouvelle action contre Geneviève Masson, sa sœur naturelle, afin de maintenu en possession d'état de *fils légitime*. Et nonobstant la fin de non-recevoir opposée par Geneviève Masson, deux jugemens des nouveaux tribunaux de Paris, l'un en première instance, l'autre sur appel, avaient acceuilli cette nouvelle action, en ordonnant que les parties défendraient au fond.

Annullés comme tendant à remettre en jugement une question d'état irrévocablement jugée par un arrêt devenu inattaquable, par le rejet de la requête en cassation.

Contravention à l'article 5 du titre 27 de l'ordonnance de 1667. (Nᵒ. 52 , B.)

II. *Du 7 fuctidor, an 3.* Annullation sur la demande de Jean-Marie Berchoux, contre la veuve Dumas, d'un jugement rendu par le tribunal du district de Montbrison, du 8 messidor, an 2.

Le jugement attaqué, en confirmant un jugement par défaut du tribunal du district de Lyon, avait fait droit sur l'opposition à une sentence d'adjudication de 1767, rendue en faveur de Jean-Marie Berchoux, fils du poursuivant, quoique cette sentence eut été rendue contradictoirement, et qu'elle eut été suivie des acquiescemens les plus formels, ce qui était contraire ; 1ᵒ. à l'article 5 du titre 27 de l'ordonnance de 1667, qui porte : *que les sentences et jugemens qui doivent passer en force de chose jugée, sont ceux auxquels les parties ont formellement acquiescé ;* 2ᵒ. à l'article 2 du titre 35 de l'ordonnance de 1667, qui, *ne permet de se pourvoir par opposition que contre les arréts et jugemens dans lesquels on n'aura pas été partie ni duement appellé.* (Nᵒ. 103 , E.)

III. *Du 21 vendémiaire, an 5.* Annullation

sur la demande de Dupont, d'un jugement du tribunal du Calvados, du 20 germinal.

Dupont, avait acquis de Lepecq, son oncle, une ferme ; celui-ci avait ensuite demandé la résiliation de la vente devant des arbitres de famille, qui l'en avaient débouté par sentence du 24 octobre 1792, qui fut signifiée et suivie d'acte d'exécution.

Trois ans après, qualifiant d'escroquerie le fait de cette vente, Lepecq cita son neveu au tribunal de police correctionnel de Lisieux, qui le déclara non-recevable ; mais, sur l'appel, le jugement argué, admit la nouvelle demande et la renvoya au tribunal correctionnel de Caen.

Contravention à l'article 5 du titre 27 de l'ordonnance de 1667, sur la force de la chose jugée. (N°. 159, E.)

IV. *Du 3 ventôse, an 5.* Annullation sur la demande de Marchand, contre Jean Trossey, d'un jugement du tribunal de Villefranche, du 18 prairial, an 3.

Il s'agissait, au fond, de la réintégration de Marchand, dans un héritage par lui vendu à Jean Trossey, qui ne l'avait pas payé, et qui sans y être contraint lui en avait laissé reprendre la possession.

Contravention à l'article 6 du titre 20 de l'ordonnance de 1667, selon lequel la force de la chose jugée est attribuée aux jugemens *dont l'appel n'est pas recevable, soit que les parties y eussent formellement acquiescé, etc.* (N°. 278, E.)

V. *Du 3 ventôse, an 5.* Annullation sur la demande de Jean Medesu, tuteur de Guillaume, contre Yves Lejaucourt, d'un jugement du tribunal du district de Quimper, du 15 vendémiaire, an 5.

Au fond, il était question d'une action en réméré

exercée par le citoyen Lejaucourt, nonobstant sa renonciation à l'exercice de cette action.

Débouté en première et dernière instances, Lejaucourt y avait recouru de nouveau, mais en s'aidant du secours d'une inscription de faux incident contre cette renonciation, et il avait réussi, à faute par Medesu d'avoir déclaré s'il entendait s'en servir.

Contravention à l'article 5 du titre 27 de l'ordonnance de 1667, qui attribue la force de la chose jugée aux jugemens *dont l'appel n'est pas recevable ;* car l'affaire avait été jugée en dernier ressort.

Et à l'article 34 du titre 23 de la même ordonnance, qui autorise la voie de la requête civile, *si on a jugé sur pièces fausses ;* car c'était sur requête civile que Lejaucourt aurait dû se pourvoir. (N°. 277 , E.) Voyez *Requête civile.*

VI. *Du 16 floréal , an 5.* Annullation sur la demande d'Antoinette Avès, femme Blanc, contre Antoine Avès, de deux jugemens du tribunal du district de Saint-Geniès , des 21 floréal et 23 messidor , an 3.

Un jugement du tribunal du district de Rodès, du 8 pluviôse, an 3, avait condamné Avès, fils, à délaisser à Antoinette Avès, le sixième des biens dépendans des successions de ses père et mère, avec restitution des fruits à dire d'experts.

En exécution de ce jugement, les parties avaient nommé des experts à l'effet de partage. Avès avait déclaré à l'audience du 28 pluviôse, qu'il se départait de toute récusation contre l'expert nommé par la femme Blanc.

Malgré cet acquiescement , Avès avait émis

appel du jugement du 8 pluviôse, et le tribunal du district de Saint-Geniès, qui en fut saisi, reçut l'appel et infirma le jugement de première instance par jugement par défaut du 21 floréal ; celui du 23 messidor, débouta la femme Blanc de son opposition.

Contravention à l'article 5 du titre 27 de l'or- de 1667, portant : *les sentences et jugemens qui doivent passer en force de chose jugée, sont ceux rendus en dernier ressort....... ou dont l'appel n'est pas recevable, soit que les parties y eussent formellement acquiescé.* (N°. 347, E.) Voyez *Appel, Dernier ressort.*

CITATION. Voyez *Ajournement, Bureau de paix.*

COMMERCE. Sous ce mot unique, on a cru devoir placer toutes les cassations relatives à des opérations commerciales, et à la compétence des tribunaux de commerce.

I. *Du 26 août* 1791. Annullation d'un arrêt du parlement de Paris, du 7 avril 1789, entre Jean-Pierre Borel, négociant à Genève, Omer-Gratien-Zéphirin Rosnel, négociant à Paris, et Merle Doyna et compagnie, aussi négociant à Paris.

Enfantin, l'aîné, conformément à la commission qu'il en avait reçue de Borel, avait vendu par l'entremise d'Enfantin, son frère, cent actions des nouvelles Indes, à Rosnel.

Borel refusa d'exécuter la vente, par la raison qu'elle n'était pas faite dans la forme légale et obligatoire.

Le procès né de ce refus avait été jugé par le parlement de Paris, contre la prétention de Borel.

Cet arrêt a été cassé pour contravention, 1°. à
l'arrêt

l'arrêt du conseil du 24 septembre 1724, portant établissement de la bourse, suivant lequel, lorsque deux agens de change sont d'accord à la bourse d'une négociation, ils doivent se donner réciproquement leur billet, portant promesse de se fournir dans le jour, savoir : par l'un, les effets négociés ; et par l'autre, le prix de ces effets ; 2°. à l'arrêt du conseil du 7 août 1785, qui ordonne que les marchands et autres admis à la bourse, et pouvant négocier sans l'entremise des agens de change, seront tenus de se conformer à l'arrêt du conseil de 1724. (N°. 49, E.)

II. *Du 14 octobre* 1791. Annullation de deux jugemens en dernier ressort des juges-consuls d'Orléans, rendus les 2 octobre 1790 et 4 mai 1791, entre Gabriel Communau, laboureur ; Boucher-Colas, négociant ; et François Machart, banquier.

Communau avait souscrit un billet à ordre de quatre cent cinquante livres, *valeur comptant pour fermage.* Sur la négociation qui avait été faite de ce billet, transporté d'abord à Boucher-Colas, et ensuite par celui-ci à Grammont ; Communau avait été mis en cause devant les juges-consuls, et ensuite condamné par eux à payer le billet.

Contravention aux articles 2 et 3 du titre 12 de l'ordonnance de 1673, qui *défendent aux consuls de connaître des billets de change entre particuliers, autres que négocians et marchands, et dont ils ne devront pas la valeur.* (N°. 55, E.)

III. *Du 14 octobre* 1791. Annullation de deux jugemens des juges-consuls d'Orléans, des 2 octobre 1790, et 4 mai 1791, entre Martin Deniau, laboureur ; Boucher-Colas et François Machart.

III. Partie. F

Même fait, même jugement et même contravention que dans l'affaire précédente. (N°. 56, E.)

IV. *Du 9 août 1792.* Annullation d'un jugement rendu par le tribunal du district de Dieppe, le 29 août 1791, entre la veuve Ricard et fils, et la veuve Delorme et compagnie.

Le 20 novembre 1790, sentence des juges-consuls de Rouen, qui, sans s'arrêter à une fin de non-recevoir, ordonne qu'il sera procédé à la révision de tous les comptes indistinctement; et sur l'appel, cette sentence est confirmée par le tribunal du district de Dieppe, du 29 août 1791.

1°. Ce jugement ne présentait ni les questions de fait et de droit, ni le résultat des faits reconnus ou constatés par l'instruction.

Contravention à l'article 15 du titre 5 de la loi du 24 août.

2°. Il ordonnait une révision de comptes arrêtés et réglés.

Contravention à l'article 21 du titre 29 de l'ordonnance de 1667, qui s'exprime en ces termes : *ne sera ci-après procédé à la révision d'aucun compte; mais s'il y a des erreurs, omission de recette ou faux emploi, les parties pourront en former leur demande, ou....., etc.* (N°. 20, E.)

V. *Du 2 nivôse, an 2.* Cassation d'un jugement du tribunal du district de Bergues, séant à Dunkerque, du 9 octobre 1792, sur la demande de Nicolas-François Meaux-de-Saint-Marc, négociant à Paris, contre Indocas Marrons, négociant à Lille.

Des lettres de change endossées et passées à l'ordre de Meaux, par Marrons, avaient été protestées. Le protêt dénoncé à Marrons ; jugement du tribunal de commerce de Lille avait condamné Marrons à rembourser à Meaux le montant des traites. Appel ; jugement infirmatif. Marrons soutenait qu'il n'avait endossé que comme mandataire de Meaux.

Contravention à l'article 13 du titre 5 de l'ordonnance du commerce, qui rend les endosseurs garans, s'ils sont poursuivis dans le délai compétent. (N°. 29, B.)

VI. *Du quatrième jour complémentaire, an 3.* Annullation sur la demande de Nicolas Sagot, contre Chaune et Péteau, d'un jugement du tribunal de commerce de Châlons-sur-Saône, du 11 messidor, an 2.

Le tribunal de commerce avait statué en dernier ressort sur une demande à fin de paiement d'une somme de onze mille quatre cent quatre-vingt livres.

Contravention à l'article 4 du titre 12 de la loi du 16 août 1790, ainsi conçu : *ces juges prononceront en dernier ressort sur toutes les demandes dont l'objet n'excèdera pas la valeur de mille livres.*

Il avait appliqué d'office la loi du *maximum* à un marché consommé long-tems avant la loi.

Fausse application de la loi du 19 septembre 1793, qui n'assujétit au *maximum* que les marchés non-consommés par la livraison ou la mise en route des marchandises. (N°. 117, E.)

VII. *Du 21 ventôse, an 4.* Annullation sur la demande de Décombet, contre Dagony, d'un jugement du tribunal de commerce de Saint-Geniès, du 6 ventôse, an 3.

Il s'agissait de l'exécution d'un marché, dont

l'objet n'avait pas une valeur déterminée; et il avait été jugé en premier et dernier ressort.

Contravention à l'article 4 du titre 12 de la loi du mois d'août 1790, qui n'autorise les juges de commerce à juger en premier et dernier ressort que lorsque l'objet n'excède pas la valeur de mille livres. (N°. 178, E.)

VIII. *Du 4 vendémiaire, an 5.* Réglement de juges entre Rioux, et les intéressés à la manufacture de draps des Andelis.

Rioux avait prêté une somme de cinquante mille livres à la manufacture des Andelis, dont ceux-ci avaient fait deux obligations, le 10 novembre 1790, avec terme de cinq ans.

La dette était échue, lorsque le 20 frimaire, an 4, les débiteurs firent des offres; la loi du 12 frimaire autorisait le refus des remboursemens, les effets de commerce exceptés.

Dans l'idée de se prévaloir de l'exception, en supposant que les obligations de 1790 étaient des effets de commerce, les débiteurs citèrent Rioux devant les juges de commerce de Rouen, pour le faire condamner à recevoir.

Rioux déclina la jurisdiction, alléguant qu'il ne s'agissait pas d'affaires de commerce, et qu'il n'était pas négociant; il fut débouté du déclinatoire, par un jugement du 23 frimaire, confirmé depuis par le tribunal civil du département de la Seine-Inférieure, du 25 germinal.

Sur la demande en réglement de juges de Rioux, le tribunal de cassation, regardant comme non-avenus les jugemens du 23 frimaire et du 25 germinal, renvoya les parties devant leurs juges naturels.

IX. *Du* 11 *vendémiaire, an* 5. Annullation sur la demande de Gibon, contre Adrien et Coutenot, d'un jugement du tribunal de la Haute-Marne, du 22 nivôse.

Il s'agissait d'un marché de fer au prix du *maximum*. Coutenot, vendeur, avait été condamné à délivrer, au moyen des offres qui lui avaient été faites, par un jugement du tribunal de commerce de Saint-Dizier, confirmé le 13 prairial, an 3, par le tribunal civil de Troyes, et la somme offerte avait été consignée.

Depuis, il avait été question de l'exécution de ces jugemens : des réquisitions faites au nom du gouvernement y mettaient obstacle; mais il y en eût main-levée : deux nouveaux jugemens du tribunal de commerce avaient ordonné cette exécution.

Adrien s'était obligé envers Coutenot à satisfaire à son obligation ; il avoit voulu, dans la procédure principale, intervenir et prendre le fait et cause, mais son intervention avait été rejetée.

Dans l'instance d'exécution, le tribunal de commerce avait condamné Adrien à indemniser Coutenot.

Nouvel appel, sur lequel le tribunal de la Haute-Marne avait prononcé en faveur d'Adrien et Coutenot.

Il avait admis la prise de fait et cause, rejeté et annullé la consignation faite par Gibon, se fondant sur la loi du 17 messidor, an 3, portant, article 2, que tous vendeurs qui justifieraient n'avoir pu acquitter par l'effet des réquisitions, ne pourraient être contraints à exécuter leurs traités qu'au prix actuel des choses.

F 3

Extension donnée à cette loi qui n'annullait pas les marchés, mais en changeait seulement le prix; ensorte que la consignation faite régulièrement devait être considérée comme un paiement à imputer.

Contravention à l'article 3 du titre 27 de l'ordonnance de 1667, sur la force de la chose jugée, accordée aux jugemens en dernier ressort : car la prise de fait et cause et la consignation avaient été jugées.

Confusion de la garantie simple dont était tenu Adrien par l'obligation qu'il avait contractée, avec la garantie formelle où l'article 9 du titre 8 de l'ordonnance de 1667, admet la prise de fait et cause du garanti. (N°. 145, E.)

X. *Du* 24 *frimaire*, *an* 5. Annullation sur la demande de Hureau, contre Gautier, d'un jugement du tribunal de commerce de Chartres, du 25 frimaire, an 4.

Il s'agissait d'un marché dont l'objet n'était pas d'une valeur déterminée; et il avait été jugé en premier et dernier ressort.

Contravention à l'article 4 du titre 12 de la loi du mois d'août 1790, qui n'autorise les tribunaux de commerce à juger en dernier ressort, que lorsque les objets n'excèdent pas la valeur de mille livres. (N°. 222, E.)

XI. *Du* 11 *nivôse*, *an* 5. Annullation sur la demande de la veuve Expilly, contre Texier, père et fils, de deux jugemens du tribunal de Nantes, du 9 nivôse, an 4.

Il s'agissait au fond d'un remboursement de deux mille deux cent soixante-treize livres, offert le 25 frimaire, an 4, et refusé.

Contestation portée au tribunal de commerce, ou déclinatoire proposé et rejeté par deux jugemens en premier et dernier ressort, qui ordonnaient en même-tems le dépôt de cette somme.

Contravention à l'article 12 du titre 4 de l'ordonnance de 1673, qui porte : *seront tenus si la connaissance ne leur en appartient pas, de déférer au déclinatoire, etc.*, puisque cette somme était due, non pour raison de commerce, mais pour des fournitures nécessaires, à la consommation et aux besoins particuliers de la maison des citoyens Texier.

A l'article 4 du titre 12 de la loi du mois d'août 1790, qui fixe à mille livres la compétence en premier et dernier ressort, du tribunal de commerce, et qui n'est point révoqué par l'article 214 de la constitution, qui donne seulement la faculté d'augmenter cette compétence au corps législatif, qui n'a point encore porté de loi sur ce point, en ce que dans l'espèce il s'agissait de deux mille deux cent soixante-treize livres.

Et à la loi du 12 frimaire, an 4, qui suspend tout remboursement de créances antérieures au premier vendémiaire, autres néanmoins que des effets de commerce de négociant à négociant, en ce que les deux mille deux cent soixante-treize livres étaient dues avant le premier vendémiaire, an 4, et le titre en vertu duquel elles l'étaient n'était point un effet de cette nature. (N°. 243, E.)

XII. *Du 22 nivôse, an 5.* Annullation sur la demande de Jean Marty, contre Jean Petit, de deux jugemens du tribunal de Marmande, des 4 frimaire, an 3, et 9 brumaire, an 4.

Il s'agissait, au fond, de la cession d'un intérêt

dans une société de commerce, cession qui était contestée.

La preuve en avait été admise et faite devant un tribunal de commerce; en conséquence la cession avait été déclarée existante.

Sur l'appel, jugement rendu par quatre juges et deux citoyens, qui réforme celui de première instance, pour avoir admis une preuve vocale contre un écrit.

Contravention à l'article 29 de la loi du 6 mars 1791, qui n'admet de suppléans *que dans le cas où leur assistance sera nécessaire à la validité des jugemens*, puisque l'on a appellé deux suppléans, lorsqu'un seul était nécessaire pour compléter le nombre de cinq, aujourd'hui requis par la loi.

Et à l'article 2 du vingtième titre de l'ordonnance de 1667, qui, en rejettant la preuve testimoniale contre et outre le contenu aux actes, fait cette exception, *sans toutefois rien innover pour cet égard à ce qui s'observe en la justice des juges et consuls des marchands*, puisque la question portant uniquement sur la réalité d'une cession de droits dans une société réglée par un acte d'association, l'ordonnance de 1667 n'a point prohibé à l'égard des jurisdictions consulaires la preuve vocale en ce cas. (N°. 246, E.)

XIII. *Du 23 ventôse, an 5.* Annullation sur la demande de la veuve Lepy et Mey, associés, contre les frères Thorin, Imbert, Granier, Champanet et compagnie, négocians à Lyon, et contre Systeron, père et fils, et Bonneot Dorion, d'un jugement du tribunal de Marseille, du 11 fructidor, an 3.

Il s'agissait d'un déclinatoire proposé devant le

tribunal du district d'Orange, tenant la chambre de commerce, par Thorin et consorts, appellés en garantie, et prenant le fait et cause de Bonneot Dorion, et autres défendeurs originaires, fondé sur ce que Bonneot Dorion, n'étant plus parties nécessaires dans l'instance en délivrance des marchandises, engagée contre eux par Mey et la veuve Lepy, eux Thorin et consorts, devaient être renvoyés devant leurs juges naturels.

Le tribunal d'Orange avait fait droit sur le déclinatoire et renvoyé la cause.

Le tribunal de Marseille a confirmé ce jugement, quoique les juges n'aient point reconnu qu'il parût, soit par écrit, soit par l'évidence du fait, que la demande originaire n'avait été formée que pour traduire les garants hors de leur juridiction.

Contravention à l'article 8 de l'ordonnance de 1667, portant : *ceux qui seront, etc.* (N°. 298, E.)

XIV. *Du 15 floréal, an 5.* Annullation sur la demande des citoyens Decaen et Marchoisne, contre les citoyens Humbert, Dumesnil et compagnie, d'un jugement du tribunal de la Seine-Inférieure, du 24 ventôse, an 4.

Il s'agissait d'une demande en validité d'offres, d'une somme de soixante-quinze mille livres en assignats valeur nominale, faites le 12 frimaire, an 4, par Humbert et Dumesnil, aux citoyens Decaen et Marchoisne, armateurs, stipulée par acte synallagmatique, du 4 septembre 1792.

Un jugement du tribunal de commerce du Havre, le 13 frimaire, an 4, en défaut de Decaen et Marchoisne, avait déclaré les offres valables, et permis la consignation.

Le tribunal de la Seine-Inférieure a confirmé ce jugement.

Fausse application de l'article premier de la loi du 12 frimaire, an 4, qui autorise les créanciers à refuser les paiemens qui leur seraient offerts, et qui n'excepte que les effets de commerce de négociant à négociant, en ce que le traité d'affrétement dont il s'agit ne peut être regardé comme compris dans l'exception portée par cet article. (N°. 343, E.)

COMMISSAIRE EXÉCUTIF. I. *Du 4 germinal, an 4.* Annullation sur la demande d'Antoine Langlois, contre les nommés Cornet, d'un jugement du tribunal de Saint-Flour, du 11 floréal, an 2.

Le commissaire du pouvoir exécutif avait été appellé pour concourir comme un juge, en remplacement d'un juge absent, au jugement du tribunal de Saint-Flour.

Contravention à l'article premier du titre 8 de la loi du mois d'août 1790, selon lequel les officiers du ministère public sont agens du pouvoir exécutif, et leurs fonctions consistent à faire observer, dans les jugemens à rendre, les lois qui intéressent l'ordre général, et à faire exécuter les jugemens rendus.

Les commissaires du pouvoir exécutif ne peuvent en aucun cas cesser d'être surveillans pour devenir juges, ni confondre les pouvoirs par le concours au jugement et à l'exécution. (N°. 6, E.)

II. *Du 2 fructidor, an 4.* Annullation sur la demande de la veuve Charel, contre Philippon, d'un jugement du tribunal de Villefranche, du 3 vendémiaire, an 3.

Le commissaire du pouvoir exécutif avait con-couru, comme juge, au jugement.

Même contravention que ci-dessus. (N°. 120. E.) Voyez *Ministère public, Suppléans.*

COMMUNES, BIENS COMMUNAUX. On a com-pris sous ce titre toutes les cassations relatives à des affaires de communes, et notamment aux révendications , partages et arbitrages de biens communaux.

I. *Du 6 vendémiaire, an 5.* Annullation sur la demande des régisseurs du domaine national, con-tre Gagneur et Didier, d'une décision arbitrale du 6 fructidor, an 3.

Il s'agissait de biens prétendus usurpés par l'ef-fet de la puissance féodale, révendiqués contre la république comme représentant un émigré ; des experts avaient été nommés pour vérifier les biens, et avaient opéré sans que la république fût ap-pellée.

Contravention à l'article 14 de la loi du 10 juin 1793, cinquième section, qui voulait que les ex-perts procédassent parties présentes ou duement appellées. (N°. 143, E.)

II. *Du 16 nivôse, an 5.* Annullation sur la de-mande de Labasille d'Argenteuil, contre Collanot, agent municipal, stipulant pour la commune de Vannaire, d'un jugement arbitral, du 7 floréal, an 2.

Il s'agissait de la nullité d'une cession de bois, faite le 6 janvier 1644, par la commune de Van-naire, à son ci-devant seigneur, qui lui avait aussi-tôt abandonné d'autres biens fonds.

Demande en délaissement de ces bois admise comme ayant été cédés à titre de triage.

Contravention à l'article premier de la loi du 28 août 1792, qui ne révoque et ne déclare non-avenus que les triages faits depuis l'ordonnance de 1669, au préjudice des communautés usagères, soit dans le cas, soit hors du cas permis par ladite ordonnance, en ce que le triage dont il s'agissait au tems de 1644, était antérieur à cette ordonnance.

Et à l'article 8 de la même loi, qui maintient les ci-devant seigneurs dans la propriété des biens communaux, quand les ci-devant seigneurs représentent un acte authentique qu'ils ont légitimement acheté lesdits biens, en ce que la cession en question ayant été faite à titre onéreux, était un titre légitime d'acquisition. (N°. 142, E.)

III. *Du 27 nivôse, an 5.* Annullation sur la demande de la veuve Dubourg, contre Claude Berthé et Léonard Marillier, d'un jugement arbitral, du 21 germinal, an 2.

Il s'agissait d'une demande en délaissement d'une pièce de bois futaie de cent seize arpens, prétendus enlevés par abus de la puissance féodale ou par voie de triage.

Des arbitres avaient été nommés d'office pour l'une des parties. La notification en avait été faite le 15 germinal, an 2, et les arbitres avaient jugé par défaut contre elle, dès le 21 du même mois, ensorte que la veuve Dubourg, qui n'avait pas nommé ses arbitres, n'avait pas même joui du délai que la loi lui accordait, soit pour leur remettre les pièces, soit pour les récuser.

Contravention à l'article 12 de la section 5 de la loi du mois de juin 1793 (*v. st.*), sur les communaux, qui porte que : *les parties seront tenues de remettre leurs titres et mémoires entre*

*les mains des arbitres dans le délai d'un mois,
lesdits arbitres seront tenus d'avoir rendu leur
sentence arbitrale deux mois après cette remise.*
(N°. 248, E.)

IV. *Du 24 pluviôse, an 5.* Annullation sur la
demande de Joseph Lepine, contre les habitans
de la commune de Chaumont, d'une décision arbitrale, du 22 nivôse, an 3.

Il s'agissait d'une demande en révendication
de certains fonds en nature de marais ou pâtures,
dont la commune de Chaumont prétendait avoir
été dépouillée par l'effet de la puissance féodale.

Ce terrain avait été accensé en 1568 par le ci-
devant Domaine à la commune de Chaumont et à
celle de Saint-Martin de Lillerie, réunie depuis
à celle de Chaumont.

En 1747, il fut fait un échange entre le Roi et
le ci-devant prince de Conti, des terres d'Ivry, etc.,
avec le droit par ce dernier de rentrer dans toutes
les portions du domaine aliéné.

Conti était en effet rentré dans la possession
des terrains qui ont donné lieu à la contestation
en vertu d'un jugement non attaqué, du 29 juillet
1759, d'où il résulte que ces terres avaient été
réunies au ci-devant domaine, à cause de leur
origine domaniale, et non en vertu de la puissance
féodale.

Ces terrains avaient depuis été vendus à Lepine.
La commune n'avait pas été duement autorisée;
cependant, par le jugement du 22 nivôse, an 3,
les arbitres prétendant qu'il n'était pas permis de
s'attacher aux idées de la domanialité et d'inalié-
nabilité, réintégrèrent la commune dans la propriété du terrain dont il s'agit.

Contravention aux articles 54 et 56 de la loi du

14 décembre 1789, qui veulent que les communes ne puissent intenter aucune demande en justice sans y avoir été autorisées par les administrations supérieures, d'après une délibération du conseil général de la commune.

Violation de l'article 12, section 4, de la loi du 10 juin 1793 (*vieux style*), portant: la convention nationale décrète, que la partie des communaux possédés, ci-devant, soit par les bénéficiers ecclésiastiques, soit par le domaine, à quelque titre que ce soit, appartiennent à la nation, et comme tels ils peuvent appartenir aux communes ou sections de communes dans le territoire desquelles ils sont situés, *soit que ces communaux aient été déjà vendus*, soit qu'ils soient encore à vendre au profit de la nation. (N°. 270, E.)

V. *Du* 14 *floréal, an* 5. Annullation sur la demande des habitans de la commune de Bussy-les-Poix, contre Pierre Lecaillet, de deux décisions arbitrales, des 26 messidor et 15 thermidor, an 3.

Il s'agissait d'une contestation relative à la propriété d'un certain nombre d'arbres plantés sur une place publique, réclamés par les habitans en vertu de la loi du 28 août 1792, et que Lecaillet prétendait devoir lui appartenir comme propriétaire riverain.

Les arbitres avaient été partagés d'opinions.

Le juge de paix avait nommé un sur-arbitre sans le concours de ses assesseurs.

Et le sur-arbitre avait vidé seul le partage en faveur de Lecaillet, sans être réuni aux autres arbitres.

Contravention à l'article 17 de la loi du 10 juin 1793 (*vieux style*), qui veut que le sur-arbitre soit nommé par le bureau de paix à la pluralité des voix.

Et à l'article 13 du titre 10 de la loi du mois d'août 1790, et à la loi du 28 thermidor, an 3, d'après lesquelles le pouvoir de juger n'est attribué qu'aux arbitres réunis. (N°. 340, E.)

VI. *Du 27 floréal, an* 5. Annullation sur la demande de Girardin, contre la commune d'Erménonville, d'une décision arbitrale, du 24 prairial, an 3.

Il s'agissait de biens prétendus communaux : un tiers-arbitre avait fait seul le jugement.

Même contravention. (N°. 351, E.)

VII. *Du 27 brumaire, an* 5. Annullation sur la demande de la commune de Cologne, contre la commune de Sabalos, d'une décision arbitrale, du 18 floréal, an 3.

Les communes ne rapportaient pas l'autorisation de l'administration supérieure pour plaider, il y avait eu conclusions à ce qu'elles fussent renvoyées à l'obtenir ; mais les arbitres avaient jugé le fond.

Contravention aux articles 54 et 56 de la loi du mois de décembre 1789, qui ne permettent aux communes d'intenter des actions qu'après délibération du conseil général et autorisation des administrations supérieures. (N°. 198, E.)

VIII. *Du 29 brumaire, an* 5. Annullation sur la demande de Desursins, contre la commune de Hairdain, d'une décision arbitrale, du 6 messidor, an 3.

Il s'agissait de communaux, la commune n'avait pas été autorisée à plaider.

Même contravention.

Un tiers-arbitre avait jugé seul.

Même contravention que ci-dessus.

La nomination du tiers-arbitre n'avait été notifiée qu'après sa décision.

Contravention à la loi du 2 octobre 1793, article 6, qui accordait quinze jours pour récuser les arbitres, et par conséqueut voulait que leur nomination fut notifiée. (N°. 202, E.)

IX. *Du 19 frimaire, an 5.* Annullation sur la demande de Rousseau, contre la commune de Montigny, d'un jugement arbitral, du 18 thermidor, an 2.

Nulle autorisation à plaider.

Même contravention que ci-dessus.

Jugement d'un tiers-arbitre seul.

Même contravention. (N°. 221, E.)

X. *Du 19 frimaire, an 5.* Annullation sur la demande de Lecocq, contre la commune de Bouville, d'un jugement arbitral, du 12 germinal, an 3.

La commune avait intenté une révendication sans autorisation.

Un tiers-arbitre avait jugé seul.

Même contravention que ci-dessus. (N°. 220, E.)

XI. *Du 2 nivôse, an 5.* Annullation sur la demande des héritiers de Dazemar, contre la commune de Castel-Ferrand, d'un jugement arbitral, du 24 floréal, an 2.

Il s'agissait au fond de la révendication de quelques propriétés prétendues communales, qu'un jugement arbitral avait adjugées à cette commune ; mais elle n'avait pris de délibération que depuis l'instance entamée, sans la faire revêtir de l'autorisation du département.

De

De plus, les arbitres n'avaient pas été nommés au jour indiqué par la citation.

La nomination d'office, faite pour Dazemar, ne lui avait pas été notifiée.

Enfin, la vérification des lieux avait été faite par les arbitres eux-mêmes.

Contravention, 1°. aux articles 54 et 56 de la loi du 12 décembre 1789, institutive des municipalités, qui ne permettent aux communes d'intenter procès qu'après délibération préalable du conseil général, et autorisation du département sur cette délibération.

2°. Aux articles 9 et 10, section 5 de la loi du 10 juin 1793, sur les communaux, dont l'un prescrit la citation et l'indication du jour pour la nomination des arbitres, et l'autre n'autorise la nomination d'office des arbitres qu'en cas de non-comparution.

3°. A l'article 12 de la même section, qui, donnant aux parties un mois pour la remise de leurs titres, exige nécessairement la notification du procès-verbal de nomination d'office.

4°. Et à l'article suivant, qui porte que dans le cas où il serait nécessaire de faire quelques vérifications, les arbitres nommeraient des gens de l'art pour y procéder. (N°. 228, E.)

XII. *Du 3 nivôse, an 5.* Annullation sur la demande de Henriette-Gabrielle-Ferdinand Brun, contre la commune de Villers-les-Bois, d'un jugement arbitral, du 7 floréal, an 2.

Au fond il s'agissait d'une révendication de cinq à six cents journaux, comme ayant anciennement formé des communaux.

Un jugement arbitral en avait ordonné le délaissement au profit de cette commune.

III. Partie.   G

Contravention à l'article 6 de la section 5 de la loi du 10 juin 1793, sur les communaux, qui autorise les parties à nommer chacune devant le juge de paix un ou plusieurs arbitres *à nombre égal*, en ce que la commune avait trois arbitres, tandis que la veuve Brun n'en avait qu'un nommé d'office pour elle; car les deux autres arbitres qui avaient concouru avec eux au jugement, ne pouvaient faire nombre par rapport à elle, soit parce qu'elle ne les avait pas nommés, soit parce que les parties qui les avaient nommés, avaient un intérêt différent.

Et à l'article 8 de la même section, qui exige la signature des parties ou la mention qu'elles ne savent signer, en ce que ni la signature du fondé de pouvoir de la citoyenne Brun, ni cette mention à défaut de signature, ne se trouvent au bas du procès-verbal de cette nomination. (N°. 230, E.)

XIII. *Du 15 nivôse, an 5.* Annullation sur la demande de Simon Regnier, curateur à l'interdiction de la veuve Royer, contre la commune d'Herny, d'un jugement arbitral du 14 pluviôse, an 2.

Il s'agissait d'un droit de parcours ou vaine pâture sur un pré de la veuve Royer, dans l'exercice duquel cette commune demandait à être réintégrée, quoique, de son aveu, elle n'en jouit pas depuis trente ans.

Un jugement arbitral avait autorisé cette commune à y envoyer des bestiaux aussi-tôt après la coupe de la première herbe.

Contravention aux articles 56 et 57 de la loi du 12 décembre 1789, institutive des municipalités, en ce que cette commune procédait sans délibération ni autorisation du département.

Et à la loi du 30 juin 1790, portant que tous propriétaires de prés clos, ou qui sans être clos étaient ci-devant possédés à deux ou plusieurs herbes, continueront de jouir conformément aux lois, réglemens et usages observés dans chaque lieu, du droit de couper et récolter les seconde, troisième et quatrième herbes, ainsi qu'ils ont fait par le passé ; fait défenses à toutes personnes de troubler . . . le tout sans innover aux usages des pays où la vaine pâture n'a pas lieu, puisque, de l'aveu même de la commune, la veuve Royer jouissait depuis trente ans de la récolte de toutes les herbes de son pré. (N°. 237, E.)

XIV. *Du 28 nivôse*, *an 5.* Annullation sur la demande de Jean Lafayolle, contre la commune de Clermont, de deux jugemens d'arbitres, des 17 brumaire et 18 frimaire, an 3.

Au fond, il s'agissait d'une demande en révendication d'un terrain que cette commune prétendait avoir été usurpé sur elle.

Un premier jugement, du 17 brumaire, rendu par les deux arbitres de cette commune, lui avait permis de prouver que ce terrain sur lequel elle avait toujours eu jusques-là un droit d'usage, n'avait été desséché que depuis moins de trente ans.

Depuis, deux arbitres avaient été nommés d'office pour Lafayolle, qui les avait récusés et en avait nommé deux autres.

Néanmoins un de ces arbitres nommés d'office, réuni aux deux de la commune, l'avait condamné, le 18 frimaire, à délaisser son héritage.

Contravention aux articles 54 et 56 de la loi du 12 décembre 1789, institutive des municipalités, qui exige délibération préalable, avec autorisation du département , pour intenter procès de la part d'une commune , puisque cette commune n'avait ni délibération ni autorisation.

Et à l'article 6 de la cinquième section de la loi du 10 juin 1793 , sur les communaux, qui veut que les parties nomment un ou plusieurs arbitres à nombre égal , et par conséquent que tous les arbitres concourrent ensemble aux jugemens à rendre ; et cependant les deux jugemens ont été rendus, l'un seulement par les deux arbitres de la commune , et le second, par eux et par un seul de ceux nommés d'office pour Lafayolle , qui les avait récusés et même remplacés par deux autres qu'il avait nommés. (N°. 251 , E.)

XV. *Du 4 pluviôse , an 5.* Annullation sur la demande de Charles Lopin , contre la commune de Pichange , d'une décision arbitrale , du premier prairial , an 3.

Les arbitres avaient condamné Lopin à délaisser à la commune de Pichange , des bois qui avaient été vendus par elle à l'un des auteurs de Lopin , par des actes authentiques en 1592 et 1600.

Contravention à la dernière disposition de l'article 8 de la loi du mois d'août 1792 , qui veut que le droit de révendication accordé aux communes n'ait lieu, *si le ci-devant seigneur représente un acte authentique qui constate qu'il a légitimement acheté lesdits biens.* (N°. 253 , E.)

XVI. *Du 4 pluviôse , an 5.* Annullation sur la demande de Charles Blasque , contre la commune de Charmoy , d'une décision arbitrale.

Il s'agissait d'un emplacement vendu par le ci-devant seigneur de Charmoy à Blasque , par un acte du 6 octobre 1765 , révendiqué par la commune, et pour raison duquel la décision rendue après partage, par le sur-arbitre seul, avait chargé Blasque d'une redevance. (N°. 254, E.) Voyez *Arbitres.*

XVII. *Du 6 pluviôse, an 5.* Annullation sur la demande de Tonnuot d'Hauteville, et Constance Giraud, mariés, contre les habitans des communes Desnon, Vorvigny et Paroisse-Nothe, d'une décision arbitrale, du 15 brumaire, an 3.

Il s'agissait de la propriété d'une forêt, dont les communes Desnon, Vorvigny et Paroisse-Nothe, prétendaient avoir été dépouillés par l'effet de la puissance féodale, et dans laquelle elles avaient demandé à être réintégrées, en vertu de la loi du 28 août 1792.

Non-seulement ces communes ne prouvaient pas qu'elles eussent anciennement possédé cette forêt à titre de propriété ; mais les titres produits au procès établissaient qu'elles y avaient eu seulement un droit d'usage, droit exclusif de celui de propriété.

Cependant par la décision du 15 brumaire, an 4, les arbitres ont réintégré ces communes dans la propriété pleine et entière de la forêt.

Fausse application de l'article 8 de la loi du 28 août 1792, ainsi conçu : *les communes qui justifieront avoir anciennement possédé des biens ou droits d'usage quelconques, dont elles auront été dépouillés en totalité ou en partie par les ci-devant seigneurs, pourront se faire réintégrer dans la propriété et possession desdits biens ou droits d'usage.* (N°. 256, E.)

XVIII. *Du 17 pluviôse, an 5.* Annullation sur la demande de la citoyenne Audram Langeron, veuve Saint-Mauris, contre les habitans de la commune de Bouilleret, de deux décisions arbitrales, des 7 ventôse et 4 floréal, an 3.

Il s'agissait au fond d'une demande en révendication de la part de la commune de Bouilleret, d'un terrain appellé les Butteaux, dont elle prétendait avoir été dépouillée par l'effet de la puissance féodale.

Par jugement du 7 ventôse, an 3, les arbitres respectivement nommés admirent les habitans de Bouilleret à prouver, tant par titres que par témoins, qu'ils avaient anciennement possédé comme communal le terrain des Butteaux.

Il résultait du jugement, que les témoins entendus s'étaient bornés à attester qu'ils avaient ouï dire que les Butteaux avaient été autrefois des communaux de Bouilleret, et qu'aucun de ces témoins n'avait articulé un seul fait de possession.

Cependant, par un second jugement, du 4 floréal, an 3, les arbitres ont condamné la citoyenne Langeron à se désister au profit de la commune, de la propriété du terrain dont il s'agit.

Contravention à l'article 8 de la loi du 28 août 1792, qui exige que les communes justifient avoir anciennement possédé les biens ou droits d'usage dont elles auront été dépouillées. (N°. 264, E.)

XIX. *Du 17 pluviôse, an 5.* Annullation sur la demande de Baudry, contre les habitans de la commune de Vauginois, de deux décisions arbitrales, des 4 vendémiaire et 2 frimaire, an 3.

Il s'agissait d'une demande en révendication de soixante arpens de bois, dont la commune prétendait avoir été dépouillée par l'effet de la puissance féodale.

Par acte public, passé en 1604, la commune céda aux ci-devant seigneurs ces soixante arpens, contre quatre-vingt journaux de terre, que celui-ci donna à la commune en contre échange ; il fut encore convenu que la commune paierait la dîme à la neuvième gerbe au lieu de la douzième, et qu'il ne lui serait fait aucune demande à raison d'une somme de mille cinq cent cinquante-huit livres qu'elle devait au ci-devant seigneur.

Depuis, un arrêt du ci-devant conseil, du 4 juin 1682, rétablit la dîme sur le pied de la douzième gerbe, et au surplus ordonne le reste de l'exécution de l'arrêt de 1604.

Des arbitres nommés par les parties ordonnèrent par un premier jugement, du 4 vendémiaire, an 3, que Baudry déposerait ses titres.

Par un second jugement, du 2 frimaire suivant, ils ont réintégré la commune dans la propriété des soixante arpens de bois dont il s'agit, sur le fondement que l'acte d'échange de 1604, ne paraissait pas sincère, ne pouvait être regardé que comme l'effet de la puissance féodale.

Les arbitres n'ont pas fait attention que l'acte qui établit l'ancienne possession de la commune, établit aussi l'aliénation qu'elle en a faite à titre onéreux.

Contravention à l'article 8 de la loi du 28 août 1792, qui n'autorise pas la révendication, lorsque, comme au cas présent, *les ci-devant seigneurs représentent un acte authentique qui constate qu'ils ont légitimement acheté les biens.* (N°. 265, E.)

XX. *Du 19 pluviôse, an 5.* Annullation sur la demande de Nicolas-Gilbert Legrand, contre les habitans de la commune du Grand-Viaspres, d'une décision arbitrale, du 20 frimaire, an 2.

La commune avait formé contre Legrand, devant

le tribunal du district, une première demande en révendication de deux pièces de pré ; l'une de vingt-cinq arpens, l'autre de six arpens, dont elle avait été dépouillée par le ci-devant seigneur, en vertu d'arrêts qui lui avaient accordé le triage et cantonnement.

Elle avait été duement autorisée à plaider sur cette première demande.

Legrand avait acheté du ci-devant seigneur les biens dont il s'agit par acte suivi d'exécution, mais postérieurement à l'abolition de la féodalité.

Après la loi du 10 juin 1793, la contestation fût renvoyée à des arbitres. Les habitans ajoutèrent à leurs premières conclusions ; et au lieu de deux pièces de pré, l'une de vingt-cinq arpens, et l'autre de six arpens, qu'ils avaient été autorisés à réclamer, ils demandaient le désistement de trois pièces ; l'une de vingt-cinq arpens, la seconde de neuf arpens et la troisième de quatorze arpens, sans avoir obtenu d'autorisation pour cette nouvelle demande. Par jugement, du 25 frimaire, an 2, les arbitres ont condamné Legrand à se désister, au profit de la commune, des trois pièces de pré réclamées par elle.

Contravention aux articles 54 et 56 de la loi du 14 décembre 1789, qui ne permettent aux communes de plaider qu'après y avoir été autorisées.

Fausse application de l'article 3 de la loi du 28 août 1792, portant que : *les communes ne pourront exercer aucune action en délaissement, si les ci-devant seigneurs ont vendu lesdites portions à des particuliers, non-seigneurs, par des actes suivis de leur exécution.* (N°. 272, E.)

XXI. *Du 25 pluviôse, an 5.* Annullation sur la demande de Jean Jacquier et consorts, contre les habitans de la commune de Viaspres, d'une décision arbitrale, du 14 ventôse, an 2.

Il s'agissait d'une demande formée par la commune, contre Jacquier et consorts, en révendication de trois arpens et demi de bois en broussailles, dont elle prétendait avoir été dépouillée par l'effet de la puissance féodale.

Il était justifié par des actes, des 7 juin 1662, 30 janvier 1694, et 22 décembre 1728, que la commune avait vendu ce terrain aux auteurs de Jacquier et consorts.

Cependant par le jugement, du 4 ventôse, an 2, les arbitres en ont ordonné le désistement en faveur de la commune.

Contravention à l'article 8 de la loi du 28 août 1792, qui excepte le cas où, comme dans l'espèce, *le ci-devant seigneur représente un acte authentique qui constate qu'il a légitimement acheté lesdits biens.* (N°. 271 , E.)

XXII. *Du 26 pluviôse, an 5.* Annullation sur la demande des officiers-municipaux de la commune de Goix, contre Pierre-Bernard Hardot, d'une décision arbitrale, du 2 ventôse, an 3.

Il s'agissait d'une demande en révendication de cent arpens de pâturage, dont la commune de Goix prétendait avoir été dépouillée par l'effet de la puissance féodale, en décharge de cens, et en délaissement de partie d'un chemin de Bray, réduit par le ci-devant seigneur, à la largeur de trente pieds au lieu de cent.

Les arbitres respectivement nommés par les parties furent partagés d'opinions.

Ce partage fut vidé, le 2 ventôse, an 3, par le sur-arbitre, qui, jugeant seul, et sans le concours des autres arbitres, maintint le ci-devant seigneur dans la propriété du pâturage, et déchargea la commune de la redevance.

Contravention à l'article 6, section 5, de la loi du mois de juin 1792 (*vieux style*). Voyez *Arbitres*. (N°. 273, E.)

XXIII. *Du premier ventôse, an 5.* Annullation sur la demande des veuves et héritiers Noblet, contre les communes de Morvillars et Mesiré, d'un jugement arbitral, du 17 frimaire, an 3.

Il s'agissait de bois révendiqués par les deux communes, comme leur ayant appartenu.

Le jugement arbitral la leur avait adjugée..

Contravention à la loi du 28 août 1792, article 8, qui, pour autoriser les communes à se faire réintégrer dans la propriété et possession des biens y énoncés, exige qu'elles justifient *avoir anciennement possédé ces biens*, puisque dans l'espèce, ces communes n'avaient pas justifié qu'à aucune époque elles eussent possédé les biens dont il s'agissait, ni même allégué cette possession sous une époque précise. (N°. 275, E.)

XXIV. *Du 9 ventôse, an 5.* Annullation sur la demande de Pierre Arnould-la-Brisse, contre la commune de Chesne, d'un jugement arbitral, du 28 thermidor, an 3.

Cette commune réclamait le délaissement de bois dont elle se disait dépouillée par l'abus de la puissance féodale.

Un jugement arbitral avait ordonné ce délaissement, mais la commune n'était point autorisée : il ne s'agissait pas même de terres vaines et vagues, mais de fonds en valeur ; d'ailleurs, elle ne justifiait pas d'une ancienne possession.

Contravention aux articles 54 et 56 de la loi du

12 décembre 1789, qui, avant demande ou défense en justice, veulent délibération préalable et autorisation de cette délibération ;

Et à celle du 10 juin 1793, article 8, qui ne donne aux communes la propriété que des terres vaines et vagues, à moins que le ci-devant seigneur ne justifie d'un titre d'acquisition légitime;

Et fausse application de l'article 8 de la loi du 28 août 1793 , qui porte : *que les communes qui justifieront avoir anciennement possédé des biens..... dont elles auront été dépouillées par des ci-devant seigneurs, pourront se faire réintégrer, etc.* (N°. 285, E.)

XXV. *Du 9 ventôse , an 5.* Annullation sur la demande de Gallemont, tuteur du mineur Jeames, contre la commune de Belval, d'un jugement arbitral, du 26 floréal, an 3.

Au fond, cette commune demandait le délaissement d'un étang, dont elle se prétendait dépouillée par l'effet de la puissance féodale.

Un jugement arbitral l'avait envoyée en possession de cet étang; mais cette commune, suffisamment autorisée pour défendre à des demandes en garantie dirigées contre elle par des locataires de portion de cet étang, ne l'avait été aucunement pour intenter cette demande en délaissement.

Même contravention que ci-dessus. (N°. 286, E.)

XXVI. *Du 14 ventôse , an 5.* Annullation sur la demande du commissaire du directoire exécutif, près le tribunal, agissant pour le ci-devant agent national du district de Bruyeres, contre la citoyenne de Dompierre, de deux jugemens d'arbitres, des 22 et 24 thermidor, an 2.

Il s'agissait d'une réclamation de biens que

cette commune prétendait avoir anciennement possédés, et dont elle se disait dépouillée par l'abus de la puissance féodale.

Un premier jugement arbitral avait ordonné que les arbitres vérifieraient eux-mêmes les lieux et y adapteraient les titres produits.

Un second jugement avait ordonné par suite le délaissement d'une partie de ces biens, mais cette commune avait agi et procédé sans autorisation ; elle ne s'était pas même pourvu devant les corps administratifs, avant de mettre la nation en cause ; et les arbitres avaient pris sur eux une opération que la loi déléguait à des experts nommés à cet effet.

Contravention aux articles 54 et 56 de la loi du 12 décembre 1789, sur la nécessité d'une délibération et d'une autorisation du département avant de plaider ;

A l'article 15 du titre 3 de la loi du 5 novembre 1790, suivant lequel : *il ne pourra être exercé aucune action contre le procureur-général-syndic, sans qu'au préalable on ne se soit pourvu au directoire du district, ensuite au directoire départemental, à peine de nullité, etc. ;*

Et à l'article 13, section 3 de la loi du 10 juin 1793, portant : *que dans le cas où il seroit nécessaire de faire quelques vérifications, les arbitres nommeront des gens de l'art pour y procéder.* (N°. 288, E.)

XXVII. *Du 22 ventôse, an 5.* Annullation sur la demande de Charles-Eloi-Ferdinand Girardin, curateur des mineurs Protin Valmont, contre la commune d'Igney, des jugemens d'arbitres, des 8 frimaires et 9 nivôse, an 2.

Au fond, cette commune demandait la resti-

tution d'un pré dont elle disait avoir anciennement joui, et avoir été dépouillée par abus de
la puissance féodale.

Un premier jugement arbitral avait ordonné
aux mineurs Protin de justifier dans un mois
de leurs titres de propriété.

Depuis, un second jugement rendu, notamment par deux arbitres nommés d'office pour ces
mineurs, sans délibération préalable d'en nommer,
avait adjugé ce pré à la commune.

Contravention aux articles 54 et 56 de la loi du
21 décembre 1789, suivant lesquels les communes
ne peuvent ni intenter ni soutenir procès sans délibération préalable duement autorisée par le département.

A la loi du 10 juin 1793, dans la disposition où
elle n'autorise le juge de paix à nommer d'office des arbitres que sur refus d'en nommer ;
en ce que ceux nommés pour les mineurs Protin,
l'avaient été sans qu'ils eussent été préalablement
constitués en demeure d'en nommer : en ce qu'autorisée seulement pour demander la représentation des titres de leur jouissance, elle ne l'était
pas pour révendiquer la propriété.

Et aux lois sur les communaux, qui ne réintè-
grent les communautés dans les biens dont elles
se disent dépouillées par l'effet de la puissance
féodale, qu'en justifiant de leur ancienne possession, à moins qu'il ne s'agisse de terrains vains
et vagues et autres semblables, à l'égard desquels
le ci-devant seigneur doit justifier de sa propriété
par le rapport d'un titre légitime d'acquisition ;
en ce que cette commune n'a point justifié de
son ancienne possession ; en ce que le pré dont
il s'agissait ne peut être confondu avec ces ter-

rains vains et vagues; en ce que, pour sa con-servation, ces mineurs n'avaient besoin que de leur possession, qui devenait pour eux un titre de propriété. (N°. 297, E.)

XXVIII. *Du 27 ventôse, an 5.* Annullation sur la demande de Jean-Baptiste Courdurier, con-tre les habitans de la commune de Montbrun, du 24 germinal, an 2.

Il s'agissait d'une demande en révendication d'une forêt dont la commune prétendait avoir été dépouillée par l'effet de la puissance féodale.

La commune n'avait pas prouvé qu'elle avait autrefois possédé cette forêt à titre de propriété.

Elle n'avait été autorisée qu'à l'effet de se faire réintégrer dans le droit d'usage.

La demande en révendication de la propriété de cet objet n'avait pas été formée par acte signifié à la personne ou au domicile du citoyen Courdu-rier, mais seulement devant les arbitres en l'absence de ce dernier.

Le jugement du 24 germinal avait adjugé à la commune tous les bois que le citoyen Cour-durier possédait dans la commune de Montbrun.

Contravention aux articles 54 et 56 de la loi du 14 décembre 1789, sur la constitution des mu-nicipalités.

A l'article 3 du titre 2 de l'ordonnance de 1667, portant : *les exploits d'ajournement seront faits à personne ou domicile.*

A l'article 8 de la loi du 28 août 1792, qui exige que les communes justifient qu'elles ont an-ciennement possédé les biens dont elles demandent la révendication.

Fausse application de l'article premier de la loi du 10 juin 1793, d'après lequel les terres vaines et vagues sont censées appartenir de leur nature aux habitans, sans qu'ils soient tenus de prouver leur ancienne possession, mais ce qui n'étend point cette présomption aux bois et autres terres en plein rapport. (N. 300, E.)

XXIX. *Du 27 ventôse, an 5.* Annullation sur la demande de Louis-Julien Yvon, contre les habitans de la commune de Saint-Hilaire-Petitville, d'une décision arbitrale, du 26 messidor, an 2.

Il s'agissait d'une demande en révendication d'un terrain communal que les arbitres ont accueillie par le jugement du 25 messidor.

Non-seulement la commune n'avait pas justifié qu'elle l'eût anciennement possédée; mais un arrêt du ci-devant Grand-Conseil, du 24 février 1758, prouve que la propriété en appartenait au ci-devant seigneur, à la charge de l'usage pour les habitans, droit qui est exclusif de celui de propriété.

La commune n'avait pas été autorisée.

Contravention aux articles 54 et 56 de la loi du 14 décembre 1789.

Fausse application de l'article 8 de la loi du 28 août 1792. (N°. 301, E.)

XXX. *Du 29 ventôse, an 5.* Annullation sur la demande de la veuve Reiner et consorts, contre les habitans de la commune de Bidestross, d'une décision du bureau de paix du canton de Bassing, département de la Meurthe, du 26 thermidor, an 2, et d'un jugement arbitral, du 2 vendémiaire, an 3.

Il s'agissait d'une demande en révendication d'un terrain, formée par la commune.

Le juge de paix avait nommé un sur-arbitre, quoiqu'on ne lui eût représenté qu'un acte informe qui ne constatait point le partage d'opinions prétendu intervenu entre les arbitres, et contre lequel trois d'entr'eux avaient protesté; il avait été statué, le 11 vendémiaire, sur l'objet du prétendu partage, d'après cette nomination illégale de sur-arbitre.

Contravention aux articles 15 et 16 de la section 5 de la loi du 12 juin 1793, ainsi conçus, article 15 : *en cas de partage entre les arbitres, ils en dresseront procès-verbal par eux signé, qu'ils transmettront de suite au bureau de paix où la majeure partie des biens sera située.*

Article 16 : *le bureau de paix fera citer les parties devant lui, pour voir procéder à la nomination d'un sur-arbitre.* (N°. 303, E.)

XXXI. *Du 4 germinal, an 5.* Annullation sur la demande de la veuve Dompierre, tutrice de ses enfans, contre les habitans de la commune d'Orne, de deux décisions arbitrales, des 8 et 13 prairial, an 2.

Il s'agissait de biens prétendus communaux que les arbitres avaient adjugés à la commune d'Orne, tandis qu'il résultait des titres produits par elle-même qu'elle en avait vendu ou engagé une partie.

Les arbitres avaient fait eux-mêmes une vérification des lieux, sans assistance de gens de l'art.

Il n'y avait ni autorisation ni délibération du conseil général.

Contravention aux articles 54 et 56 de la loi du 14 décembre 1789;

A l'article 13 de la section 5 de la loi du 10 juin 1792, qui veut que pour les vérifications des lieux, des arbitres nomment des gens de l'art;

A l'article 8 de la loi du 28 août 1792, qui n'autorise la révendication que dans le cas où

la

la commune a été dépouillée par l'effet de la puis·
sance féodale. (N°. 306, E.)

XXXII. *Du 5 germinal, an 5.* Annullation
sur la demande d'Armand Labriffe, contre la commune d'Arcis-sur-Aube, de deux décisions arbitrales, des 4 et 28 prairial, an 2.

La commune avait demandé la revendication
de plusieurs pièces de terre en nature de pré,
bois, etc. et de tous les biens dont jouissait le
citoyen Labriffe au lieu d'Arcis, sauf les titres
légitimes de propriété.

Elle ne justifiait pas qu'elle eût anciennement
possédé ces fonds.

Labriffe rapportait un acte authentique de 1545,
duquel il résulte qu'il avait acquis à titre onéreux
la majeure partie des biens réclamés.

Les jugemens des 4 et 28 prairial adjugeaient à
la commune plusieurs pièces de terre en nature de
pré, champs cultivés, etc.

Fausse application de l'article 8 de la loi du 28
août 1792, en ce que la commune n'a pas justifié
avoir anciennement possédé lesdits biens.

De l'article premier de la même loi.

Contravention à l'article 9 de la loi du 10 juin
1793. (N°. 308, E.)

XXXIII. *Du 5 germinal, an 5.* Annullation
sur la demande d'Armande-Louise Becdelièvre,
femme civilement séparée de Montmorency-
Luxembourg, contre les habitans de la commune
de Grainville, de trois décisions arbitrales, des
26 brumaire, 7 frimaire et 7 nivôse, an 2.

Il s'agissait d'une demande en revendication
d'environ trois cents acres de terrain, prétendu
communal, partie en bois taillis et de futaies,
partie en jardins et paturages.

III. Partie.   H

La commune n'avait pas établi son ancienne possession, ni que le terrain réclamé eut été mis en valeur depuis moins de 40 ans.

Elle n'avait pas été autorisée par les corps administratifs.

Le 26 brumaire, an 2, jugement par défaut contre la citoyenne Becdelièvre, par lequel il fut ordonné que les parties remettraient leurs titres et mémoires aux arbitres, dans trois jours, quoique la loi du 10 juin 1793, accorde un délai d'un mois.

Le 7 frimaire, an 5, jugement, aussi par défaut, par lequel les habitans furent réintégrés dans la propriété du terrain dont il sagit; et la citoyenne Becdelièvre condamnée en quarante mille livres de dommages, pour prétendues dégradations, quoique non constatées.

Le 7 nivôse, troisième jugement qui déboute la citoyenne Becdelièvre de l'opposition qu'elle avait formée au jugement du 7 frimaire, et qui en ordonne l'exécution.

Contravention aux articles 54 et 56 de la loi du 14 décembre 1789.

A l'article 12, section 5 de la loi du 10 juin 1793, portant : *les parties seront tenues de remettre leurs mémoires aux arbitres, dans le délai d'un mois.*

Fausse application de l'article premier de la section 4 de la même loi, qui ne concerne que les terres vaines et vagues, et non celles cultivées et en plein rapport.

Violation de l'article 8 de celle du 28 août 1792, qui exige que les communes justifient qu'elles ont anciennement possédé lesdits biens. (N°. 309, E.)

XXXIV. *Du 6 germinal, an 5.* Annullation sur la demande d'Alexandre-Nicolas-Louis Boucher, contre les habitans de la commune de la Chapelle-Vieille-Forêt, de deux décisions arbitrales, des 29 pluviôse et 15 germinal, an 2.

Il s'agissait d'une demande en revendication de neuf arpens de terrain pâtis, de trois cents arpens de bois, dit des Grands-Bois, et de quarante arpens d'autres bois, dit le Boudotte, dont la commune prétendait avoir été dépouillée par l'effet de la puissance féodale.

Par le jugement du 29 pluviôse, les arbitres furent unanimement d'avis de réintégrer la commune dans les neuf arpens de pâtis; mais ils furent partagés d'opinions, sur la restitution des fruits, ainsi que sur les autres chefs de demandes.

Le sur-arbitre vida le partage seul, et sans le concours des autres arbitres, en faveur de la commune à laquelle il adjugea la restitution des fruits, les trois cents arpens des Grands-Bois, et les quarante arpens de bois Boudotte.

Il était établi par des actes des 17 juin 1492, et 22 octobre 1535, que la commune n'avait possédé les neuf arpens de pâtis, ainsi que les trois cents arpens des Grands-Bois qu'à titre d'usage.

Un arrêt du 24 juin 1553, prouve que Boucher avait prossédé partie des trois cents arpens des Grands-Bois, en vertu du triage ordonné par l'arrêt, et conséquemment antérieurement à l'ordonnance de 1669.

Il était encore établi que Boucher avait acheté de la commune, les quarante arpens du bois Boudotte, par acte du 14 octobre 1593:

H 2

Il n'était pas justifié que la commune eût été autorisée.

Contravention aux articles 54 et 56 de la loi du 14 décembre 1789.

Et à l'article 6, section 5 de la loi du 10 juin 1793, en ce que le tribunal arbitral doit être composé de tous les arbitres, et qu'un seul est sans pouvoir pour juger sans le concours des autres.

Fausse application de l'article 8 de la loi du 28 août 1792, et de l'article premier de cette même loi. (N°. 311, E.)

XXXV. *Du* 17 *germinal, an* 5. Annullation sur la demande de la citoyenne Desmolin, contre les habitans du hameau de Wagnouville, commune de Douay, d'une décision arbitrale, rendue le 4 pluviôse, an 3, par les deux arbitres de la commune, de l'acte de nomination de l'arbitre d'office, fait par juge de paix du canton du nord de Douay, du 16 du même mois, et d'une autre décision arbitrale, du 11 dudit mois.

Il s'agissait d'une demande en revendication, de neuf pièces de terre, formée par les habitans de Wagnouville.

Postérieurement les parties avaient transigé sur cette demande.

Malgré cette transaction, dont il fut donné connaissance aux arbitres, les deux nommés par la commune, rendirent seuls, en l'absence de la citoyenne Desmolin, un prétendu jugement qui renvoie devant le juge de paix, à l'effet de nommer deux arbitres d'office à la citoyenne Desmolin, pour remplacer ceux qu'elle avait nommés, et qu'ils considérèrent comme démissionnaires. Ils condamnèrent la citoyenne Desmolin aux frais de la séance liquidés à cinquante livres.

Le 6, le juge de paix nomma deux arbitres d'office.

Le 11, ces arbitres nommés d'office se réunirent à ceux de la commune, sans qu'il en ait été fait de signification ni de citation à la partie ; et ils adjugèrent aux habitans les neuf pièces de terre par eux revendiquées.

La citoyenne Desmolin se pourvut, par opposion, devant le bureau de paix contre la nomination de ces deux arbitres d'office.

Elle en fût déboutée par jugement du 3 ventôse.

Contravention aux articles 6 et 12 de la cinquième section de la loi du 10 juin 1793, en ce que les deux arbitres qui ont rendu le jugement, du 4 ventôse, n'avaient pas de pouvoir légal pour statuer sans le concours des autres arbitres.

Infraction aux articles 9 et 10 de la même section de la loi citée, en ce que la nomination des arbitres d'office a été faite sans sommation ni citation préalable, et sans nécessité ; d'où il résulte que les arbitres qui ont concouru au jugement du 11 pluviôse, étaient sans caractère.

Violation de l'article 3 du titre 3 de la loi des 14 et 18 octobre 1790, portant : *la partie condamnée par défaut pourra former opposition au jugement dans les trois jours de la signification.* (N°. 314, E.)

XXXVI. *Du 18 germinal, an 5.* Annullation sur la demande de Pierre Arnoult, contre les habitans de la commune de Nolzay, de deux décisions arbitrales, des 12 germinal et 18 floréal, an 4.

Il s'agissait d'une demande en revendication

d'un pré, dont la commune prétendait avoir été dépouillée par l'effet de la puissance féodale.

Il n'y avait ni autorisation ni délibération du conseil général.

Le jugement du 12 germinal, avait admis la commune à la preuve testimoniale pour établir sa possession sans préciser aucuns faits.

Contravention aux articles 54 et 56 de la loi du 14 décembre 1789.

Et à l'article premier du titre 22 de l'ordonnance de 1667, portant : *en matière où il échoira faire des enquêtes, le même jugement qui les ordonnera contiendra les faits des parties.* (N°. 317, E.)

XXXVII. *Du 18 germinal, an 5.* Annullation sur la demande de la veuve d'Arcis, tant en son nom que comme tutrice de ses enfans mineurs, contre les habitans de la commune d'Arcis sur l'Ure, d'une décision arbitrale, du 22 floréal, an 2.

Un arrêt du ci-devant parlement de Paris, du 16 décembre 1560, avait maintenu les habitans de la commune d'Arcis dans le droit d'usage sur six cent trente-six arpens de bois, en avait adjugé trois cents arpens au ci-devant seigneur, pour la part et portion qui lui appartenait, sans que les habitans pussent y prétendre aucun droit de pâturage ou autres quelconques.

La commune a revendiqué la portion adjugée au ci-devant seigneur par cet arrêt de 1560 : elle n'avait pas obtenu d'autorisation des corps administratifs.

Les arbitres s'étant trouvés divisés d'opinions, le sur-arbitre a jugé seul et ordonné le désistement en faveur de la commune.

Contravention aux articles 54 et 56 de la loi du

14 décembre 1789; aux articles 3 et 12 de la loi du 10 juin 1793, en ce qu'un seul arbitre est sans pouvoir pour prononcer sans le concours des autres.

A l'article premier de la loi du 28 août 1792, qui ne révoque les triages, partages, distributions partielles, etc. que lorsqu'ils sont postérieurs à l'ordonnance de 1669.

Fausse application de l'article 8 de la même loi. (No. 315, E.)

XXXVIII. *Du 19 germinal, an 5.* Annullation sur la demande de François-Nicolas Dujay, contre les habitans de la commune de Breny, d'une décision arbitrale, du 15 pluviôse, an 3.

Il s'agissait d'une demande en désistement d'un terrain en nature de pré, appellé le marais Mignoux.

Il n'était pas justifié que Dujay fut seigneur ni acquéreur du fief.

Il jouissait du terrain contentieux depuis près de cent ans.

La commune n'avait pas été autorisée, il n'existait même pas de délibération du conseil général.

Les arbitres adjugèrent ce terrain à la commune, sous prétexte qu'il portait le nom de *marais*, et que les marais étaient censés appartenir de leur nature aux communes, suivant l'article premier, section 4 de la loi du 10 juin 1793, quoiqu'il fut en nature de pré et en plein rapport.

Contravention aux articles 54 et 56 de la loi du 14 décembre 1789.

Fausse application des articles 1 et 8 de la section 4 de la loi du 10 juin 1793.

Contravention à l'article 9 de la même loi. (No. 319, E.)

XXXIX. *Du 24 germinal, an 5.* Annullation

sur la demande de Mouron et autres héritiers de
Louis Mouron, contre les habitans de la commune
de Saugatte, d'une décision arbitrale, du 14 ventôse, an 2.

Il s'agissait d'une demande en revendication
d'un terrain en nature de marais, formée par la
commune.

Par un premier jugement du 6 nivôse, an 2,
les arbitres avaient nommé un expert à l'effet de
lever le plan des lieux.

Dans la séance du 14 nivôse, l'expert Hocher
ajourna définitivement, et sans fixation du jour,
la continuation de ses opérations.

Les demandeurs en cassation ne furent pas pré-
venus du jour où ces opérations furent ensuite
continuées, et ne purent par conséquent y comparaître, ni signer le procès-verbal de vérification
et d'arpentage.

Contravention à l'article 14, section 5 de la loi
du 10 juin 1793, portant : *les experts nommés
pour la vérification y procéderont, parties présentes ou duement appellées. Ils dresseront procès-verbal qui sera signé par les parties si elles
savent le faire, autrement il en sera fait mention.*
(Nº. 320, E.)

XL. *Du premier floréal , an 5.* Annullation
sur la demande de Pierre Drouillard, contre la
commune de Condom, d'un jugement arbitral, du
3 prairial , an 2

Au fond, il s'agissait d'une demande en délaissement d'une ancienne lande défrichée, en ayant
été dépouillée par abus de la puissance féodale.

Ce délaissement avait été ordonné par des
arbitres.

Contravention à l'article 7 de la section 4 de la

loi du 10 juin 1793 , suivant lequel : *les partages faits sont maintenus ainsi que les possesseurs des terrrains desséchés et défrichés , aux termes et en exécution de l'édit et de la déclaration des 14 juin 1764 et 13 avril 1766*, en ce que cette ancienne lande ayant été défrichée en 1767, en exécution et au désir de ces lois , elle se trouvait dans l'exception de cet article, qui en assurait la propriété à Pierre Drouillard. (N°. 323 , E.)

XLI. *Du 7 floréal , an 5.* Annullation sur la demande de Toussaint et autres , contre la commune de Mederenzheim , d'un jugement arbitral , du 2 floréal, an 2.

Il s'agissait de biens prétendus communaux.

L'on avait nommé pour tiers-arbitre un étranger né à Mayence, ne résidant en France que depuis le 29 mai 1789, n'étant pas citoyen et ne pouvant remplir des fonctions publiques ; cet homme n'entendant pas la langue française , avait jugé par un interprète , et cette manière de juger était contraire aux lois, qui veulent avoir dans les jugemens l'ouvrage des juges seuls.

De plus, il avait jugé sans le concours des autres arbitres.

Même contravention que ci-dessus. (N°. 338 , E.)

XLII. *Du 7 floréal , an 5.* Annullation sur la demande de Malhortie , contre les habitans de la commune de Champigny , de deux décisions arbitrales, des 18 fructidor , an 2, et 9 frimaire, an 3.

Il s'agissait de trois pièces de terre en culture depuis un tems immémorial ; sur lesquelles il avait été fait des constructions que les arbitres avaient adjugées aux habitans comme biens communaux.

Ils avaient été partagés d'opinions sur le montant de l'indemnité due à Malhortie, à raison des constructions et plantations qu'il avait faites.

Le sur-arbitre vida ce partage sans le concours des autres, après avoir vérifié les lieux sans appeller les gens de l'art.

La commune ne justifiait pas qu'elle en eut été propriétaire.

Elle n'avait pas été autorisée.

Contravention aux lois des 16 août 1790 et 28 thermidor, an 3, d'après lesquelles les arbitres n'ont de pouvoir pour juger que lorsqu'ils sont réunis.

Aux articles 13 et 14 de la loi du 10 juin 1793, en ce qu'il aurait du être nommé des gens de l'art pour la vérification des lieux :

A l'article 8 de la loi du 28 août 1792, en ce que la commune n'avait pas justifié de sa propriété.

Fausse application des articles 1 et 8, section 4 de celle du 10 juin 1793, en assimillant des terrains en culture à des terrains vagues.

Contravention aux articles 54 et 56 de la loi du 14 décembre 1789. (N°. 330, E.)

XLIII. *Du 9 floréal, an 5.* Annullation sur la demande des habitans de la commune de Chevry, contre les habitans des communes de Porcilly et de Crosei, d'une décision arbitrale, du 9 floréal.

Il s'agissait d'une action en limitation de bois de deux communes ; les arbitres avaient été partagés d'opinions, et le sur-arbitre avait vidé le partage sans le concours des autres arbitres.

Même contravention que ci-dessus. (N°. 333, E.)

XLIV. *Du 14 floréal, an 5.* Annullation sur la demande de la commune d'Eloges, contre les mariés Collé, d'une décision arbitrale, du 6 brumaire, an 3.

Il s'agissait d'un accensement fait par la chambre des comptes de Lorraine en 1780 , auquel la commune avait fait opposition en 1781.

Les arbitres avaient décidé que les terrains ayant été accensés comme domaniaux, l'action en revendication de la commune était suspendue par la loi du 24 germinal, an 2 ; mais cette loi n'était relative qu'aux biens réellement domaniaux et aux actions à intenter par le gouvernement, et non à la revendication d'une commune sur des biens prétendus communaux. (N°. 334 , E.)

XLV. *Du* 14 *floréal , an* 4. Annullation sur la demande de Dagonneau , contre Niodot et consorts , tant en leurs noms que pour les autres habitans de la commune de Montemoison, de deux décisions arbitrales , des 5 brumaire et 20 nivôse , an 3.

Il s'agissait d'une demande en revendication de quarante-cinq arpens de bois prétendus communaux.

Les arbitres ayant été partagés d'opinions , le sur-arbitre rendit , sans le concours des autres arbitres , un premier jugement qui autorisa les habitans à faire citer devant lui un certain nombre de témoins , *pour dire et déclarer ce dont ils seraient requis dans l'affaire dont il s'agit.*

Le sur-arbitre vida seul le partage et l'interlocutoire.

Contravention aux articles premier du titre 20, premier et 20 du titre 22 de l'ordonnance de 1667, ainsi conçus :

Article premier du titre 20 : *voulons que les faits qui gissent en preuve , soient successivement articulés.*

Article premier du titre 22 : *ès matières où*

*il échéra de faire des enquêtes, le même juge-
ment qui les ordonnera contiendra les faits des
parties, dont elles informeront respectivement,
si bon leur semble.*

Article **20** : *tout ce que dessus sera observé
en la confection des enquêtes, à peine de nullité.*

1°. En ce que le jugement interlocutoire n'arti-
cule pas les faits dont les habitans devaient faire la
preuve.

2°. En ce qu'il n'admet pas Dagoneau et consorts,
à faire la preuve contraire.

Contravention à l'article **12** de la loi du **10** juin
1793 (*vieux style*); et à celle du **28** thermidor,
an **3**, en ce que le sur-arbitre a prononcé seul.
(N°. **335**, E.)

XLVI. *Du* **14** *floréal, an* **5**. Annullation sur la
demande de Pietel, contre les habitans de la commune de Sergy, d'une décision arbitrale, du **24**
thermidor, an **2**.

Il s'agissait d'une demande en revendication de
deux pâturages prétendus communaux, que les arbitres ont adjugés aux habitans.

La commune n'avait pas été autorisée.

Le sur-arbitre avait prononcé seul et sans le
concours des autres arbitres.

Même contravention que ci-dessus. (N°. **336**, E.)

XLVII. *Du* **14** *floréal, an* **5**. Annullation sur
la demande de Pieffort, contre les habitans de la
commune de Pouilly, d'une décision arbitrale,
du **27** brumaire, an **3**.

Il s'agissait d'une demande en revendication de
plusieurs parties de bois prétendus communaux,
que les arbitres avaient adjugées aux habitans.

La commune n'avait pas été autorisée.

Même contravention. (N°. **337**, E.)

XLVIII. *Du 14 floréal, an 5.* Annullation sur la demande de Thieffrier, contre les habitans de la commune de Marcoix, d'une décision arbitrale, du

Il s'agissait de la propriété d'une chapelle que les habitans avaient revendiquée, comme étant une dépendance de leurs communaux.

Thieffrier, avait produit divers titres qui constataient sa propriété.

Les arbitres respectivement nommés ayant été partagés d'opinions, le juge de paix avait nommé un sur-arbitre, sans que Thieffrier eût été cité pour être présent à cette nomination.

La commune n'avait pas été autorisée.

Le sur-arbitre avait prononcé seul

La commune ne justifiait pas son ancienne possession.

Contravention à l'article 16 de la section 5 de la loi du 10 juin 1793, portant que : *le bureau de paix fera citer les parties à comparoître devant lui, pour voir procéder à la nomination du tiers-arbitre.*

Aux articles 54 et 56 de la loi du 14 décembre 1789.

Aux articles 6 et 17 de la cinquième section de la loi du 10 juin 1793 (*vieux style*), en ce que le sur-arbitre n'avait pas de pouvoir pour prononcer seul.

Et à l'article 8 de la loi du 28 août 1792, qui n'autorise la revendication qu'à l'égard des communes qui justifieront avoir anciennement possédé et avoir été dépouillées en tout ou en partie par l'effet de la puissance féodale. (N°. 338, E.)

XLIX. *Du 14 floréal, an 5.* Annullation sur la demande de Thieffrier, contre les habitans de la commune de Marcaix et Hamelet, de deux décisions arbitrales des 21 vendémiaire et 20 brumaire, an 3.

Il s'agissait de la propriété d'un certain nombre d'arbres plantés sur un terrain qui joint les fonds de Thieffrier ; les habitans prétendaient que ce terrain était communal, Thieffrier soutenait au contraire que c'était un chemin.

Les arbitres réunis le 21 vendémiaire, se trouvèrent partagés d'opinions.

Le sur-arbitre et trois des quatre arbitres rendirent en l'absence du quatrième arbitre, la décision du 20 brumaire, qui maintient les habitans.

La commune n'avait pas été autorisée.

Contravention aux articles 6 et 7 de la loi du 10 juin 1793 (*vieux style*), qui veulent que les contestations relatives aux communaux, soient jugées par des arbitres nommés par les parties en nombre égal, et que le tiers soit ajouté dans le cas de partage.

Et aux articles 54 et 56 de la loi du 14 décembre 1789. (N°. 339, E.)

L. *Du 15 floréal, an 5.* Annullation sur la demande de Franc et autres, contre la commune de Mailhanne, d'un jugement arbitral, du 21 messidor, an 2.

Il s'agissait d'une revendication de biens réclamés comme communaux, d'après les lois de 1792 et 1793.

Le jugement arbitral les avait adjugé à la commune de Mailhanne, encore bien qu'elle n'eût point allégué de possession ancienne, et qu'il fut d'ailleurs seulement prouvé qu'elle n'avait eu sur ces biens qu'un simple droit d'usage incompatible avec celui de propriété, et qu'elle l'avait vendu depuis en 1516 et 1631.

Contravention à l'article 8 de la loi du mois d'août 1792 , qui n'autorise semblable revendication qu'à l'égard des communes qui justifieraient avoir anciennement possédé, et avoir été dépouillées en tout ou partie par les ci-devant seigneurs. (N°. 342 , E.)

LI. *Du 16 floréal , an 5.* Annullation sur la demande de Jean-Baptiste Balahu, contre les habitans de la commune de Noiron, d'une décision arbitrale, des 2 nivôse et 15 floréal, an 2.

Il s'agissait d'une demande en revendication de soixante six arpens de bois, prétendus communaux, et de certaines redevances en grains constituées par divers accensemens.

Le 2 nivôse, an 2, les arbitres condamnèrent Balahu à se désister des soixante-six arpens de bois, et furent partagés d'opinions, sur les autres chefs de demandes.

Le sur-arbitre vida le partage en faveur des habitans, sans le concours des autres arbitres.

Il n'était pas justifié que la commune eût été autorisée.

Contravention aux articles 3 et 12 de la loi du 10 juin 1793, en ce que le sur-arbitre avait jugé seul.

Et aux articles 54 et 56 de la loi du 14 décembre 1789. (N°. 346, E.)

LII. *Du 27 floréal , an 5.* Annullation sur la demande de la commune d'Arrandaz , contre celle de Thenay , d'une décision arbitrale du 7 thermidor, an 3.

Il s'agissait des limites des deux communes.

Il avait été agi sans autorisation de l'administration.

Les arbitres avaient eux-mêmes vérifié les lieux contentieux.

Contravention à l'article 13 , section 5 de la loi du 10 juin 1793 , qui voulait que la vérification fut faite par des gens de l'art. (N°. 352 , E.)

LIII. *Du* 28 *floréal , an* 5. Annullation sur la demande de Bretignière , contre la commune de Saint-Germain , d'une décision arbitrale, du 20 ventôse, an 2.

Il s'agissait de biens prétendus communaux : la commune avait agit sans autorisation.

Les arbitres avaient fait sans assistance de gens de l'art , une vérification des lieux.

Contravention à l'article 13, section 5 de la loi du 10 juin 1793, qui voulait qu'il fut nommé des gens de l'art pour y procéder. (N°. 254, E.) Voyez *Arbitrages, Fait* (décision de), *Biens nationaux.*

CONCILIATION au bureau de paix. *Du* 12 *vendémiaire , an* 5. Rejet de la demande des frères Francia, en cassation d'un jugement du tribunal de Saintes, du 23 germinal, an 4.

Les frères Francia, contre qui leurs neveux et nièces avaient obtenu un jugement du tribunal de Bordeaux, le 9 ventôse, an 3, signifié le 3 germinal ; citèrent ceux-ci au bureau de paix, sur la requête civile qu'ils voulaient intenter, et les parties comparurent le 27 prairial.

Ce ne fut que le 28 pluviôse, an 4, que l'ajournement sur la requête civile fut donné ; et par le jugement, elle fut déclarée non-recevable, comme ayant été intentée après le délai de six
mois,

mois, fixé par l'article 5, titre 35 de l'ordonnance de 1667.

Pour moyen de cassation, les frères Francia alléguaient la comparution au bureau de paix, qui, selon eux, avait interrompu le cours de la prescription de six mois, et avait, à les entendre, prorogé d'un an leur délai; mais en supposant que dans cette espèce, la comparution au bureau de paix eût eu l'effet qu'on lui attribuait; il s'en suivait seulement que le tems qui avait précédé, n'étant plus compté, le délai aurait repris cours le 27 prairial; et de-là, au 28 pluviôse, il y aurait eu huit mois. Voyez *Bureau de paix*.

CONSIGNATION. I. *Du 14 prairial, an 2.* Cassation d'un jugement du tribunal du district de Rheims, du 25 juin 1793, sur la demande de Marie-Jeanne Varoquier, veuve Maucler, contre Godechaux.

La veuve Maucler, acquéreur de différens héritages, était chargée de payer une somme de vingt-cinq mille livres à Godechaux, créancier opposant au sceau des lettres de ratification. Après sommations et offres à lui faites, à son domicile élu, et jugement par défaut, du tribunal de Busancy, la veuve Maucler consigna ès mains du greffier; et le dépôt ayant été enlevé par les prussiens, question de savoir qui devait supporter cette perte. Sur l'appel, le tribunal de Rheims infirma et déclara nulle toute la procédure faite au tribunal de Busancy, en ce que les assignations avaient été données au domicile élu par Godechaux, à Busancy, et non à son véritable domicile.

Annullé comme contraire à la lettre et à l'esprit de l'édit de 1771, qui répute l'opposant, ou

III. Partie. I

présent, ou légalement représenté dans le domicile par lui élu, pour tout ce qui concerne les suites de son opposition. (N°. 112, B.) Voyez *Remboursement, Offres, Hypothèque.*

II. *Du 4 germinal, an 3.* Annullation sur la demande de l'Agence de l'enregistrement, contre l'Evêque, d'un jugement du tribunal de Guise, du 13 décembre 1791.

Il s'agissait d'une consignation faite au greffe de la justice de Nesle ; le greffier était fugitif, l'on avait prétendu que le seigneur était responsable ; et il avait été ainsi jugé. La république était à la place de ce seigneur émigré.

La cassation a été fondée sur l'article 22 de l'édit de février 1789, qui voulait que toutes consignations ordonnées en justice, ne pussent être faites qu'entre les mains des receveurs des consignations ; d'où il résultait que quand même le ci-devant seigneur eût été responsable en thèse générale de son greffier, cela ne pouvait être supposé dans l'espèce où il ne s'agissait pas d'un fait de l'office. (N°. 1er, E.)

CONTRAINTE PAR CORPS. I. *Du 9 février* 1793. Annullation de deux jugemens rendus par le tribunal de Melun, les 20 juin et 11 octobre 1791, entre Kalendrin, ci-devant régisseur général des aides, etc., et Antoine Drouet et consorts.

Ces jugemens avaient condamné, *par corps,* Kalendrin à restituer à Drouet et consorts, des sommes par lui perçues pour droits d'aides, quoique la restitution demandée, ne fut dans aucun des cas pour lesquels l'ordonnance de 1667, au titre 34, autorise la contrainte par corps.

Contravention, 1°. à l'article premier du

titre 34 de cette loi, qui porte : *Abrogeons l'u-
sage des contraintes par corps , après les quatre
mois établis par l'article 48 de l'ordonnance
de Moulins , pour dettes purement civiles : défendons à nos cours et à tous autres juges de
les ordonner , à peine de nullité....*

2°. A l'article 4 du même titre , qui *fait défenses aux cours et à tous autres juges , de
condamner par corps , en matière civile , sinon
dans les cas qui y seront exprimés.*

3°. A l'article 3 des lettres-patentes , du 19
juillet 1778, qui porte : *qu'après les formalités
prescrites par cette loi , les adjudicataires des
fermes , leurs cautions , directeurs et receveurs ,
pourront être contraints par toutes voies dues
et raisonnables , autres que la contrainte par
corps , si ce n'est dans les cas exprimés par
l'article 2 du titre 34 de l'ordonnance de 1667.*
(N°. 50, E.)

II. *Du 9 messidor , an 3.* Annullation sur la
demande d'Albert - Louis - Aymar Lefournier-
Wargemont et son épouse, contre Charles Hesdein, d'un jugement du tribunal du cinquième
arrondissement de Paris, du 22 octobre 1791.

Le jugement, en déclarant Wargemont et sa
femme responsables civilement des faits de leur
postillon , avait prononcé la contrainte par corps
contre eux, pour dommages-intérêts accordés à
Hesdein, pour la perte de l'œil gauche, occa-
sionnée par un coup de pied de l'un des deux
chevaux conduits par ce postillon.

Contravention aux articles 1 , 4 et 8 du titre
34 de l'ordonnance de 1667, ainsi conçu :

Article 1. *Abrogeons l'usage des contraintes
par corps , après les quatre mois établis par*

l'article 48 de l'ordonnance de Moulins, pour dettes purement civiles.

Article 4. Défendons à nos cours et à tous autres juges de condamner aucuns de nos sujets par corps en matière civile, sinon en cas de réintégrande pour délaisser un héritage, en exécution des jugemens, pour stellionnat, pour dépôt nécessaire, consignation faite par ordonnance de justice, ou entre les mains de personnes publiques; représentation de biens, par les séquestres, commissaires ou gardiens, lettres de change, quand il y aura remise de place en place, dettes entre marchands, pour faits de marchandises dont ils se mêlent.

Article 8. Ne pourront les femmes et les filles s'obliger, ni être contraintes par corps, si elles ne sont marchandes publiques, ou pour cause de stellionnat, procédant de leur fait. (N°. 80, E.)

CONTRARIÉTÉ DE JUGEMENS. *Du 8 fructidor, an 3.* Annullation sur la demande de William Ris, contre Moreau, d'un jugement du tribunal du district de Lille, du 3 fructidor, an 2.

William Ris, ayant succombé dans une demande formée contre Martin Varlet, afin de délivrance d'une quantité de poil de chameau, provenant de la cargaison d'un navire anglais, sous prétexte qu'il devait s'adresser à Moreau et non à Varlet, qui n'était que son commissionnaire, s'étant pourvu ensuite contre Moreau, avait succombé de nouveau, parce que l'on considéra alors Martin Varlet comme ayant agit pour son compte et non comme commissionnaire.

Ces deux jugemens, émanés de deux tribunaux différens, présentaient une contrariété, qui, suivant l'article 34 du titre 35 de l'ordonnance de 1667, devait opérer l'annullation du dernier ; et de plus, les parties avaient acquiescé respectivement au premier jugement, qui avait fixé leurs qualités ; et sous ce rapport, il y avait contravention à l'article 6 du titre 27 de la même ordonnance, qui porte que les sentences et jugemens qui doivent passer en force de chose jugée, sont ceux auxquels les parties ont formellement acquiescé. (Nº. 107, E.)

II. *Du 16 ventôse, an 4.* Annullation sur la demande de Berge, contre Nottancourt et autres, d'un arrêt du conseil du 8 juin 1784.

Il s'agissait de l'engagement du domaine de Bittancourt.

Par un premier arrêt, il y avait eu condamnation à restituer les fruits, depuis le 23 mars 1762. Par celui de 1784, la restitution n'était ordonnée qu'à partir du 26 mai 1766.

Contrariété d'arrêts en même affaire, et entre mêmes parties. Moyens de cassation, dans l'espèce, selon l'article 24 du titre de cassation, du réglement de 1738. (Nº. 177, E.)

CONTRIBUTIONS, IMPOSITIONS. I. *Du 26 janvier 1793.* Annullation sur le réquisitoire du commissaire du pouvoir exécutif, d'un jugement rendu par le tribunal d'Hesdin, le premier mai 1792.

Béthune s'était pourvu au tribunal de Béthune, pour faire prononcer la nullité des contraintes décernées contre lui pour le paiement d'impositions directes ; le tribunal de Béthune avait renvoyé le collecteur de l'assignation, sauf à Béthune à se pourvoir où il appartiendrait.

Sur l'appel, le tribunal de Montreuil, séant à Hesdin, avait infirmé le premier jugement, et renvoyé la cause au tribunal de Béthune, pour y être procédé sur la demande.

Contravention, 1°. à l'article 2 de la loi du 13 juin 1790, qui s'exprime ainsi : *les contribuables qui se croiront fondés à obtenir, soit la décharge ou une modération sur leur cote d'imposition se pourvoiront par simple mémoire devant l'assemblée administrative du département, laquelle connaîtra provisoirement, et jusqu'à ce qu'il en ait été autrement ordonné, de toutes les difficultés qui pourront s'élever en matière d'impôt direct.*

2°. A l'article premier de la loi du 11 septembre 1790, qui a fixé définitivement la compétence des corps administratifs, pour connaître des réclamations relatives aux impositions directes.

3°. A l'article 2 de la même loi, qui ne laisse aux juges que la connaissance des actions relatives à la perception des impôts indirects. (N°. 48, E.)

II. *Du 27 floréal, an 2.* Cassation d'un jugement du tribunal du district de Lille, sur la demande des officiers municipaux de Richebourg, et de plusieurs jugemens du tribunal de Béthune, sur les conclusions du commissaire national, pour avoir pris connaissance des comptes d'un collecteur des contributions de la commune de Richebourg; comme contenant excès de pouvoir et entreprise sur les fonctions administratives. (N°. 95, B.) Voyez *Administration.*

CONVENTIONS. I. *Du 27 fructidor, an 3.* Annullation sur la demande de Brétignières, Joudrain et Labadit, syndics et directeurs des créanciers unis de Jean Bertrand, contre Jacquillet curateur à la succession vacante dudit Bertrand, d'un jugement rendu par le tribunal du quatrième arrondissement de Paris, le 16 frimaire, an 3.

Ce jugement avait confirmé deux sentences du Châtelet des 14 décembre 1785 et 14 janvier 1786, dont l'une rendue sur un simple référé, renvoyé à l'audience, et sans nouvelle assignation, condamnait feu Brétignières, représenté par Jacques-Louis Brétignières, au paiement d'une somme de six mille livres, et l'autre de celle de trois cent quatre-vingt-dix-sept mille cent vingt-huit livres, pour travaux de maçonnerie, sommes tout à fait différentes de celles portées par les conventions faites entre les parties.

Contravention, en ce qui concernait la confirmation de la première sentence, au titre entier des ajournemens de l'ordonnance de 1667, qui suppose la nécessité des citations pour l'introduction des instances.

Contravention, en ce qui concernait la confirmation de la dernière sentence, à l'ordonnance de 1539, parce qu'elle avait rendu sans effet des traités qui n'étaient ni argués de nullité, ni attaqués sous prétexte de dol, fraude ou violence. (N°. 113, E.)

II. *Du 25 prairial, an 4.* Annullation sur la demande de Brétignières, contre Joudrain et Labadit, et le curateur de la succession de Bertrand, d'un jugement du tribunal du quatrième arrondissement du département de Paris, du 16 brumaire, an 3.

Jean Bertrand s'était chargé envers feu René Brétignières, de la construction de deux bâtimens en masse; la liberté étant réservée à Bretignières de faire divers changemens aux devis.

Il y avait eu instance, 1°. sur la demande par

Bertrand, d'une somme de six mille livres, et sur l'opposition de ses ouvriers.

2°. Sur une autre demande par Bertrand de trois cent quatre-vingt-sept mille cent vingt-huit livres.

3°. Sur la demande de Brétignières, en résiliement de ses conventions.

La première avait donné lieu à une sentence portant contrainte contre Brétignières pour les six mille livres, sans qu'il eut été entendu;

La seconde, à une sentence par défaut qui avait adjugé les trois cens quatre-vingt-sept mille cent vingt-huit livres, et il y avait eu appel de l'une et de l'autre.

Le ci-devant parlement saisi de cet appel avait évoqué la demande en résiliement.

Dans le nouveau régime, l'instance sur les deux appels devait être séparée de celle en résiliement; mais le tribunal du quatrième arrondissement avait réuni le tout dans le même jugement.

Contravention aux articles 4 et 5 de la loi du mois d'octobre 1790, qui avaient distingué et renvoyé séparément aux nouveaux tribunaux les procès de première instance et ceux sur appel.

Il avait été jugé que la convention en bloc ne pouvait subsister avec la faculté de faire des changemens aux devis; et en conséquence, on ne s'était pas arrêté à la convention dont la rescision n'était pas demandée.

Contravention aux ordonnances de 1510 et 1539, dont il résulte que les actes contre lesquels il n'y a pas demande en rescision doivent être exécutés.

La sentence portant contrainte pour six mille livres, contre le citoyen Brétignières, non ouï, avait été maintenue.

Contravention au titre des ajournemens de l'ordonnance de 1667, qui veut que tout jugement soit précédé de l'ajournement; au titre 11 de l'article 8, suivant lequel, en supposant l'instance établie, la cause aurait du être poursuivie à l'audience sur un acte, et à la loi du 3 brumaire, an 2, qui prescrit la forme de la citation. (N°. 71, E.)

III. *Du 21 ventôse, an 5.* Annullation sur la demande de Pierre Jourdan, contre Jean Balcon, d'un jugement du tribunal de l'Hérault, du 19 germinal, an 4.

Il s'agissait de la révocation d'un échange fait au nom d'un mineur.

Cette révocation proscrite en première instance, avait été acceuillie sur l'appel, à cause du rapport de l'effet rétroactif de la loi du 17 nivôse, an 2, et parce qu'il s'agissait d'aliénation de biens de mineurs.

Contravention à l'article 220 de la constitution, suivant lequel une section ne peut juger au-dessous de cinq juges, en ce que quatre juges seulement avaient concouru à la formation du jugement en dernier ressort.

Et aux lois relatives aux conventions et notamment à l'ordonnance de 1539, en ce que ce jugement annullait les conventions des parties. (N°. 194, E.)

CORRECTIONNEL (TRIBUNAL). *Du 26 floréal, an 4.* Annullation d'un jugement du tribunal correctionnel de Bordeaux, rendu le 13 ventôse, an 4, entre Oudival et Lavignac, par quatre juges, savoir ; le président et trois juges de paix.

Le motif est que l'acte constitutionnel, article 234, et le code des délits du 3 brumaire, an 4, article 169, prescrivent limitativement que chaque tribunal correctionnel est composé d'un président et de deux juges de paix ou assesseurs. Voyez *Police correctionnelle*.

DÉCLINATOIRE. *Du 24 vendémiaire, an 5.* Annullation sur la demande de Cramilly, contre Cheron et Pelletier, d'un jugement du tribunal de Mondoubleau, du 14 fructidor, an 3.

Il s'agissait de la commission dont Cramilly s'était chargé, d'envoyer cinquante livres de chandelles, et qu'il n'avait pu remplir, à cause de la prohibition de la sortie de Paris ; il avait été cité au tribunal de Mondoubleau, débouté du déclinatoire qu'il avait proposé et condamné consulairement.

Contravention à l'article 17 de la loi du mois d'août 1790, qui ne voulait pas que les justiciables fussent distraits de leurs juges naturels. (N°. 168, E.) Voyez *Jugemens, Procédure, Commerce, Incompétence*.

DÉFAUT. *Du 19 germinal, an 4.* Annullation sur la demande de la veuve Millet, contre la veuve Mercier, des jugemens du tribunal de Nantua, des premier et 27 frimaire, an 3.

Il s'agissait de partage et compte de succession, qui avaient été ordonnés par la justice de Montréal, dont la sentence avait été confirmée par la cour provisoire de Dijon, le 16 septembre 1790.

Deux experts avaient été nommés devant le tribunal de Nantua ; ensuite la veuve Millet avait demandé d'être subrogée à une cession faite par la veuve Mercier ; il y avait eu une rétrocession qui avait été réputée frauduleuse.

Le tribunal de Nantua avait, par le jugement

en défaut et en dernier ressort, du premier frimaire, rejeté l'incident relatif à la cession, ordonné la délivrance à la veuve Mercier de son lot de partage, et, sur le compte et restitution des fruits, renvoyé les parties à des arbitres de famille.

Ce jugement par défaut, avait été signifié le 8 frimaire; il y avait eu opposition le 12, et par le jugement du 27, l'opposition avait été rejetée pour avoir été formée sans cédule du président du tribunal, et n'avoir pas été reçue dans la huitaine.

Contravention à l'article 5 du titre 4 de la loi du mois d'août 1790, qui autorise les juges à connaître en premier et en dernier ressort, de toutes les affaires personnelles et mobiliaires, jusqu'à la valeur de mille livres de principal, et des affaires réelles dont l'objet principal est de cinquante livres de revenu déterminé, soit en rente, soit par prix de bail; car, la cour provisoire de Dijon ayant confirmé purement et simplement la sentence de Montréal, les parties avaient été renvoyées en première instance, et l'objet du procès n'avait pas une valeur déterminée.

Contravention encore à la loi du 3 brumaire, an 2, qui abroge l'usage des requêtes, d'où il résultait que l'opposition avait pu être formée par un simple exploit, et à l'article 3 du titre 35 de l'ordonnance de 1667, qui voulait non pas que l'opposition fut reçue, mais seulement formée dans la huitaine du jour de la signification. (N°. 22, E.) Voyez *Opposition, Appel.*

DÉFENSEURS DE LA PATRIE. *Du 15 ventôse, an 4.* Annullation sur la demande de Louis-Thevenin, sa femme et consorts, contre la veuve

Jean-Mage, d'un jugement du tribunal de Moulins, du 9 brumaire, an 4.

Au fond, il s'agissait du partage d'un domaine indivis.

Un premier jugement l'avait ordonné, et avait été infirmé sans conclusions du ministère public, quoiqu'une femme et un mineur fussent parties, sur le motif qu'un des héritiers étant absent pour la défense de la patrie, il fallait, avant d'y procéder, y appeller cet héritier en se conformant aux lois des 16 mars, 29 septembre et 6 octobre 1791.

Contravention à l'article 3 du titre 8 de la loi du mois d'août 1790, en ce que ce défenseur de la patrie n'ayant pas appellé du jugement qui ordonnait ce partage, n'était pas partie dans l'instance qui en avait été la suite. (N°. 290, E.) Voyez *Absent*.

DÉFRICHEMENS. *Du 5 pluviôse, an 5.* Annullation sur la demande de Claude-Maréchal et consorts, contre la commune de Bazieu, d'une décision arbitrale, du 21 messidor, an 2.

Maréchal et consorts avaient défriché des portions d'un terrain vague et inculte, après les déclarations faites au greffe de Rambervillers et Lunéville, publiées conformément aux lois sur les défrichemens. Ils avaient été considérés comme propriétaires, et comme tels compris dans la matrice des rôles de la contribution foncière.

La commune de Bazieu, se croyant fondée à revendiquer la propriété de ce terrain d'après les dispositions des lois du 28 août 1792, et 10 juin 1793, forma la demande en délaissement, contre Maréchal et consorts.

Les arbitres avaient accueilli sa prétention, en contravention à l'article 7 de la loi du 10 juin

1793 (*vieux style*), qui veut que *les possesseurs* des terrains desséchés ou défrichés aux termes et en exécution de l'édit et de la déclaration des 14 juin 1764, et 13 avril 1766, soient maintenus. (Nº. 255, E.) Voyez *Communaux*.

DÉLAI DES PROCÉDURES. *Du 28 brumaire, an 2.* Cassation d'un jugement du tribunal du district de Charoles, du 10 décembre 1790, sur la demande de Dominique Proux, contre Jaques Roses.

Un jugement interlocutoire avait ordonné que Proux ferait la preuve par lui offerte, dans le délai d'un mois.... Ce jugement lui avait été signifié le 10 novembre 1790, et le 10 décembre suivant; le tribunal avait rendu un jugement, qui, faute par lui d'avoir rapporté la preuve ordonnée, le déclarait forclos de ladite preuve, et le condamnait.

Contravention à l'article 6 du titre 3 de l'ordonnance de 1667, qui veut que, dans le délai prescrit, ne soit ni compris le jour de la signification, ni le jour de l'échéance. Voyez *Ajournement, Appel.*

DÉLIBÉRATION DE FAMILLE. *Du 5 vendémiaire, an 4.* Annullation sur la demande de Sylvestre, contre Roquemont, d'un jugement du tribunal du troisième arrondissement de Paris, du 18 août 1792.

Sylvestre, en sa qualité de curateur à l'interdiction de Dijon, avait été autorisé, par une délibération de parens, reçue devant un juge de paix, à rendre plainte contre Roquemont et autres, de délits et faits d'escrocqueries qui avaient opéré la ruine de Dijon. Cette plainte avait été suivie d'une procédure au premier tribunal provisoire du département de Paris, sur laquelle était intervenu un décret de prise de corps contre Roquemont, qui en avait interjeté appel au tribunal du troisième arrondissement. Sur cet appel était intervenu le jugement attaqué qui avait annullé toute la procédure, sur ce que l'avis des parens, qui avait autorisé Sylvestre, n'ayant pas été homologué par le tribunal du district du lieu, était nul d'après les dispositions des articles 11 du titre 3, et 4 du titre 4 de la loi du 24 août 1790.

Faussse application desdits deux articles, en ce que le juge de paix, en recevant cette délibération n'avait statué sur rien de contentieux, et que toute la procédure qui en avait été la suite, avait été faite devant les juges qui en devaient connaître. (N°. 119, E.)

DÉLIBÉRÉ. (mode d'opiner, de juger et de prononcer sur délibéré.) *Du 27 messidor, an 2.* Cassation d'un jugement en dernier ressort du tribunal du district de Caudebec, du 26 juin 1791, entre Fréganne et Romé, pour avoir été rendu sur délibéré en la chambre du conseil, et non publiquement à l'audience, en présence des parties, conformément à l'article 14 du titre 2 de la loi du mois d'août 1790. (N°. 156, B.)

II. *Du 29 messidor , an 2.* Cassation d'un jugement du tribunal du district de Crest, du 24 mai 1793, entre Lanthome et Faure; parce que le rapport avait été fait , et les conclusions données en la chambre du conseil, et qu'il n'y avait eu de public que la lecture du jugement faite à l'audience du lendemain. (N°. 160, B.)

III. *Du 29 floréal , an 3.* Annullation sur la demande de Langier et autres , contre Collinet, d'un jugement du tribunal de Joigny, du 12 brumaire précédent.

Il était question de liquidation de fruits. Le jugement avait été rendu sur délibéré en la chambre du conseil.

Contravention à la loi du 3 brumaire, an 2, article 10, qui ordonnait de délibérer en public et d'opiner à haute voix. (N°. 58, E.)

IV. *Du 16 brumaire, an 4.* Annullation sur la demande de Thomas George, contre Anne et François, d'un jugement du tribunal du district de Thiers, du 7 thermidor, an 2.

Sur une prétention formée par le demandeur à l'effet d'obtenir le paiement en corps héréditaires d'une légitime qu'il avait reçue de lui en argent, il avait été formé un tribunal de famille, qui l'avait déclaré non-recevable. Sur l'appel par lui interjeté de cette décision, était intervenu le jugement attaqué, dont il demandait la cassation, sur ce que les juges qui l'avaient rendu n'avaient point délibéré à haute voix en public, mais dans la chambre du conseil, d'où ils étaient sortis pour prononcer seulement le résultat de leur délibéré.

Contravention à l'article 10 de la loi du 3 brumaire, an 2, qui veut *que les juges soient tenus de délibérer en public, et y opiner à haute voix.* (N°. 131 *bis*, E.)

V. *Du 7 messidor, an 4.* Annullation sur la demande de Niverville, contre la femme Hibout et autres, d'un jugement du tribunal de Mortagne, du 24 ventôse, an 3.

Un délibéré avait été ordonné, et le jugement rendu douze jours après, sans qu'un rapporteur eut été nommé, ni les parties averties du jour.

Contravention à l'article 2 de la loi du 3 brumaire, an 2, qui voulait que les pièces pussent être examinées ; mais que ce jugement fut immédiatement prononcé, et que si l'objet l'exigeait, il fut nommé un rapporteur qui ferait son rapport le jour indiqué.

Outre trois juges et un suppléant, une cinquième personne avait concouru au jugement.

Le jugement n'articulait ni questions ni motifs. (N°. 82, E.)

VI. *Du 8 brumaire, an 5.* Annullation sur la demande de Cheze, contre Garnier, d'un jugement du tribunal de Charolles, du 14 thermidor, an 2.

La cause avait été plaidée et mise en délibéré ; lors du jugement, l'un des juges fut remplacé par un suppléant, lequel ne fut instruit que dans la chambre du conseil.

Contravention à l'article 14 de la loi du mois d'août 1790, et à l'article 13 de la loi du mois de décembre 1791, dont il résulte que les rapports et plaidoiries doivent être publiques, et les parties ont le droit de défendre leurs causes ; ce qui suppose le droit d'instruire chacun des juges. (N°. 181, E.) Voyez *Jugemens, Rapports.*

DÉMISSION DE BIENS. *Du 17 prairial, an 3.* Annullation sur la demande des mariés Leporz, contre Lessen, d'un jugement du tribunal de Ville-sur-Arne.

Il s'agissait de la revendication d'un héritage par faculté de réméré, où s'était mêlée la question de savoir de quels effets était susceptible une démission de biens qui n'avait pas été suivie des formalités voulues par la coutume, et qui avait été révoquée.

Le jugement avait maintenu cette démission.

Contravention

Contravention à l'article 537 de la coutume de Bretagne, selon lequel la démission doit être bannie par trois dimanches consécutifs.... et certifiée pardevant le juge. (N°. 68, E.) Voyez *Donations*, *Successions*.

DÉPOT VOLONTAIRE. *Du 18 prairial, an 2.* Cassation d'un jugement en dernier ressort du tribunal de commerce de Paris, du 4 brumaire, an 2, sur la demande d'Antoine Clément et sa femme, contre Jacques Biscuit.

La contestation entre les parties portait sur un dépôt volontaire prétendu fait par Biscuit à la femme Clément. La connaissance de ce fait n'appartenait qu'aux juges ordinaires du domicile des parties; la jurisdiction des tribunaux de commerce étant bornée aux affaires de commerce, aux termes de l'article 2 du titre 12 de la loi du mois d'août 1790.

Annullation sur le fondement de cet article. (N°. 114, B.)

DERNIER RESSORT. On trouvera sous ce titre, deux principales sortes de cassations ; les unes fondées sur ce que des juges de première instance avaient induement qualifiés leurs jugemens *en dernier ressort* ; les autres fondées sur ce que des juges de seconde instance auraient reçu l'appel de jugemens qualifiés en dernier ressort, même dans le cas où le dernier ressort n'appartenait effectivement pas aux premiers juges. Le nombre de ces cassations était trop considérable pour qu'on pût les rapporter toutes. On s'est borné aux espèces les plus propres à servir d'instruction aux juges sur l'étendue et les limites de leurs pouvoirs.

I. *Du 28 décembre 1792.* Annullation d'un juge-

III. Partie.   K

ment rendu par le tribunal du district d'Etampes, le 15 juillet 1791, entre Legrand, Boite et Chauvot.

Louis Legrand et Jean Boite, marguilliers de l'église de Saint-Sulpice-de-Favières, avaient assigné Jean-Baptiste Chauvot, ci-devant curé de ladite paroisse, en restitution et paiement de divers articles dont quelques-uns n'étaient pas d'une valeur déterminée. Le tribunal d'Etampes avait prononcé en dernier ressort, et renvoyé Chauvot de la demande, attendu qu'elle n'était pas justifiée; Legrand et Boite avaient acquiescé au jugement.

Ils ont été déclarés non-recevables dans leur demande en cassation; mais sur le réquisitoire du commissaire national, le jugement a été cassé comme contraire, 1°. à l'article 15 du titre 5 de la loi du 24 août, relatif à la rédaction des jugemens.

2°. Comme contenant un excès de pouvoir résultant de l'article 5 du titre 4 de la même loi, qui porte: *les juges de district connaîtront, en premier et dernier ressort, de toutes affaires personnelles et mobiliaires, jusqu'à la valeur de mille livres de principal ; et des affaires réelles dont l'objet principal sera de cinquante livres de revenu déterminé, soit en rente, soit par prix de bail.* (N°. 42, E.)

II. *Du 9 février* 1793. Annullation d'un jugement rendu par le tribunal du district de Châlons, le 12 avril 1791, entre Girardin et Thibault, et Nicolas Jouannès.

Il s'agissait d'une demande en ventilation, de la valeur des loyers de vingt journées de terre; le jugement avait statué en premier et dernier ressort, quoique l'action ne présentât qu'une valeur indéterminée.

Contravention à l'article 5 du titre 4 de la loi du 24 août 1790, ci-dessus rapporté. (N°. 51, E.)

III. *Du 22 février* 1793. Annullation d'un jugement rendu par le tribunal du premier arrondissement de Paris, le 19 janvier 1792, entre Claude Guyot, et les héritiers d'Huillemay et son épouse.

Il y avait eu contestation entre les parties sur des hypothèques privilégiées, respectivement prétendues pour neuf cent soixante livres de rente par Guyot, et pour douze mille livres de principal par les héritiers Huillemay.

Transaction :

Procès sur la validité du traité, devant le tribunal du premier arrondissement. Les parties ne consentaient point à être jugées en dernier ressort ; néanmoins le tribunal avait prononcé en dernier ressort.

Contravention à l'article 5 du titre 4 de la loi du 24 août 1790, ci-dessus rapporté. (N°. 53, E.)

IV. *Du 17 brumaire, an* 2. Cassation d'un jugement du tribunal de Blain, du 20 janvier 1792, sur la demande de Jean et Jacques Gaudin, contre Jean Peignet.

Ce jugement avait prononcé en premier et dernier ressort, dans un tems où le capital de la contestation n'était pas réglé, et où les parties n'avaient pas consenti à être jugées en dernier ressort ; ce qui est contraire aux articles 5 et 6 du titre 4 de la loi du 24 août 1790. (N°. 6, B.)

V. *Du 4 frimaire, an* 2. Cassation d'un jugement rendu en premier et dernier ressort par le tribunal du district de Gisors, du 30 janvier 1792, sur la demande de Louis-André Duval, marchand épicier, contre le citoyen Emard, ci-devant procureur-syndic du district des Andelys.

Ce jugement avait déclaré diffamatoires et calomnieux des mémoires imputés à Duval, l'avait condamné à une amende de soixante livres, ordonné l'impression et affiche du jugement à ses frais jusqu'à concurrence de cent exemplaires.

Contravention à l'article 5 du titre 4 de la loi du mois d'août 1792. (N°. 10, B.)

VI. *Du 24 frimaire, an 2.* Cassation d'un jugement du tribunal du district de Murat, du 20 juillet 1792, sur la demande de Chabrier et son épouse, contre Delsut.

Il s'agissait d'une question d'hérédité de valeur indéterminée. Le tribunal avait statué en dernier ressort, sans que les parties y eussent volontairement consenti.

Contravention à l'article 5 du titre 4 de la loi du mois d'août 1790.

Jugement déclaré susceptible d'appel, comme de première instance. (N°. 24, B.)

VII. *Du 9 nivôse, an 2.* Cassation d'un jugement du tribunal de Saint-Calais, du 31 août 1791, sur la demande de Jacques Gaillard, contre Michel Bouvier et Guillaume.

Il s'agissait de la validité d'un bail présentant plusieurs années de jouissance. La valeur de cette jouissance était une chose indéterminée. Les parties n'avaient pas consenti à être jugées en dernier ressort.

Contravention à l'article 5 du titre 4 de la loi du mois d'août 1790. (N°. 32, B.)

VIII. *Du 24 floréal, an 2.* Cassation d'un jugement du tribunal du district de Châtillon-sur-

Seine, du 17 juillet 1792, sur la demande de Paul Laureau, contre Joachim Petit.

Le tribunal de Tonnerre avait qualifié *en dernier ressort* un jugement sur la question de propriété d'un terrain de valeur indéterminée ; et nonobstant cette qualification, le tribunal de Châtillon avait reçu l'appel, en motivant qu'il ne suffit pas d'insérer dans un jugement qu'il est rendu en dernier ressort, pour qu'il puisse être considéré comme tel ; qu'il faut encore que la matière y soit disposée ; que dans la circonstance la matière étant réelle, et l'objet d'une valeur incertaine et non-déterminée, les juges de Tonnerre n'avaient pu prononcer en dernier ressort.

Cassé comme contenant excès de pouvoir et entreprise sur l'autorité du tribunal de cassation, à qui seul il appartient de statuer sur les réclamations contre les jugemens en dernier ressort, aux termes de l'article 2 de la loi du premier décembre 1791.

Cassation, en même-tems, sur les conclusions du commissaire national, du jugement du tribunal de Tonnerre, qui avait excédé les bornes de ses pouvoirs, en jugeant en dernier ressort une question de servitude et de propriété d'une valeur indéterminée. Renvoi des parties à procéder, sur l'appel, devant juges compétens. (N°. 93 , B.)

IX. *Du 29 floréal, an 2.* Cassation d'un jugement du tribunal du district de Saint-Lo, du 19 juillet 1793 ; sur la demande de Jean-Baptiste Chedruë, contre Philippe Lesénécal.

Le tribunal de Caen avait rendu un jugement entre les parties, qualifié en dernier ressort. Celui de Saint-Lo en avait néanmoins reçu l'appel, sur le fondement que cette qualification n'avait pas le pouvoir d'en affranchir, quand, dans le fait, les premiers juges n'ont pas droit de juger en dernier ressort.

Néanmoins, cassation fondée sur le motif qu'au tribunal de cassation seul appartient de réformer et annuller les jugemens que les tribunaux auraient mal à propos qualifiés de dernier ressort. (N°. 98, B.)

X. *Du 4 prairial, an* 2. Cassation d'un jugement en dernier ressort, du tribunal du district de Crépy, du 11 mai 1793, sur la demande de Pierre-Cailleux, laboureur, contre Marguerite Duchemin.

Ce jugement avait condamné Cailleux comme auteur de la grossesse de la fille Duchemin, à lui payer cent livres pour frais de gésine, deux cents livres de pension annuelle pour son enfant, etc. ordonné la réformation de l'acte baptistaire, etc. et ce jugement avait été qualifié de dernier ressort.

Annullé comme contraire à l'article 5 du titre 4 de la loi du mois d'août 1790. (N°. 101, B.)

XI. *Du premier messidor, an* 2. Entre Bernard Soubegre et François Demartret, décidé que le tribunal de Mur-de-Barrez n'avait pas pu juger en dernier ressort la question de savoir si une rente au-dessus de cinquante livres, devait être servie sans retenue d'impositions, en ce que cette question s'étendait à l'avenir, et n'était conséquemment pas susceptible d'une appréciation bornée. (N°. 118, B.)

XII. *Du 11 messidor, an* 2. Cassation d'un jugement du tribunal de Sarlat, du 5 décembre 1791, entre Boyer Jaquet et Antoine Maraval, pour avoir jugé en dernier ressort une question de servitude de passage dans un petit sentier, ce qui n'était pas susceptible d'appréciation au-dessous de cinquante livres de revenu net. (N°. 91 , B.)

XIII. *Du* 14 *fructidor, an* 2. Sur la demande de Philippe Lepigeon , contre Marie Rameau ; cassation d'un jugement du tribunal dé la Charité-sur-Loire, en ce qu'il avait statué en *dernier ressort*, sur une question de paternité, encore qu'il n'eût adjugé qu'une provision de quatre-vingt livres à la mère de l'enfant. (N°. 119, B.)

XIV. *Du* 27 *fructidor, an* 2. Sur la demande de Louis Berenger , contre Jean-Pierre Paschal , cassation d'un jugement du tribunal de Crest, du 6 pluviôse, pour avoir statué en premier et dernier ressort, *en matière réelle, et sans que le revenu de l'objet litigieux fut déterminé, soit en rente, soit par prix de bail*, conformément à l'article 5 du titre 4 de la loi du mois d'août 1790, (N°. 209, B.)

XV. *Du* 13 *germinal, an* 3. Annullation sur la demande de Louis Condamin, contre la veuve Fayolle, d'un jugement du tribunal de Lyon, du 8 thermidor, an 2.

Il s'agissait d'une action hypothécaire sur des biens d'une valeur non déterminée, et le tribunal de Lyon avait jugé en premier et dernier ressort.

Contravention à l'article 5 du titre 4 de la loi du mois d'août 1790, qui n'attribue le dernier ressort en première instance, *que des affaires réelles dont l'objet est de cinquante livres de revenu déterminé, soit en rente, soit par prix de bail.* (N°. 5, E.)

K 4

XVI. *Du 24 germinal, an 3.* Annullation sur la demande de Pierre Farge, entre les Auphrelles, d'un jugement du tribunal de Bourgneuf, du 25 messidor, an 2.

Il s'agissait d'un héritage réclamé comme ayant été cédé pour affranchissement de droits seigneuriaux, ce qui n'était pas vérifié ; le jugement était en premier et dernier ressort, bien qu'il n'y eût pas valeur déterminée en vente ou par prix de bail.

Fausse application de la loi du 28 nivôse, an 2, article premier, sur les héritages cédés pour prix d'affranchissemens.

Et sur le dernier ressort, même contravention. (N°. 19, E.)

XVII. *Du 27 germinal, an 3.* Annullation sur la demande de Reinip, femme en secondes noces de Léonard Hiver, contre Halary, des jugemens du tribunal de Saint-Yriès, des 8 germinal et 21 thermidor, an 2.

Il s'agissait de la vente de quelque bétail par le premier mari de la demanderesse à Halary, qui avait été suivie de bail à cheptel à la demanderesse et à son mari du même bétail.

Halary avait poursuivi l'exécution du bail ; la demanderesse avait conclu à la rescision de la vente, prétendant qu'il s'agissait de choses dotales qu'un mari dissipateur l'avait induite à vendre.

Halary avait offert et fait admettre la preuve que ce bétail venait d'ailleurs que de la demanderesse, et ensuite il avait fait rejeter la demande en rescision par jugement en dernier ressort, bien que l'objet du procès fut indéterminé.

Même contravention. (N°. 25, E.)

XVIII. *Du 9 floréal, an 3.* Annullation sur la

demande de la veuve Pichon, contre Pérault, d'un jugement du tribunal d'Yssoudun, du 29 messidor, an 2.

Il s'agissait du louage d'une maison et jardin. La veuve Pichon alléguait une promesse de ne donner congé qu'après un avertissement précédent de six mois ; des preuves avaient été ordonnées ; et, en définitif, la veuve Pichon condamnée à évacuer.

Le jugement prononçait en dernier ressort, bien que l'objet fut indéterminé.

Même contravention.

Et par la même raison, contravention à l'article 2, titre 20 de l'ordonnance de 1667, qui ne permettait pas la preuve par témoins de choses exédant cent livres. (N°. 40, E.)

` XIX. *Du 21 floréal, an 3.* Annullation sur **la** demande de Larpenteur, contre Pipereau, d'un jugement du tribunal du Puy-la-Montagne, **du 21** messidor, an 2.

Il s'agissait d'un droit de servitude réelle, objet de valeur indéterminé, et le jugement était **en** premier et dernier ressort.

Même contravention. (N°. 48, E.)

XX. *Du 4 prairial, an 3.* Annullation sur **la** demande de Broutin et sa femme, François Cressent et autres, d'un jugement du sixième arrondissement de Paris, du 3 mars 1792.

Au fond, il était question d'une action contre un procureur en restitution de pièces.

Il avait été prononcé en dernier ressort, bien qu'en première instance, l'objet du procès était indéterminé.

Même contravention.

Le commissaire du pouvoir exécutif n'avait pas été entendu, et une femme mariée avait été condamnée. (N°. 61, E.) Voyez *Femme mariée*.

XXI. *Du 17 prairial, an 3.* Annullation sur la demande de Grandjean, contre les Orival, des jugemens du tribunal de Luxeuil, des 22 février 1793 et 27 thermidor, an 2.

Il s'agissait de la tierce-opposition à un jugement qui avait fait droit sur la revendication d'un héritage dont la valeur était indéterminée.

Les jugemens étaient en premier et dernier ressort.

Même contravention. (N°. 70, E.)

XXII. *Du 18 prairial, an 3.* Annullation sur la demande d'Aberliné, contre les mariés Nouvel et Hérail, d'un jugement du tribunal de Sauveterre, du 23 fructidor, an 2.

La demande en rescision d'une vente, la revendication de l'héritage vendu étaient au fond l'objet du procès ; il n'y avait pas de valeur déterminée, et le jugement était en premier et dernier ressort.

Même contravention. (N°. 71, E.)

XXIII. *Du 9 fructidor, an 3.* Annullation sur la demande de Guarrigue, veuve de Manus ; Dupin Sainte-Claire, femme Sales ; Mazart Alyral ; contre Catherine Vignar, femme de Sylvestre Monville ; Jean-Pierre et Louis Rener, d'un jugement rendu par le tribunal du district de Cahors, le 23 floréal, an 2.

Le jugement attaqué avait statué en premier et dernier ressort sur la demande en délaissement d'un fond, dont la valeur n'était déterminée ni en rente ni par prix de bail.

Même contravention. (N°. 108, E.)

XXIV. *Du 2 brumaire, an 4.* Annullation sur la demande de Déprés, contre Dobaire, d'un jugement du tribunal du district d'Ernée, du 5 frimaire, an 3.

Une prétention respective sur la propriété d'une ruelle qui séparait les maisons des parties, ainsi que des droits sur lequel le jugement attaqué avait statué en première instance et en dernier ressort, sans qu'il eût été fait aucune évaluation du revenu dont l'objet de ces prétentions pouvait être susceptible, ni qu'elles eussent consenti en dernier ressort.

Même contravention. (N°. 129, E.)

XXV. *Du 18 prairial, an 4.* Annullation sur la demande de Malpeyre, contre Bern, d'un jugement du tribunal de Figeac, du 11 fructidor, an 2.

Il s'agissait de vente de merrain, et il était demandé deux mille cinq cents livres ; le jugement avait prononcé en premier et dernier ressort.

Même contravention. (N°. 162, E.)

XXVI. *Du 2 ventôse, an 4.* Annullation sur la demande des mariés Valet, contre les mariés Courant, d'un jugement du tribunal de Rufiecq, du 5 floréal, an 3.

Il s'agissait de revendication d'héritages de valeur non déterminée, et il avait été jugé en premier et dernier ressort.

Même contravention.

Le commissaire du directoire exécutif n'avait point été ouï pour la femme Valet.

Même contravention qu'au N°. 20. (N°. 166, E.)

XXVII. *Du 11 germinal, an 4.* Annullation sur la demande de Pierre-Ferriere, contre Pierre-Ballot et autres, d'un jugement du tribunal de Saint-Geniez, du 15 prairial, an 2.

Il s'agissait de l'exécution d'un testament et de la propriété et possession d'une vigne, dont la valeur n'était pas déterminée, et le tribunal de Saint-Geniès avait jugé en premier et dernier ressort.

Contravention à l'article 5 du titre 4 de la loi du mois d'août 1790, qui n'autorise les juges à connaître en premier et dernier ressort des affaires réelles, que lorsque l'objet principal est de cinquante livres de revenu déterminé, soit en rente soit par prix de bail. (N°. 9, E.)

XXVIII. *Du 19 germinal, an 4.* Annullation sur la demande de Jean et Florence Doucet, contre Robast et Barboteau, d'un jugement du tribunal de Guérande, du 27 frimaire, an 3.

Il s'agissait de dénonciation de nouvelle œuvre et entreprise prétendue sur un cours d'eau, affaire de valeur indéterminée ; et le jugement était en premier et dernier ressort.

Même contravention que ci - dessus. (N°. 20, E.)

XXIX. *Du 26 germinal, an 4.* Annullation sur la demande de Vachère, contre Liguet, d'un jugement du tribunal de Joigny, du 16 frimaire, an 3.

Il s'agissait de la vente passée par un mineur, d'un héritage de valeur indéterminée, et le tribunal de Joigny en avait prononcé la nullité et le délaissement de l'héritage en premier et dernier ressort.

Même contravention. (N°. 23, E.)

XXX. *Du premier floréal, an 4.* Annullation sur la demande des mariés Cabrolier, contre les mariés Cazenot, d'un jugement du tribunal de Rodès, du 4 floréal, an 3.

Il s'agissait de la revendication d'un bien dotal aliéné pendant le mariage, pour une rente de neuf livres, en 1770, qui avait été adjugée en premier et dernier ressort. La rente de neuf livres ne devait pas servir à l'évaluation d'après laquelle la loi autorisait à juger en premier et dernier ressort ; car la loi ne pouvait se contenter de la fixation faite dans l'acte contesté, et avait d'ailleurs en vue une valeur actuelle lors du paiement. (N°. 33, E.)

XXXI. *Du 4 floréal, an 4.* Annullation sur la demande de Rousseau, contre Dussaud et Pelletreau, d'un jugement du tribunal de Marennes, du 2 brumaire, an 2.

Il s'agissait de la valeur d'une chaloupe : Dussaud, appellant d'une sentence d'amirauté, avait assigné Rousseau en garantie seulement en cause d'appel, et la garantie avait été adjugée en dernier ressort ; ensorte qu'il n'y avait eu à l'égard de Rousseau qu'un seul dégré de jurisdiction, bien que la valeur de la chaloupe excédât de beaucoup la somme de mille livres.

Contravention à la loi de mai 1790, institutive de deux dégrés de jurisdiction, et à celle d'août 1790, titre 4, article 5. (N°. 32 , E.)

XXXII. *Du 8 floréal, an 4.* Annullation sur la demande de Marchand, contre Petitot, d'un jugement du tribunal de Vesoul, du 11 ventôse, an 3.

Il s'agissait de vente de grains dont le vendeur avait donné mandat sur son fermier ; l'objet du marché n'était pas d'une valeur déterminée, et cependant le tribunal de Vesoul, avait prononcé en premier et dernier ressort.

Contravention à l'article 5 du titre 4 de la loi

du mois d'août 1790, qui n'autorise les tribunaux à juger en premier et dernier ressort les affaires personnelles et mobiliaires que jusqu'à la valeur de mille livres de principal. (N°. 37, E.)

XXXIII. *Du 21 floréal, an* 4. Annullation sur la demande des frères Gilbert, contre les frères Jouannot, d'un jugement du tribunal de Montluçon, du 5 germinal, an 3.

Il s'agissait de la demande indéterminée d'une moitié de récolte et de cinq quartes ou douze livres pesant de seigle, et le tribunal de Montluçon avait jugé en premier et dernier ressort.

Même contravention que ci-dessus. (N°. 42, E.)

XXXIV. *Du 4 prairial, an* 4. Annullation sur la demande de Daussain, contre Compans, d'un jugement du tribunal de Saint-Gaudens, du 4 pluviôse, an 3.

Il s'agissait du partage d'une succession de valeur indéterminée, et il avait été jugé en premier et dernier ressort.

Même contravention. (N°. 52, E.)

XXXV. *Du 4 prairial, an* 4. Annullation sur la demande des mariés Devillers, contre la veuve Tenaille, d'un jugement du tribunal de Clamecy, du 29 prairial, an 3.

Il s'agissait de récolte d'un domaine ; il avait été jugé en premier et dernier ressort, et sans ouir le commissaire du pouvoir exécutif, bien que la valeur des récoltes fut indéterminée et que la femme Devillers fut en cause.

Même contravention. (N°. 53, E.)

XXXVI. *Du premier messidor, an* 4, Annullation sur la demande de Jean Moulinier, contre les mariés Berthonnier, de deux jugemens du tribunal de Sauveterre des premiers messidor et fructidor, an 3.

Il s'agissait de la revendication d'un héritage fait au moyen d'une offre de sept cent quatre livres ; mais la valeur de l'héritage n'était pas autrement déterminée, et le tribunal de Sauveterre avait prononcé en premier et dernier ressort.

Contravention à l'article 5 du titre 4 de la loi du mois d'août 1790, qui n'autorise les juges à connaître en premier et dernier ressort des affaires réelles, que lorsque l'objet principal est de cinquante livres de revenu déterminé, soit en rente, soit par prix de bail. (N°. 75, E.)

XXXVII. *Du 7 messidor, an 4.* Annullation sur la demande de Vignoux, contre Cailhot, d'un jugement du tribunal de Sauveterre, du 21 floréal, an 3.

Il s'agissait d'une rente de sept quarts de seigle, dont le remboursement était offert ; elle n'avait pas alors une valeur déterminée à mille livres et au-dessous, et cependant il avait été jugé en premier et dernier ressort.

Même contravention. (N°. 80, E.)

XXXVIII. *Du 9 messidor, an 4.* Annullation sur la demande d'Igouf et Vauquelin, d'un jugement du tribunal de Pont-Audemer, du 19 pluviôse, an 3.

Il s'agissait d'une action mobiliaire de la valeur de moins de mille livres, jugée en premier et dernier ressort par trois juges.

Contravention à l'article 7 du titre 4 de la loi du mois d'août 1790, portant que : lorsque le tribunal connaît, soit en première instance à charge d'appel, soit de l'appel des jugemens de juge de paix, il peut prononcer au nombre de trois juges, et dans tous les autres cas en dernier ressort au nombre de quatre juges. (N°. 86, E.)

XXXIX. *Du 9 messidor, an* 4. Annullation sur la demande de la veuve Robillard, contre les mariés Cagné, d'un jugement du tribunal de Nogent, du 11 ventôse, an 3.

Il s'agissait de la revendication d'un héritage dont la valeur n'était pas déterminée. Les juges l'avaient d'eux-mêmes estimé à moins de mille livres, et en conséquence avaient jugé en premier et dernier ressort.

Même contravention que ci-dessus. (N°. 95, E.)

XL. *Du 16 messidor, an* 4. Annullation sur la demande de Lasalle, contre Garray, père et fils, d'un jugement du tribunal d'Oleron, du 13 germinal, an 3.

Il s'agissait d'arrérages de redevance. Le tribunal de Mauléon en avait ordonné le paiement par un jugement en dernier ressort.

Le tribunal d'Oleron avait reçu l'appel de ce jugement sous le prétexte qu'il s'agissait d'une valeur indéterminée, et qu'il n'avait pu être jugé en premier et dernier ressort.

Contravention à l'article 2 de la loi du mois de novembre 1790, qui attribue au tribunal de cassation seul, le droit de prononcer sur les demandes en cassation contre les jugemens rendus en dernier ressort. (N°. 89, E.)

XLI. *Du 16 messidor, an* 4. Annullation sur la demande de Girodon, contre Pomegrol, père et fils, d'un jugement du tribunal d'Ambert, du premier messidor, an 3.

Il s'agissait de divers actes de cheptel, dont la nullité

nullité avait été demandée en divers chefs de répétitions, objets dont la valeur n'était pas déterminée. Il avait été jugé en premier et dernier ressort, et par trois juges seulement.

Même contravention que ci-dessus. (N°. 90, E.)

XLII. *Du 4 thermidor, an 4.* Annullation sur la demande de Pelligneau, contre Henry, d'un jugement du tribunal de Pont, du 3 prairial, an 3.

Il s'agissait de la revendication de trois sillons de terre, prétendus usurpés, dont la valeur n'était pas déterminée, et il avait été jugé en premier et dernier ressort.

Même contravention. (N°. 108, E.)

XLIII. *Du quatrième jour complémentaire, an 4.* Annullation sur la demande de Conflans, contre Payenne et Carré, d'un jugement du tribunal du département de la Moselle, du 7 pluviôse, an 4.

Il s'agissait d'un bail à ferme, passé à Conflans pour neuf ans, d'un héritage ensuite vendu, dont on voulait le congédier. Le prix de ferme était de cinquante livres ; mais l'intérêt du fermier était indéterminé ; cependant il avait été jugé en premier et dernier ressort.

Même contravention. (N°. 140, E.)

XLIV. *Du 12 vendémiaire, an 5.* Annullation sur la demande de la veuve Boudet, contre Cerobé, d'un jugement du tribunal de Canne, du 12 floréal, an 3.

Il s'agissait de la revendication d'un bien dotal, dont le revenu n'était déterminé ni en rente ni par prix de bail, et il avait été jugé en premier et dernier ressort.

Même contravention. (N°. 147, E.)

III. Partie. L

XLV. *Du 19 vendémiaire, an 5.* Annullation sur la demande de Maurel, contre Sage, d'un jugement du tribunal de Sisteron, du 20 messidor, an 3.

Il s'agissait de la rescision d'une vente, accordée par un premier jugement du 26 ventôse, dans lequel il n'y avait pas expression du dernier ressort. Maurel en avait interjeté appel; mais par le jugement argué, le tribunal de Sisteron avait ordonné l'exécution de l'autre comme rendu en dernier ressort, attendu que l'objet du procès n'excédait pas sa compétence en dernier ressort.

Contravention à l'article premier du titre 5 de la loi du 24 août 1790, par lequel les juges de district étaient déclarés juges d'appel les uns à l'égard des autres, en ce que le tribunal de Sisteron avait décidé sur le mérite d'un appel de son propre jugement. (N°. 157, E.)

XLVI. *Du 24 vendémiaire, an 5.* Annullation sur la demande de Maucler, contre Brisot, d'un jugement du tribunal de Vervins, du 3 messidor, an 3.

Il s'agissait de la revendication d'un héritage, dont le revenu n'était pas déterminé, et il avait été jugé en premier et dernier ressort.

Même contravention que ci-dessus. (N°.170,E.)

XLVII. *Du 21 brumaire, an 5.* Annullation sur le réquisitoire du commissaire du pouvoir exécutif, d'un jugement du tribunal des Vosges, du 16 fructidor, an 4.

Ce tribunal avait reçu l'appel d'un jugement en dernier ressort.

Contravention à l'article 254 de l'acte constitutionnel, qui attribue au tribunal de cassation la connaissance des demandes en cassation contre les jugemens en dernier ressort. (N°. 188, E.)

XLVIII. *Du* 29 *brumaire, an* 5. Annullation sur la demande de Bernard et Fournier, contre Charré et autres, d'un jugement du tribunal de Darney, du 14 brumaire, an 3.

La revendication d'un héritage, dont le revenu n'était pas déterminé, avait été jugée en premier et dernier ressort.

Même contravention que ci-dessus. (N°. 205, E.)

XLIX. *Du* 12 *frimaire, an* 5. Annullation sur la demande d'Alliot, contre Gravier, d'un jugement du tribunal de commerce de Châlons, du 15 frimaire, an 4.

Il s'agissait de deux cents moules de bois, vendus à raison de soixante livres le moule ; et il avait été jugé en premier et dernier ressort.

Contravention à l'article 4 du titre 12 de la loi du mois d'août 1790, qui n'autorise les tribunaux de commerce à juger en dernier ressort qu'en objets qui n'excèdent pas la valeur de mille livres. (N°. 214, E.)

L. *Du* 7 *nivôse, an* 5. Annullation sur la demande de Pierre Barral et sa femme, contre Joseph Catrognac, de deux jugemens du Mur-de-Barrés, des 16 messidor et 19 thermidor, an 3.

Au fond, il s'agissait entre autres de la nullité d'une vente d'un héritage.

Les deux jugemens en premier dernier et ressort, avaient rejeté cette nullité, bien que la valeur de cet héritage ne fût pas déterminée.

Même contravention que ci-dessus. (N°. 233, E.)

LI. *Du* 15 *nivôse, an* 5. Annullation sur la demande de Jean Chippron, contre Bouisson et sa femme, d'un jugement du tribunal de Saint-Gaudens, du 22 prairial, an 3.

Il s'agissait au fond, d'une demande en délaissement d'un héritage vendu à *non domino*.

La valeur de cet héritage était indéterminée, et cependant le tribunal avait prononcé en dernier ressort.

Même contravention. (N$_o$. 238, E.)

LII. *Du 6 pluviôse, an 5.* Annullation sur la demande de Marie-Françoise Louvain, veuve Lamberty, tant en son nom que comme tutrice de son fils mineur, contre la veuve Gouenzy et consorts, d'un jugement du ci-devant district de Thionville, du 29 ventôse, an 3.

Par acte du 26 janvier 1752, François Lamberty avait accensé à Jean Martin des fonds de terre, moyennant un cens annuel et perpétuel de deux bichets combles de beau froment.

Le citoyen Gouenzy, possesseur de ce terrain en vendémiaire, an 3, n'ayant point payé la redevance, et ayant même contesté le fond du droit, une contestation s'engagea entre les parties au tribunal du ci-devant district de Longwi, qui, sur le fondement que les lois nouvelles ont aboli les droits seigneuriaux, déclara, par jugement en premier ressort, du 13 nivôse an 3, qu'il n'y avait pas lieu de statuer sur l'appel porté au ci-devant tribunal du district de Thionville ; intervint jugement le 9 ventôse suivant, par lequel l'appel fut déclaré non-recevable, sous prétexte que la matière n'excédait pas la compétence du derrnier ressort ; que les juges qui avaient rendu le premier jugement étaient au nombre de quatre, et que ce jugement devait être considéré en premier et dernier ressort.

Cependant la valeur de l'objet n'était pas déterminée ; les parties n'avaient pas consenti à être jugées sans appel ; le jugement du tribunal de Longwi n'était pas même qualifié comme dernier ressort. (N°. 257, E.)

LIII. *Du* 21 *ventôse, an* 5. Annullation sur la demande de Pierre Barbier, contre Jean Bajat, d'un jugement du tribunal de Saint-Marcelin, du 3 nivôse, an 3.

Au fond, il s'agissait d'une indemnité réclamée par un locataire pour non jouissance provenante de réparations demandées et non faites.

Le tribunal avait prononcé en premier et dernier ressort, quoique la somme réclamée excédât mille livres, et qu'il n'y fût pas autorisé par les parties. (N°. 293, E.) Voyez *Appel, Excès de pouvoir, Juge de paix, Commerce, Chose jugée.*

DÉSHÉRITANCE (coutume de Valenciennes). *Du* 29 *frimaire, an* 2. Cassation d'un jugement du tribunal de Cambray, du 3 janvier 1792, sur la demande de Blanche de Haussy, contre Odelaut Dathis et Storder.

Une maison avait été saisie réellement, et un des enchérisseurs s'en était mis en possession sans adjudication définitive. Réclamation de la part de Blanche de Haussy, fille et héritière de la personne saisie. Jugement favorable au tribunal du Quesnoy. Appel, jugement contraire au tribunal de Cambray.

Cassé sur le fondement de l'article 50 de la coutume de Valenciennes, selon lequel, pour que l'ancien propriétaire soit dépossédé, et pour que la propriété passe au nouveau, il faut des lettres de déshéritance. (N°. 26, B.)

DÉTENUS PAR ORDRES ARBITRAIRES. *Du* 7 *nivôse, an* 5. Annullation sur la demande de Jean et Durand Altaroche, frères, contre autre Altaroche, d'un jugement du tribunal de Brioude, du 27 floréal, an 3.

Au fond, il s'agissait du partage d'une succession qu'un jugement du tribunal de Brioude, du 4 fructidor, avait ordonné.

La demande en cassation de ce jugement avait été déclarée non-recevable, à défaut de remise d'expédition d'icelui et de la quittance d'amende.

Depuis, il avait été formé opposition à ce jugement du 4 fructidor, en conséquence de la loi du 16 germinal, an 3, rendue en faveur des détenus et autres y dénommés ; mais elle fut proscrite par le jugement du 27 floréal, sur le fondement que d'après cette loi, elle aurait dû être dirigée, non contre ce jugement du 4 fructidor, mais contre celui du tribunal de cassation.

Contravention à cette loi, qui, après avoir accordé, article premier, aux détenus à l'occasion de la révolution, depuis le 31 mai 1793 (*vieux style*), l'opposition, l'appel ou la cassation dans les trois mois de sa publication, contre tous jugemens rendus pendant leur détention, ajoute à l'article 2, qu'ils pourront se pourvoir dans le même délai par la voie de l'opposition *devant les mêmes juges*, contre les jugemens rendus en dernier ressort, comme s'ils avaient été rendus par défaut, en ce que le droit de former opposition était évidemment accordé contre le jugement du tribunal de Brioude. (Nº. 232, E.)

DIVORCE. *Du* 22 *floréal, an* 5. Annullation sur la demande de Marguerite Charrier, contre

Bonnet, son mari, d'un jugement du tribunal du Puy-de-Dôme, du 8 messidor, an 4.

Le divorce avait été prononcé : il s'agissait des intérêts civils dans l'instance ; Bonnet s'avise de conclure à la nullité du divorce, et le tribunal du Puy-de-Dôme prononça qu'il était sursis jusqu'à ce qu'il eût été statué sur la validité du divorce.

Contravention aux lois sur le divorce, qui, ne conférant à l'officier de l'état civil qu'un simple ministère, et ne le constituant jamais juge, voulaient que les tribunaux ordinaires jugeassent de tout ce qu'il y avait de contentieux dans la poursuite et l'exécution du divorce. (N°. 348, E.)

DIMES. I. *Du 5 frimaire, an 5.* Annullation sur la demande de Beral, contre Dubon, d'un jugement du tribunal de Beaumont, du 22 fructidor, an 2.

Dubon, colon partiaire d'une maitairie, par bail de 1779, avait joui par tacite réconduction jusqu'en 1794. Beral lui demanda raison de la dime qu'il avait dû supporter sur sa portion des fruits, et dont la suppression avait dû tourner au bénéfice du propriétaire. Le tribunal de Beaumont rejeta cette demande, sur le fondement des lois des premier Brumaire et 26 prairial, an 2, qui avaient défendu d'exiger aucun droit de dîme.

Contravention à l'article 8 de la loi du 10 avril 1791, selon lequel les colons devaient tenir compte de la valeur de la dîme ; à l'article premier de la loi du 2 brumaire, an 2, au décret du 26 prairial suivant ; dont il résultait, que Dubon ayant cultivé en vertu d'un ancien bail, les textes sur lesquels s'était fondé le tribunal de Beaumont ne lui étaient point applicables.

Dailleurs, il avait été jugé en premier et dernier

ressort, bien que l'objet du procès n'eût pas une valeur déterminée. (N°. 210, E.)

II. *Du 26 frimaire, an 5.* Annullation sur la demande de Mauricet, contre Billaud, d'un jugement du tribunal de Montmaraud, du 19 thermidor, an 3.

Dans un bail à ferme d'une terre, Mauricet avait chargé Billaud d'acquitter les impositions, et il lui avait abandonné les dimes, dont les sous-fermiers, établis par un précédent fermier, étaient redevables.

Billaud, se fondant sur la loi du premier brumaire, an 2, qui défendait dans les baux des stipulations relatives aux dimes, forma demande en indemnité résulsante de la nullité de la clause relative de ce bail ; et cette demande, rejetée en première instance, avait été accueillie en cause d'appel. (N°. 226, E.) Voyez *Fermiers, Biens nationaux.*

DOMICILE. Voyez *Ajournement.*

DOMAINE. *Du 24 vendémiaire, an 5.* Annullation sur la demande de la femme Noailles, contre la régie des domaines, d'une décision arbitrale, du 6 thermidor, an 2.

Il s'agissait de la terre d'Harroué, dont Marc Beauveau était devenu propriétaire, par l'exercice du droit de retrait féodal, que lui avait concédé Léopold, duc de Lorraine. La régie s'était mise en possession de cette terre, et les arbitres l'y avaient maintenue, en supposant que la concession du droit de retrait avait été une aliénation du domaine. (N°. 166, E.) Voyez *Biens nationaux.*

DONATIONS. I. *Du* 21 *fructidor , an* 2.
Sur la demande de Jean Thevenot, cassation d'un
jugement arbitral , du 29 pluviôse , lequel avait
annullé une donation contractuelle, quoique faite
même avant le 14 juillet 1789.

Contravention à l'article premier de la loi du 17
nivôse. (N°. 204, B.)

II. *Du* 11 *germinal , an* 3. Annullation sur la
demande de Cuvillier , contre Mansart et Catry,
d'un jugement arbitral, du 12 prairial, an 2.

Il s'agissait d'une donation faite en 1771 , que
les arbitres avaient annullée en vertu de la loi du
17 nivôse, an 2.

Contravention à l'article premier de cette loi,
qui voulait que les donations antérieures au 14
juillet 1789 fussent maintenues. (N°. 2 , E.)

III. *Du* 23 *floréal , an* 3. Annullation sur la
demande de Ballard , contre Maffre et consorts ,
de jugemens d'arbitres, des 9 et 10 thermidor, an 2.

Il s'agissait d'une donation annullée par les
arbitres , sous le prétexte qu'elle n'avait pas été
insinuée dans le délai prescrit.

Elle l'avait été du vivant du donateur, et c'était
ses héritiers qui la querellaient.

Contravention à l'ordonnance de 1731 , article
26 , selon lequel la donation peut être insinuée
après le délai..... pourvu que le donateur soit encore
vivant. (N°. 52 , E.)

IV. *Du* 26 *thermidor , an* 3. Annullation sur
la demande de la veuve Vial et autres , contre
Joseph Mondit , d'un jugement du tribunal du
district de Forcalquier, du 24 thermidor, an 3.

Le jugement attaqué avait reçu Anne Gaubert,
à qui son père avait fait donation de tous ses biens

présens et à venir, par son contrat de 1767, à renoncer aux biens à venir, pour s'en tenir à ceux existans lors de la donation, quoiqu'à la mort de son père elle se fût emparée de tous les biens sans avoir fait inventaire, et qu'elle eût toujours agi comme donataire des biens présens et *à venir ;* ce qui était contraire, 1°. au droit romain, qui porte au livre 2, titre 19, §. 5, *institut. : sed sivè is cui abstinendi protestas est, immiscuerit se bonis hœreditatis, sive extraneus cui de adeundâ hœreditate deliberare licet, adierit ; posteà relinquendœ hœreditatis facultatem non habet, nisi minor sit vigenti quinque annis.*

2°. A l'article 17 de l'ordonnance de 1731, qui porte: *voulons que les donations faites par contrat de mariage puissent comprendre tant les biens à venir que les biens présens, en tout ou en partie, auquel cas il sera au choix du donataire de prendre les biens tels qu'ils se trouveront au décès du donateur, en payant toutes les dettes et charges, même celles qui seraient postérieures à la donation.* (N°. 95, E.)

V. *Du 26 thermidor, an 3.* Annullation sur la demande de la veuve Richer, contre Richer, d'une décision du 6 frimaire, an 3, rendue par des arbitres nommés en exécution de la loi du 17 nivôse.

Les arbitres avaient adjugé aux héritiers de Marie-Catherine Dufour, l'usufruit de la plus grande partie de ses biens immeubles, quoique leur contrat de mariage portât donation entre-vifs de la part du mari à la femme de tous les meubles et de l'usufruit de la propriété des immeubles, et que le mari fût décédé sans enfans.

Contravention à l'article 13 de la loi du 17 nivôse, qui porte : *les avantages singuliers et réciproques* stipulés entre les époux encore existans , soit par leur contrat de mariage , soit par des actes postérieurs , ou qui se trouveraient établis dans certains lieux , par des coutumes, statuts ou usages, auront leur plein et entier effet , nonobstant les dispositions de l'article premier , auquel il est fait exception en ce point. (N°. 94 , E.)

VI. *Du 8 fructidor , an* 3. Annullation sur la demande de Nicolas Mager , contre Jean Mager et consorts, héritiers de Jeanne-Catherine Mathise, d'une décision du 23 frimaire , an 3 , rendue par des arbitres nommés en exécution de la loi du 17 nivôse.

L'article premier , titre 2 , de la coutume de Lorraine , attribue au survivant des deux époux *les meubles et choses réputées meubles* , à la charge des dettes personnelles contractées tant avant que depuis le mariage.

L'article 13 de la loi du 17 nivôse confirme les avantages singuliers ou réciproques stipulés entre les époux encore existans , ou qui se trouveraient établis dans certains lieux par les coutumes, statuts ou usages.

Dans l'espèce , les arbitres avaient ordonné le partage d'un fond de boutique et des fonds de caisse , ce qui tendait à priver le survivant *des meubles et choses réputées meubles* , contre le texte de la coutume et la loi du 17 nivôse. (N°. 106 , E.)

VII. *Du 28 fructidor, an* 3. Annullation sur la demande de Morel, contre Lambrecht et consorts, héritiers de Jacqueline Lambrecht, femme Morel, d'un jugement arbitral , du 26 messidor , an 2 , rendu en exécution de la loi du 17 nivôse, an 2.

Les arbitres, au préjudice de la clause du contrat de mariage, qui donnait au survivant l'usufruit de la moitié des biens de la communauté, avaient autorisé les héritiers de la femme Morel à vendre partie des biens de cette communauté, pour rembourser le mari du montant des dettes dont il avait fait l'avance, et dont la répétition ne pouvait avoir lieu qu'après sa mort.

Contravention à l'article 14 de la loi du 17 nivôse, an 2, ainsi conçu : *les avantages légalement stipulés entre époux, dont l'un est décédé avant le 14 juillet 1789, seront maintenus au profit du survivant. A l'égard de tous autres avantages échus et recueillis postérieurement, ou qui pourront avoir lieu à l'avenir, soit qu'ils résultent des dispositions matrimoniales, soit qu'ils proviennent d'institutions, dons entre-vifs, ou legs faits par un mari à sa femme, ou par une femme à son mari, ils obtiendront également leur effet.* (N°. 114 , E.)

VIII. *Du 6 pluviôse, an 4.* Annullation sur la demande de Spitz-les-Kaufmann, d'un jugement du tribunal de Schelestat, du premier fructidor, an 2.

Il s'agissait de la validité d'une donation faite par deux actes de 1782 et 1785, contre laquelle on ne faisait valoir aucune objection prise de la loi du 17 nivôse, an 2, et cependant le jugement avait renvoyé les parties à des arbitres forcés.

Fausse application de l'article 54 de la loi du 17 nivôse, qui n'est relatif qu'aux droits et aux affaires dépendant de cette loi. (N°. 157 , E.)

IX. *Du 28 fructidor, an 4.* Annullation sur la demande de Simon, contre Berthier et consorts, d'un jugement arbitral , du 10 thermidor , an 3.

Il s'agissait de l'abandon fait par Pierre Bouvier et Anne Berthier , sa femme, le 25 pluviôse , an 3 , à Réné Simon et Jeanne Bouvier , de leurs meubles et effets mobiliers et d'une rente à la charge de leurs alimens.

Après la mort d'Anne Berthier , l'abandon avait été qualifié de donation , et querellé. Les arbitres avaient décidé que Bouvier n'avait pu autoriser sa femme dans une donation faite à la sœur de celui-ci , à laquelle il n'aurait pu donner lui-même.

Fausse application de l'article 26 de la loi du 17 nivôse , an 2, qui interdit toute donation à charge de rente viagère, *à l'un des héritiers présomptifs ou à ses descendans ;* car la femme Simon n'était point à l'égard d'Anne Berthier au nombre des personnes prohibées. (N°. 136, E.)

X. *Du* 12 *frimaire , an* 5. Annullation sur la demande de la veuve Fernel , contre Bailly , d'un jugement du tribunal de Seine et Marne , du premier ventôse , an 4.

Il s'agissait de la donation d'une maison faite par Marie Garnier et Thibault , son mari , à Edme Fernel et sa femme.

Bailly , querellait cette donation comme non insinuée , et , en supposant qu'elle avait été un fideicommis par Marie Garnier , en faveur de son mari , à qui , selon la coutume d'Orléans , elle ne pouvait rien donner , il revendiquait la maison comme héritier de Marie Garnier.

Cette prétention avait été acceuillie par le tribunal de Seine et Marne.

Contravention , en ce qu'il y avait sur l'acte mention de l'insinuation , et que la loi n'autorisait à exiger aucune autre preuve , et en ce que la coutume d'Orléans n'avait aucune disposition qui pût faire annuller , sous le prétexte supposé d'un fidéicommis, une donation régulière. (N°. 215, E.) Voyez *Démission de biens, Dot, Enfans naturels, Epoux, Partage, Successions.*

DOT , BIENS DOTAUX. I. *Du 23 messidor, an 4.* Annullation sur la demande de Challier, contre Dutremont, d'un jugement du tribunal d'Issoire, du 25 prairial, an 3.

' Il s'agissait de l'aliénation d'un bien dotal ; la revendication en avait été rejetée et l'aliénation entretenue.

Le motif avait été pris de ce que la femme, devenue veuve , avait reçue la rente constituée pour une partie du prix du bien dotal, et par-là elle avait ratifié la vente; mais il n'y avait en cela qu'une suite naturelle de la vente qui devait avoir lieu tant qu'elle n'était pas annullée.

Contravention à l'article 3 du titre 14 de la coutume d'Auvergne, portant: *que le mari ni la femme, conjointement ni séparément, ne peuvent aliéner les biens dotaux.* (N°. 103, E.)

II. *Du 29 brumaire , an 5.* Annullation sur la demande des mariés Gouannet, contre la veuve Rixier, d'un jugement du tribunal de Montguyon, du 2 messidor , an 3.

Il s'agissait d'un bien dotal aliéné par le mari et la femme, et la revendication en avait été rejetée sur le fondement que le prix en avait été employé à l'avantage de la femme.

Contravention aux lois romaines , notamment au §. 15, *unit., cod. de rei uxor.,* selon lequel le fonds dotal ne peut être aliéné. (N°. 207, E.)

DOUANES. I. *Du 3 ventôse , an 2.* Cassation

d'un jugement du tribunal du district de Charleville, du 6 décembre 1792, confirmatif d'un autre de celui de Rocroi, sur la demande des régisseurs des douanes, contre Louis Herbier.

Les employés des douanes avaient saisi sur Herbier la somme de douze cents livres en espèces au coin de France, en exécution des décrets des 21 juin et 10 juillet 1791, qui prohibaient la sortie de ces espèces.

Le tribunal de Rocroi avait annullé cette saisie, sur le motif que Herbier ayant assisté à la rédaction du procès-verbal, la copie devait lui en être signifiée à lui-même, et de plus, sur le motif qu'étant étranger, la citation devait lui être donnée au domicile du commissaire national, près le tribunal du district, aux termes de l'ordonnance de 1667, et non à celui du procureur de la commune.

Ce jugement avait été confirmé par le tribunal de Charleville.

Annullé comme contraire à l'article 13 du titre 10 de la loi du mois d'août 1791, sur les douanes, portant que si la partie n'a point assisté à la clôture du procès-verbal, et si elle n'a point de domicile dans le lieu, la notification en sera faite au domicile du commissaire près le tribunal du district, s'il est établi dans le lieu, sinon à celui du procureur de la commune. (N°. 57, B.)

II. *Du 26 ventôse, an 2.* Cassation d'un jugement du tribunal de Saint-Omer, du 20 juillet 1792, confirmatif d'un autre du tribunal de Hesdin, sur la demande des régisseurs généraux des douanes, contre Ferdinand Lecat, comme contenant une fausse application des articles 5 et 6 du titre 13 de la loi du mois d'août 1791, et encore comme contraire à l'article 7 du même titre ; en ce que ce jugement avait décidé que le procès-verbal de saisie de marchandises prohibées, trouvées dans un bateau échoué à la côte, n'a pu être valablement rédigé au lieu indiqué par la municipalité de Berek, pour remplacer provisoirement le bureau de la douane; et en ce qu'il a supposé qu'il eût dû être dressé un premier procès-verbal séparé, au lieu même où avait été trouvé le bateau échoué. (Nº. 69, B.)

III. *Du 13 prairial, an 2.* Cassation d'un jugement du tribunal du district de Rocroi, du 11 juin 1793, sur la demande des régisseurs généraux des douanes, contre le citoyen Gaye.

Pour fausse application de l'article 17 du titre 10 de la loi du 22 août 1791, en ce que le jugement avait déclaré nulle une assignation donnée à un délai plus long que celui prescrit par cette loi. (Nº. 111, B.)

IV. *Du 2 messidor, an 2.* Cassation d'un jugement du tribunal de Roc-Libre, du 3 janvier 1793, sur la demande des régisseurs généraux, contre Jean et Joseph Galichet.

Ce jugement, rendu en dernier ressort, avait annullé la saisie faite par les préposés, sur le motif que l'assignation n'avait point été donné à jour et heure fixes; mais simplement dans les délais de la loi.

Fausse application de l'article 7 de la loi du 22 août 1791, qui spécifie le délai. (Nº. 123, B.)

V. *Du 2 messidor, an 2.* Cassation d'un jugement du tribunal d'Altkirch, du 8 février 1793, sur la demande des régisseurs généraux des douanes, contre le citoyen Wetter, maître de la manufac-ture de Mulhausen.

Ce

Ce jugement avait annullé, en dernier ressort, la saisie faite par les préposés, de six quintaux de cuivre monayés, sur le motif que la prohibition de sortie n'était relative qu'aux matières d'or et d'argent.

Annullé comme contraire aux lois des 21 juin et 8 juillet 1791, qui prohibaient la sortie de toutes espèces au coin de France. (N°. 122 , B.)

VI. *Du 14 floréal , an 3.* Annullation sur la demande des régisseurs des douanes , contre Mayer-Bloch , d'un jugement du tribunal de Faulquemont, du 17 fructidor , an 2.

Il était question de contravention et de fraude ; une saisie avait été déclarée nulle par le tribunal de Sarguemine.

Sur l'appel , celui de Faulquemont avait dit qu'il n'y avait pas lieu de statuer , parce que s'agissant de moins de mille livres, l'appel n'avait pas lieu.

Contravention à l'article 5 de la loi du 15 août 1793, selon lequel : *tous jugemens rendus sur les saisies faites pour fraude ou contravention, sont soumis à l'appel.* (N°. 43 , E.)

VII. *Du premier prairial, an 3.* Annullation sur le réquisitoire du commissaire du pouvoir exécutif, des jugemens du tribunal de Délemont, des 21 thermidor et 12 fructidor.

Il s'agissait d'une somme de mille deux cent vingt-quatre livres en espèces , saisies par les préposés des douanes, sur des Suisses qui avaient un passe-port de leur commune , énonciatif de mille deux cents livres, et prétendaient n'avoir fait qu'emprunter passage sur le territoire français.

III. Partie. M.

Le tribunal de Délemont avait ordonné une preuve vocale, et ensuite donné main-levée.

Contravention aux articles premier et 2 de la loi du mois d'août 1791, qui prescrivent la nécessité de conduire toutes marchandises importées au premier bureau d'entrée; à l'article 4 de la loi du 4 septembre, qui veut que les étrangers entrant en France avec de l'or et argent monayé, et qui, sont dans le dessein de les exporter en sortant, en fassent constater la nature et la quantité; dispositions qui excluaient toute preuve vocale.

A l'article 4, titre 3 de la loi de germinal, an 2, qui ordonnait que toutes marchandises fussent conduites au premier bureau, à peine de confiscation et d'amende.

Et à la loi du 23 brumaire, qui, laissant à la commission des revenus nationaux la faculté de juger si la contravention est involontaire, ne permettait pas aux juges de résoudre cette espèce de question d'intention. (N°. 60, E.)

VIII. *Du 28 fructidor, an 3.* Annullation sur la demande de Desrues et consorts, contre les régisseurs des douanes, d'un jugement du tribunal du district de Douay, du 23 brumaire, an 2.

Il s'agissait d'une action relative, non à une perception de droits de douane, mais à une saisie et à une demande en confiscation, et cependant l'affaire avait été jugée en bureau, ce qui était contraire à l'article 3 du titre 11 de la loi des 25 juillet, 2 et 6 août 1791, qui porte : *que l'on se conformera pour les actions concernant tous autres objets que la perception des droits, et notamment les saisies, ainsi que pour les procédures extraordinaires, à ce qui est ou sera prescrit par les lois générales.* (N°. 115, E.)

IX. *Du 12 prairial, an 4.* Annullation sur la demande de l'agence des douanes, contre Wait, d'un jugement du tribunal de l'Orient, du 30 prairial, an 3.

Il s'agissait de la saisie de vingt-cinq caisses de vin, embarquées sans déclaration ni permis ; il en avait été donné main-levée, sous le prétexte qu'il n'y avait lieu à amende et confiscation que lorsque les marchandises avaient passé le bureau et qu'il n'y avait pas probabilité de contravention.

Contravention à l'article 19 de la loi du 4 germinal, an 2, qui, en cas qu'il n'y ait pas eu probabilité fondée de contravention, veut que les objets saisis soient rendus ; car ce texte n'était pas applicable au cas où la contravention existait matériellement à l'article 13 du titre 2 de la loi du mois d'août 1791, et au titre 5 de la loi du 4 germinal, qui veulent qu'aucune marchandise ne puisse être embarquée sans congé ou permission par écrit. (N°. 66, E.)

X. *Du 16 brumaire, an 5.* Annullation sur la demande de la régie des douanes, contre Raymond, d'un jugement du tribunal du Jura, du 13 frimaire dernier.

Il s'agissait d'une saisie de marchandises pour déclaration prétendue fausse, faite pour introduire des marchandises prohibées, le juge de paix avait ordonné la confiscation ; sur l'appel, la poursuite avait été déclarée non-recevable, sur le fondement du défaut de qualités des préposés pour agir en leur nom, et la confiscation n'avait pas été ordonnée.

Contravention, en ce dernier point, à la loi du 16 août 1790, qui voulait, lors même que la poursuite serait annullée, que la confiscation des marchandises prohibées fût prononcée sur le champ. (N°. 186, E.)

XI. *Du 27 brumaire, an 5.* Annullation sur la demande de la régie des douanes, contre Willette et Chalenton, d'un jugement du tribunal du Nord, du 22 brumaire, an 4.

Il s'agissait d'une saisie de numéraire ; le procès-verbal avait été annullé ; mais il n'y avait omission d'aucune des formes prescrites.

Contravention à l'article 23 du titre 10 de la loi du mois d'août 1791, selon lequel les préposés sont soumis à d'autres formes que celles prescrites.

La confiscation du numéraire saisi n'avait pas été ordonnée.

Contravention à l'article 4 de la loi du mois d'août 1792, qui voulait, s'agissant d'objets prohibés à la sortie, que la confiscation fût prononcée. (N°. 195, E.)

XII. *Du 19 pluviôse, an 5.* Annullation sur la demande des régisseurs des douanes de la république, contre Jean Frédéric Hazenback, d'un jugement du tribunal du ci-devant district de Délemont, du 10 fructidor, an 3.

Le 7 nivôse, an 3, les préposés aux douanes au poste d'Hegenhem, arrêtèrent Jean Dablin, attaché au service de Hazenback, conduisant à l'étranger un chariot attelé de deux chevaux, chargé de quatre tonneaux, dont trois étaient vides, et le quatrième contenant cent quinze livres pesant de porc frais.

Le juge de paix devant lequel les préposés se pourvûrent, déclara la saisie valable, et ordonna la confiscation des objets saisis, fondé sur ce qu'il s'agissait d'objets de première nécessité, dont l'exportation était prohibée.

Le tribunal du district de Délemont, auquel l'appel fut déféré, rendit le 10 fructidor, an 3, un jugement par lequel il ordonna la restitution des chevaux, du chariot, et des quatre tonneaux et la confiscation du porc.

Les juges de Délemont ont prétendu que la saisie était nulle, attendu que le procès-verbal n'avait été ni enregistré ni affirmé, quoiqu'il résulte du procès-verbal que ces formalités ont été remplies.

Contravention à l'article 10 de la loi du 4 germinal, an 2, portant : *si les marchandises dont l'entrée ou la sortie est prohibée, sont importées ou exportées par mer ou par terre, elles seront confisquées, ainsi que les bâtimens, voitures et animaux servant au transport.* (N°. 267, E.)

XIII. *Du 15 ventôse, an 5.* Annullation sur la demande de l'agence des douanes, contre Gaspard Jacquien, d'un jugement du tribunal de Carouge, du 25 floréal, an 3.

Il s'agissait de la saisie de deux sacs de café, trouvés circulant dans les deux lieues frontières, sans acquit à caution.

Cette saisie avait été annullée sur le motif que l'acquit à caution était inutile, ici, où le café était transporté d'une maison à une autre dans la même commune.

Contravention à l'article 4 du titre 3 du réglement général des douanes, qui veut que si les marchandises expédiées sont prohibées à la sortie, la destination en soit assurée par un acquit à caution.

A l'article 6 de la loi du 12 pluviôse, an 2, qui porte que : *toutes denrées ou marchandises, faisant route dans les deux lieues frontières de l'étranger, sans acquit à caution, seront confisquées.*

Et à l'article 7, qui exige également cet acquit à caution, quand le bureau est à une demie lieue du chargement, sauf à le prendre à chaque bureau de douane.

En ce que le café dont il s'agissait est marchandise dont la sortie à l'étranger est prohibée, et qui comme telle ne pouvait circuler dans les deux lieues frontières sans acquit à caution, qui pouvait être pris sur le lieu même, puisqu'il y existe un bureau de douane. (N°. 291, E.)

XIV. *Du 2 floréal, an 5.* Annullation sur la demande de Louis Mayer, contre la régie des douanes, d'un jugement du tribunal de Wissembourg, du 16 fructidor, an 2.

Au fond, il s'agissait d'une saisie de bijoux et de numéraire non déclarés avant d'avoir dépassé le bureau où ils devaient l'être.

Le jugement du 29 thermidor, an 2, qui l'avait maintenue, avait été signifié le 6 fructidor suivant, et l appel en avait été interjeté dès le 8.

Cependant cet appel avait été déclaré non-recevable pour ne l'avoir pas été dans les trois mois de la prononciation du jugement.

Fausse application de l'article 14 de la loi du 4 germinal, an 2, portant que : *si la saisie est jugée bonne, et qu'il n'y ait pas d'appel dans les trois jours suivans, le quatrième jour le préposé du bureau indiquera la vente des objets confisqués par affiches.... et procédera à la vente cinq jours après ;* en ce que cette loi ne contenait point une exception à la loi générale sur les délais de l'appel, le délai des trois jours qu'elle accorde pour l'appel n'avait pu courir, dans l'espèce, que du jour de la signification du jugement.

Et contravention à l'article 15 de la même loi,

d'après lequel toute action ne devenait non-recevable qu'après les délais d'appel et de vente expirés, ce qui donnait neuf jours à dater du jugement. (N.º 324, E.)

E

ÉCRITURES (Vérification d'). *Du 19 frimaire, an 4.* Annullation sur la demande des mariés Morand, contre Charton, d'un jugement du tribunal criminel de Verdun, du 9 frimaire.

Une dénégation d'écritures au bas d'une quittance de trois mille livres, avait donné lieu à une première et seconde vérifications par experts ; en conséquence desquelles le tribunal de Stenay, l'avait tenue pour reconnue ; sur l'appel, le jugement attaqué avait déclaré nulles les opérations des experts, et avait ordonné une nouvelle vérification, sur ce que les parties n'avaient été ni présentes ni appellées à l'opération des experts, suivant l'article 5 du titre 12 de l'ordonnance de 1667.

Fausse application de l'article ci-dessus cité, et fausse supposition de la part des juges, qu'il faille que les parties soient présentes ou appellées pour voir opérer les experts, cela n'étant ordonné ni par les articles subséquens de la même loi, ni par celle de 1684, rendue sur la même matière. (N°. 139, E.)

ÉMIGRÉS. I. *Du 9 messidor, an 2.* Cassation sur le réquisitoire du commissaire national, de huit jugemens rendus par le tribunal de Dijon, le 9 octobre 1793, en faveur de Pierrette Marrette, créancière d'émigrés.

Pierrette Marette réclamait sur les biens de huit émigrés, le paiement de diverses créances pour fournitures de marchandises.

- L'administration du district, après avoir opposé la prescription, avait renvoyé la femme Marette à se pourvoir au tribunal, pour y faire décider la question de cette prescription ; et ce tribunal avait prononcé en faveur de la réclamante.

Cassation fondée sur les articles 13, 14 et 15 de la cinquième section de la loi du 25 juillet 1793, qui attribuait aux administrations la décision de toutes les réclamations de créances sur les émigrés. (N°. 129, B.)

II. *Du 8 floréal, an 3*. Annullation sur le réquisitoire du commissaire du pouvoir exécutif, d'un jugement du tribunal de Langres, du 24 frimaire précédent.

Il s'agissait de communauté prétendue avec un déporté. L'administration avait renvoyé aux tribunaux la connaissance de la question s'il y avait communauté.

Le tribunal de Langres, non content de prononcer sur cette question, avait ordonné le partage.

Contravention aux articles 8, 9 et 10 de la loi du mois de septembre 1793, qui chargent *les administrations de faire vendre les propriétés, indivises avec les émigrés, non partageables.*

A la loi du 4 fructidor, an 2, qui rend communes aux prêtres déportés les lois relatives aux biens des émigrés, et à l'article 13 du titre 2 de la loi du mois d'août 1790, sur la séparation des fonctions judiciaires et administratives. (N°. 36, E.)

III. *Du 28 floréal, an 3*. Annullation sur la demande de Jacques Roussel et autres, contre les agens de l'enregistrement, du jugement d'un tribunal de Calais, du 15 ventôse, an 2.

Il était question d'une action réelle dirigée contre

une personne inscrite sur la liste des émigrés. Le tribunal de Calais avait renvoyé, sous ce prétexte, les parties à l'administration du district, et les administrateurs, s'agissant de propriété contentieuse, avaient déclaré qu'il n'y avait pas lieu à délibérer.

Fausse application de la loi du 8 avril 1792, qui ne renvoie aux administrations que *les propriétaires de droits ou biens indivis avec les émigrés*. (N°. 57 , E.)

IV. *Du 17 prairial , an 3.* Annullation sur la demande de Lampérière, contre Brière, d'un jugement du tribunal de Domfront, du 18 frimaire précédent.

Il s'agissait de savoir quels fruits le fermier d'un bien d'émigré congédié par l'adjudicataire avait droit de percevoir.

Le jugement lui avait adjugé seulement les fruits industriels , tandis que la loi n'autorisait pas de distraction.

Contravention à la loi du 3 juin 1793, qui voulait que le fermier jouit de la récolte , aux charges et conditions des années précédentes. (N°. 69 , E.)

V. *Du 24 germinal , an 4.* Annullation sur la demande de François Babre, contre Jeanne Vignier et autres, d'un jugement du tribunal de Beaumont, des 6 nivôse et 24 pluviôse , an 3.

Il s'agissait de la rescision d'une vente faite à Babre, par feu Pierre Vignier, dont le petit fils était prétendu émigré.

Le tribunal de Beaumont avait décidé qu'en effet le petit fils était émigré avant le 30 , et sur ce fondement, il l'avait annullée.

Excès de pouvoir et contravention à l'article 12 de la loi du 8 avril 1792 , qui renvoie aux directoires de département les difficultés qui pourront s'élever sur l'effet de l'absence, et aux dispositions semblables des lois de mars 1793 et brumaire, an 3, qui portent : *les fonctions judiciaires sont distinctes et demeureront toujours séparées des fonctions administratives* ; car il résultait de ces lois que le tribunal de Beaumont n'avait pas pu décider d'un fait d'émigration.

Contravention encore par fausse application de l'article 5, section 2 de la loi du mois de mars 1793, qui, en disposant qu'il ne pourrait être fait aucune vente, ni créé aucune hypothèque au préjudice de l'action nationale sur les biens.... dont les émigrés étaient héritiers présomptifs en ligne directe, n'établissait une nullité qu'en vue de l'intérêt national et non en faveur des particuliers. (N°. 24, E.) Voyez *Administration, Biens nationaux, Fermiers, Excès de pouvoir.*

ENFANS NATURELS, BATARDS. I. *Du* 18 *germinal, an* 3. Annullation sur la demande de Michel Witz et consorts, contre Adolphe Witz, d'un jugement arbitral, du 4 messidor, an 2.

Il s'agissait de la succession d'un autre Adolphe Witz, que le défendeur s'était fait adjuger comme son fils naturel. Les arbitres avaient ordonné une preuve de paternité et jugé en conséquence.

Contravention à l'article 8 de la loi du 12 brumaire, an 2, qui exigeait la preuve de la *possession d'état.* (N°. 15, E.)

II. *Du* 26 *germinal, an* 3. Annullation sur la demande de Gaujoux, contre les mariés Luxières, d'un jugement arbitral, du 14 thermidor, an 2.

Il s'agissait des droits d'une prétendue fille naturelle : on avait admis des preuves qui n'étaient pas celles de la possession d'état avouée.

Même contravention que ci-dessus. (N°. 22, E.)

III. *Du 2 floréal , an 3.* Annullation sur la demande des mariés Billod, contre Marie Chapuis et Joseph Gros-Jean, d'un jugement arbitral, du 22 prairial, an 2.

Il s'agissait de droits prétendus d'un enfant naturel. Les arbitres avaient décidé d'après des actes et traités pour frais de couches et dommages-intérêts, sans preuves de *possession d'état.*

Même contravention. (N°. 30, E.)

IV. *Du 23 messidor , an 3.* Annullation sur la demande de Joseph Nicolas et Quirin Simon, contre Rose Blaise, fille majeure, tutrice de Jean Nicolas, son fils, né hors mariage, des jugemens des 8 floréal et 18 thermidor, an 2, rendus par des arbitres nommés en exécution de la loi du 12 brumaire, an 2.

Le premier jugement avait admis Rose Blaise à prouver que Jean Nicolas, né hors mariage, était fils de Jean-Baptiste Simon, et que celui-ci avait donné des soins et actes de paternité et sans interruption, tant à l'entretien qu'à l'éducation de l'enfant.

Les arbitres avouaient dans le second jugement que la preuve n'était pas d'une entière évidence, et cependant ils avaient admis l'enfant à succéder, parce qu'il résultait de la même enquête et de la notoriété publique que Jean-Baptiste Simon était le père de cet enfant.

Même contravention. (N°. 92, E.)

V. *Du 6 vendémiaire, an 5.* Rejet de la demande en cassation présentée par la veuve Cazes, contre une décision arbitrale du.......

Il s'agissait de la succession de Daribat, aïeul maternel de la veuve Cazes, ouverte en 1763, dont le tiers avait été adjugé par des arbitres forcés , à une prétendue fille naturelle.

Cette décision était un exemple , entre les milliers d'exemples que l'on avait eûs de l'arbitraire avec lequel il était disposé des droits des citoyens , dans les arbitrages forcés.

La succession était ouverte de 1763 , et par conséquent n'était pas atteinte par la loi rétroactive du 12 brumaire , an 2 , qui ne remontait qu'au 14 juillet 1789 , article premier.

La fille naturelle était adultérine : eut-elle été recevable, elle n'aurait dû obtenir que des alimens, article 13.

Mais l'effet rétroactif avait été aboli par l'article premier de la loi du 15 thermidor , an 4 ; et il ré-sultait de l'article 2 , combiné avec la loi du 3 ven-démiaire précédent, que les procédures et les juge-mens fondés sur cet effet rétroactif, même les instan-ces portées au tribunal de cassation étaient annullés.

C'est ainsi qu'il n'y avait pas lieu à statuer.

VI. *Du 13 vendémiaire , an 5.* Annullation sur la demande des sœurs Leboucher , contre Jean-Francois Leboucher , d'un jugement du tribunal de l'Oise , du 5 nivôse , an 4.

Il s'agissait des droits prétendus par Leboucher dans la succession de Paul Leboucher, comme fils né hors du mariage ; les actes du procès dans lequel Paul Leboucher avait été condamné à lui fournir des alimens , avaient été admis comme écrits du père prouvant la possession d'état du fils.

Contravention à la loi du 10 brumaire, an 2 , article 8, qui exigeant pour prouver cette posses-sion d'état, la représentation d'écrits publics ou privés du père, ou la suite des soins donnés à titre de paternité et sans interruption, suppose des écrits et des soins volontaires, et non les actes contraints d'une procédure.

Le jugement avait été rendu par deux sections réunies du tribunal de l'Oise.

Contravention à l'article 220 de l'acte constitutionnel, qui, voulant que le tribunal civil se divise en sections, veut par conséquent que les sections jugent séparément. (N°. 149, E.)

VII. *Du 6 frimaire, an 5.* Annullation sur la demande de Grille et consorts, contre Victoire-Félicité Mesnard, d'un jugement arbitral, du 30 fructidor, an 2.

Il s'agissait de la succession de Jacques Grille, que Victoire-Félicité, se disant son enfant naturel, revendiquait.

Les arbitres la lui avaient adjugée sur le fondement qu'il était prouvé qu'elle était fille de Jacques Grille ; mais il n'était point exprimé dans leur résultat qu'elle eût fourni la preuve de sa possession d'état.

Contravention à l'article 8 de la loi du 12 brumaire, an 2, qui n'appellait les enfans nés hors mariage à succéder qu'autant qu'ils prouveraient leur *possession d'état.* (N°. 213, E.)

VIII. *Du 8 nivôse, an 5.* Annullation sur la demande d'André Haitre, contre la femme Daranceau, et ledit Daranceau joint à elle, d'un jugement arbitral, du 9 floréal, an 2.

Il s'agissait de la succession de Bernard Haitre, dit l'Américain, réclamée par une fille naturelle.

Un jugement arbitral lui avait adjugé cette succession, sur le motif d'une continuité de soins donnés à titre de paternité ; et cependant le jugement et des actes authentiques constataient que, d'après son contrat de mariage, où le défunt avait figuré comme donataire de dix-huit mille livres, elle s'appellait Bernardine Guyot, nom qu'elle portait encore lors de la naissance de son enfant, puisque dans l'acte rédigé alors en présence du fondé de pouvoir du défunt, elle n'en prit point d'autre.

Contravention à l'article 8 de la loi du 12 brumaire, qui n'admet les enfans naturels au droit de successibilité, qu'en prouvant une *possession d'état* résultante de la représentation d'écrits publics ou privés du père, ou de la suite de soins donnés à titre de paternité et sans interruption, tant à leur entretien qu'à leur éducation, en ce que la possession d'état, admise comme telle par ce jugement, n'avait point ces divers caractères. (N°. 235, E.)

IX. *Du 16 nivôse, an 5.* Annullation sur la demande de Jean Couillaudeau et autres, contre Pierre Dessidoux, d'un jugement arbitral, du 25 frimaire, an 3.

Il s'agissait d'une demande en partage, formée aux termes de l'article 13 de la loi du 12 brumaire, par un enfant naturel adultérin, né le 7 frimaire, an 3, et postérieurement au décès de son prétendu père.

Un jugement arbitral avait, sur le vu des enquêtes, adjugé à cet enfant la part que cet article lui attribuait dans la succession de ce dernier.

Fausse application de l'article premier de cette loi, qui n'appelle à la succession de leurs père et mère que les enfans naturels *actuellement existans*, en ce que l'enfant naturel, né le 10 frimaire, an 2, était venu au monde depuis sa publication.

Et contravention à l'article 8 de la même loi,

qui ne reconnaît pour la successibilité des enfans naturels d'autre preuve de possession d'état que celle résultante de représentation d'écrits publics ou privés du père, ou de la suite des soins donnés à titre de paternité et sans interruption, tant à leur entretien qu'à leur éducation ; en ce qu'aucun écrit du prétendu père n'est représenté , et que les soins qu'il aurait pu donner à la mère pendant sa grossesse ne sont point ceux requis par la loi qui les fait porter sur les enfans eux-mémes. (No. 241 , E.)

X. *Du* 13 *germinal, an* 5. Annullation sur la demande de d'Hérier et Larchier , tant en leur nom que comme cohéritiers aux propres maternels de feu Campuley , contre Françoise - Charlotte Thomas, d'un jugement du tribunal civil du département de l'Eure , du 15 pluviôse , an 4.

Il s'agissait de la succession de feu Charles-François Campuley , décédé le 19 août 1793.

La citoyenne Thomas, née le premier mars 1750, et baptisée sous le nom de Charlotte-Françoise Thomas de l'Attainville, et de père inconnu , a réclamé cette succession, en vertu de la loi du 4 juin 1793, prétendant qu'elle avait la possession d'état de fille naturelle dudit Campuley , voulue par l'article 18 de la loi du 12 brumaire , an 2.

La citoyenne Thomas ne pouvant rapporter des écrits publics ou privés, émanés de son prétendu père, s'est particulièrement attachée à établir la preuve de sa possession d'état par la continuité des soins qu'elle soutenait lui avoir été donné par ledit Campuley a titre de paternité.

Elle a présenté comme principaux élémens de cette preuve.

1°. Un legs de douze mille livres fait en sa faveur par un premier testament de Campuley, du 10 avril 1750.

2°. Une pension alimentaire de trois cents livres, qu'il a payée pour elle depuis sa naissance jusqu'en 1789.

3°. Le remboursement de cette pension fait le 12 février 1789, moyennant treize mille deux cents livres par mains d'un chargé de Campuley.

4°. La quittance fournie par la citoyenne Thomas, dans laquelle elle a déclaré qu'elle était et devait toujours être sous la dépendance de Campuley, comme étant sa fille.

5°. Un legs de douze cents livres, porté dans un second testament fait par Campuley le premier mars 1789.

6°. Une nouvelle pension de six cents livres, que le même lui a faite par acte du 2 mai 1793.

7°. Enfin les lettres missives trouvées parmi les papiers de Campuley, dans lesquelles il était nommé son père.

Le tribunal du district de Rouen débouta la citoyenne Thomas de sa demande.

Le tribunal civil du département de l'Eure a réformé ce jugement, et a adjugé à la citoyenne Thomas la succession de Campuley.

Il a paru que ce jugement avait fait une fausse application de l'article 8 de la loi du 12 brumaire, an 2, qui exige des écrits publics ou privés du père, ou une suite de soins donnés sans interruption et à titre de paternité, tant à l'entretien qu'à l'éducation de l'enfant naturel.

En ce qu'il n'a été représenté aucun écrit public ou privé du citoyen Campuley, dans lequel il se soit fait connaître comme père de la citoyenne Thomas.

Que

Que les actes ci-dessus mentionnés annoncent bien une suite de secours et de bienfaits tendant à améliorer le sort de la citoyenne Thomas , mais ne prouvent point une suite non interrompue de soins donnés à son éducation et à son entretien, *à titre de paternité,* caractère impérieusement exigé par la loi, et que le citoyen Campuley a constamment évité de manifester. (N°. 312 , E.)

XI. *Du 9 floréal , an 5.* Annullation sur la demande de Dubois et autres, contre Cogeon , d'un jugement du tribunal de Douay, du 19 fructidor, an 3.

Il s'agissait de la succession de Joseph Prevôt , réclamée par Cogeon, né de la même mère que le défunt, mais hors mariage, et qui rapportait en preuve de sa possession d'état une prétendue lettre de sa mère. Les héritiers légitimes niaient la lettre. Les arbitres nommés chargèrent ceux-ci de prouver que la lettre était fausse.

Après l'abolition des arbitres forcés, le tribunal de Lille débouta Cogeon de sa demande, par la raison qu'il était adultérin. Celui de Douay réforma et déclara Cogeon en possession de son état, ne trouvant pas prouvée en point de fait la qualité d'adultérin.

Contravention à l'article 4 de la loi du mois de décembre 1684, qui veut, en cas de dénégation des écritures privées, que la vérification en soit faite par-devant l'un des juges. (N°. 332 , E.) Voyez *Succession, Donation , Arbitres.*

ENQUÊTE. I. *Du 27 messidor , an 2.* Cassation d'un jugement en dernier ressort, du tribunal du district de Landerneau, du 30 septembre 1791, sur la demande de Yves Rion, contre Hervé Irvinet.

III. Partie.   N

Sur une contestation élevée entre les parties relativement à la vérité d'une signature, enquête et vérification avait été ordonnée par un premier jugement interlocutoire, du 17 juin 1791.

Ce jugement signifié le 21 juin, l'enquête n'avait été commencée que le 11 août suivant ; et d'après le résultat, Yves Rion avait été condamné.

Cassation fondée sur ce qu'aux termes de l'article 2 du titre 22 de l'ordonnance de 1667, l'enquête n'avait pas été commencée dans la huitaine de la signification, ce qui est ordonné à peine de nullité, par l'article 20 du même titre. (N°. 155, B.)

II. *Du 2 messidor, an 4.* Annullation sur la demande de Chaboureau et autres, contre Poisson, d'un jugement du tribunal de Bourges, du 5 germinal, an 3.

Le jugement avait été rendu d'après une enquête assignée dans la demeure du président du tribunal de Bourges, et faite ensuite à l'audience.

Contravention à l'article 14 du titre 2 de la loi du mois d'août 1790, qui veut que les plaidoyers, rapports et jugemens soient publics, et que tout citoyen ait le droit de se défendre ; car l'assignation dans la demeure du président était contraire à la publicité prescrite, et en faisant l'enquête ailleurs qu'au lieu indiqué, on avait privé Chaboureau de la faculté d'y paraître pour sa défense. (N°. 74, E.) Voyez *Preuve testimoniale, Témoins.*

ENREGISTREMENT. I. *Du 16 février* 1793. Annullation d'un jugement du tribunal du district de Falaise, du 3 mars 1791, entre les commissaires de la régie nationale des domaines et droits réunis, et Noel Carlet.

Par acte passé, le 15 février 1791 , Boindre Lalonde avait donné à titre de *bail à rente*, à Noel Carlet, certains héritages, moyennant douze livres de rente, au principal *de deux cents quarante livres.*

Le receveur du droit d'enregistrement avait perçu *six livres.*

Demande en restitution de *quarante sols* de la part de Carlet.

Jugement en premier et dernier ressort, qui condamne à restituer *quarante sols*, et aux dépens.

Contravention à l'article 4 de la loi du 19 décembre 1790, qui porte : *il sera payé pour l'enregistrement des actes et titres de propriété et d'usufruit de la première classe , un droit proportionnel à la valeur des objets qui y sont désignés ; cette perception suivra chaque série de cent livres, inclusivement et sans fraction.*

La troisième série de cent livres était commencée, puisque le principal de la rente était de deux cent quarante livres , et le droit sur les trois séries avait été légalement perçu sur le pied de *quarante sols*, conformément à la sixième section du tarif annexé à la loi. (N°. 52 , E.)

II. *Du 22 frimaire, an 2.* Cassation de deux jugemens du tribunal de Saint-Hippolyte, des 22 mars et 18 avril 1792, sur la demande des régisseurs nationaux de l'enregistrement, contre Pierre-Louis Vallensalle.

Donation au profit de Vallensalle. Déclaration au bureau de l'enregistrement; perception de quatre mille deux cent quatre-vingt livres, à raison de quarante sols, portant réclamation; jugement qui condamne le receveur à restituer trois mille six cent quatre-vingt-quinze livres.

Annullé comme contraire à l'article 2 de la sixième section, première classe du tarif, joint à la loi de décembre 1790, portant que les mutations opérées par dons éventuels entre frères et sœurs, seront enregistrées et soumises au droit de deux pour cent. (N°. 22, B.)

III. *Du 11 pluviôse, an 2.* Cassation d'un jugement du tribunal du district de Châlons-sur-Marne, du 18 janvier 1792, sur la demande des régissseurs, contre Pierre Mouchy, comme contraire à l'article 6 de la deuxième classe du tarif, joint à la loi de décembre 1790. (N°. 41, B.)

IV. *Du 26 pluviôse, an 2.* Cassation d'un jugement du tribunal du district de Grenade, du 21 avril 1793, sur la demande des régisseurs nationaux, contre les citoyens Labat et autres, comme contraire, 1°. à l'article 7 de la loi sur l'enregistrement; 2°. à l'article 3 du titre 8 de la loi du mois d'août 1790, qui exige que le commissaire national soit entendu dans toutes les affaires où la nation est intéressée; 3°. à l'article 2 du titre 14 de la même loi, qui veut que les actions relatives à la perception des impôts indirects, soient jugés *sans frais de procédure*; et ici les régisseurs avaient été condamnés aux dépens, non compris le coût et signification des jugemens. (N°. 54, E.)

V. *Du 8 messidor, an 2.* Cassation d'un jugement du tribunal de Saint-Sever, du 18 juillet 1793.

Sur la demande des régisseurs, contre le citoyen la Marque.

1°. Parce que, s'agissant du droit de cautionnement d'un bail à ferme de biens d'émigrés, il a ordonné que ce droit serait payé sur le pied de vingt sols fixe, au lieu de dix sols par cent livres;

ce qui est une contravention à la loi de décembre 1790, article 3, section 3, classe première du tarif.

2°. Parce que le tribunal avait fait défenses au receveur d'exiger à l'avenir plus fort droit que celui de vingt sols fixe, pour cautionnement de bail à ferme de biens nationaux ; ce qui est une sorte de réglement interdit aux tribunaux par la loi du 24 octobre 1790, titre 2, article 12. (N°. 128, B.)

VI. *Du 25 thermidor, an 2.* Cassation d'un jugement du tribunal du premier arrondissement de Paris, sur la demande des régisseurs nationaux, contre Bronard.

Pour contravention à l'article 22 de la loi du 5 décembre 1790, en ce qu'il avait ordonné une restitution de droits perçus sur des donations, comme si elles avaient été présentées dans le délai légal de quatre mois, et qu'elles ne fussent assujéties qu'aux droits des anciens tarifs ; tandis qu'elles n'avaient été présentées que long-tems après les quatre mois ; et encore en ce que la régie avait été condamnée aux intérêts de la somme à restituer ; ce qu'on soutenait contraire à la loi, qui, en cas de trop perçu, ne parle jamais d'intérêts. (N°. 180, B.)

VII. *Du 23 floréal, an 3.* Annullation sur la demande des agens de l'enregistrement, contre la femme Bognard, d'un jugement du tribunal de Châtelleraud, du 17 prairial, an 2.

- Il s'agissait d'une contrainte signifiée à raison de droits d'enregistrement, qui avait été déclarée irrégulière et nulle.

Fausse application de la loi de décembre 1790, article 25, qui veut : *que l'introduction et instruction des instances relatives..... aux droits d'en-*

N 3

registrement aient lieu par simples requétes ou mémoires, en ce que dans l'espèce, la contrainte signifiée n'était qu'un avertissement. (N°. 51, E.)

VIII. *Du 7 floréal, an 5.* Annullation sur la demande de la régie nationale de l'enregistrement et des domaines nationaux, contre la veuve et les héritiers Micanet, d'un jugement du tribunal civil du département de la Côte-d'Or, du 12 floréal, an 4.

Il s'agissait d'offres réelles d'un droit de mutation, dû à cause de la succession Micanet, dont la nullité était demandée, notamment parce qu'elles étaient faites en assignats valeur nominale.

Le jugement en dernier ressort avait déclaré ces offres bonnes et valables, quoiqu'elles fussent notoirement insuffisantes, puisqu'elles auraient dû être faites en numéraire ou en assignats au cours, à la quotité du tarif de 1790.

Contravention à l'article 6 de la loi du 9 pluviôse, an 4, qui porte : *à l'égard des droits qui doivent être réglés d'après la déclaration estimative des parties, l'estimation sera faite à la valeur capitale des objets en 1790, et la perception sera faite en numéraire ou assignats au cours.* (N°. 329, E.)

ÉPOUX. *Du 7 brumaire, an 5.* Annullation sur la demande de la veuve Guillemelle, contre Trivers et autres, d'un jugement arbitral, du 21 floréal, an 3.

Il s'agissait de la succession de Guillemelle, ouverte après la loi du 17 nivôse, an 2, et d'un avantage qu'il avait fait à sa femme en ces termes : il lui a fait les avances de ce que la loi lui permet d'avancer. Les arbitres avaient réduit la veuve à son douaire.

Contravention à l'article 14 de la loi du 17 nivôse, an 2, qui maintenait les avantages faits entre époux. (N°. 180, E.) Voyez *Donations, Successions*.

EXCÈS DE POUVOIR. On a placé sous ce titre plusieurs cassations, motivées sur *l'excès de pouvoir*, principalement en ce que les juges avaient donné à leurs actes le caractère de réglemens; ce qui leur est interdit par la loi du 24 août 1790, titre 2, article 12, et par la constitution, article 203. Voyez plusieurs autres espèces *d'Excès de pouvoir*, aux mots *Administrateurs, Municipaux, Contributions, Dernier ressort, Émigrés, Biens nationaux, Amende, Cassation*.

I. *Du 24 novembre 1791*. Annullation sur le réquisitoire du ministère public, d'un jugement du tribunal de Montauban, rendu le 24 février 1791, sur la requête du commissaire du pouvoir exécutif, en forme de réglement sur la police et l'entretien des chemins, par lequel une imposition était de plus établie pour subvenir aux réparations nécessaires.

Un réglement pour la police des chemins, était du ressort de la législation ou de l'administration. La levée d'une imposition ne pouvait être ordonné que par le corps législatif.

II. *Du 12 avril 1792*. Annullation sur le réquisitoire du commissaire du pouvoir exécutif, d'un jugement rendu par le tribunal de Nancy, le 24 novembre 1791.

Guillemain, docteur en médecine, avait été condamné par jugement de la police correctionnelle de Nancy, du 13 septembre 1791, à un mois de prison, et en cinquante livres d'amende, pour avoir outragé par paroles ou par gestes, un garde national en fonctions, et même pour s'être permis de lever la canne sur lui.

Sur l'appel interjetée par Guillemain, le jugement avait été confirmé le 24 novembre 1791, *et néanmoins était-il dit par le jugement, attendu l'âge de l'appellant, sa mauvaise santé, son état de médecin ; le tribunal, sans tirer à conséquence, a converti la peine de la prison en une amende de deux cent cinquante livres.*

Excès de pouvoir et contravention, 1°. au principe de l'égalité des droits ; 2°. aux articles 19 et 20 de la loi du 22 juillet 1791, qui prononce la peine de l'*amende* et de la *prison* contre ceux qui outrageraient ou qui menaceraient par paroles ou par gestes les gardes nationales........ se trouvant ou sous les armes, ou au corps-de-garde, ou dans un poste de service. (N°. 1er, E.) deuxième partie.

III. *Du* 28 *décembre* 1792. Annullation sur le réquisitoire du commissaire du pouvoir exécutif, d'un jugement rendu par le tribunal du district de Nîmes, le 26 janvier 1792, et d'une ordonnance rendue par le tribunal criminel du Gard, le 30 du même mois.

Le jugement du tribunal de district, avait renvoyé devant un autre officier de police que celui devant lequel on avait d'abord procédé.

Contravention à l'article 17 du titre 2 de la loi du 24 août 1790, qui porte : *l'ordre constitutionel des jurisdictions, ne pourra être troublé, ni les justiciables distraits de leurs juges naturels par aucune commission, ni par d'autres attributions ou évocations que celles qui seront déterminées par la loi.*

Le tribunal criminel, par son ordonnance du 30

janvier, avait pris connaissance d'une procédure criminelle dont il n'était pas saisi par une accusation admise.

Excès de pouvoir et contravention à l'article 2 du titre 6 de la loi sur les jurés, ainsi conçue : si le juré a déclaré qu'il y a lieu à accusation, le procès et l'accusé, dans le cas où il sera détenu, seront renvoyés par les ordres du commissaire du roi au tribunal criminel. (N°. 44, E.)

IV. *Du premier juin* 1793. Annullation sur le réquisitoire du commissaire du pouvoir exécutif, d'un jugement du tribunal de Lavaur, du 4 avril 1792, par lequel après avoir annullé, pour vice de forme une procédure faite au tribunal de police correctionnelle, il avait condamné le juge de paix aux dépens, et ordonné l'envoi du jugement à tous les juges de paix du district.

Cet envoi aux juges de paix pour qu'ils eussent à se conformer à ce jugement, lui donnait le caractère de réglement; et suivant la loi du 24 août 1790, titre 2, article 12, les tribunaux ne peuvent faire de réglemens.

V. *Du premier pluviôse, an* 2. Annullation sur le réquisitoire du commissaire du pouvoir exécutif, de deux jugemens du tribunal de Thouars, des 6 mai et 11 juin 1791, contenant inhibitions et défenses générales de déchirer les affiches; ordonnant des peines sur ce fait, l'impression et l'affiche de ce réglement dans tout le district.

Contravention à l'article 12 du titre 2 de la loi du mois d'août 1790, suivant lequel les tribunaux ne peuvent faire de réglemens.

VI. *Du 2 pluviôse, an* 2. Annullation pour semblable cause, d'un acte du tribunal de Weissembourg, du 16 avril 1792, ordonnant la traduction en langue allemande de deux lettres qu'il avait reçues en langue française, avec envoi à toutes les municipalités du dictrict pour y être lues et publiées.

VII. *Du 2 pluviôse, an 2.* Annullation pour pareil motif, d'un jugement du tribunal de Rosay, du 7 mars 1792, portant injonction aux officiers municipaux de Coulommiers, de se conformer à la loi du 22 juillet 1791, concernant la police municipale, avec affiches.

VIII. *Du 2 pluviôse, an 2.* Même annullation d'un acte du tribunal de Sancerre, du 31 décembre 1791, portant défenses aux juges de paix de son ressort, de faire des inventaires, avec impression et affiche.

IX. *Du 2 pluviôse, an 2.* Annullation sur le réquisitoire du commissaire du pouvoir exécutif, d'un jugement du tribunal de Riom, confirmatif d'un jugement du tribunal correctionnel, et contenant des injonctions et inhibitions générales aux gardiens des maisons de correction, avec impression et affiche.

Ce jugement avait le caractère d'un réglement, ce qui est défendu par la loi ci-devant citée.

X. *Du 16 ventôse, an 2.* Annullation d'un acte en forme de réglement du tribunal de commerce de Libourne, du 9 janvier 1793, par lequel entre autres choses, ce tribunal conférait à quatre huissiers de son choix la faculté de plaider, à l'exclusion de tous autres, les causes des parties.

XI. *Du 22 germinal, an 2.* Jugement qui, sur les conclusions du commissaire national, casse la qualification de jugement *en dernier ressort*, donnée par les juges du tribunal du district de Saint-Diez, dans un cas où il s'agissait de plus de mille livres, et où les parties n'avaient pas consenti d'être jugées sans appel. (N°. 79, B.) Voyez *Dernier ressort.*

XII. *Du 8 messidor, an* 2. Annullation d'un jugement du tribunal de Saint-Sever, du 18 juillet 1793, portant injonction au receveur de l'enregistrement, d'enregistrer les baux à ferme des biens d'émigrés, moyennant le droit fixe de vingt sols, avec inhibitions de percevoir à l'avenir plus forts droits.

Ces inhibitions pour l'avenir furent considérées comme réglement.

Nota. Les *excès de pouvoir* doivent être dénoncés par le directoire exécutif lui-même, et ensuite par l'organe de son commissaire près le tribunal de cassation, aux termes de l'article 262 de la constitution. Exemple.

Du 18 *germinal, an* 4. Un jugement du tribunal de Troyes, du 7 thermidor, an 3, qui autorisait une partie à mettre en cause le procureur-général-syndic du département, fut dénoncé par un réquisitoire du substitut du commissaire du directoire exécutif; par jugement du 18 germinal, an 4, le réquisitoire fut rejeté, en ce qu'il n'existait pas de dénonciation de la part du directoire même.

Notez de plus, que l'on ne peut dénoncer au tribunal de cassation pour cause d'excès de pouvoir, que les actes *des juges.* Exemple.

Le 14 *messidor, an* 4. Le ministère public dénonça, d'après un ordre du directoire, un acte du bureau de paix de Vagney, qui avait refusé de renvoyer les parties devant leurs juges compétens, à défaut de conciliation.

Le réquisitoire fut rejeté par le motif qu'un bureau de paix n'exerce aucune jurisdiction ni pouvoir judiciaire. Voyez *Administrateurs*, *Municipaux*, *Juges de paix*, *Dernier ressort*, *Ministère public*.

EXÉCUTOIRES. *Du 8 fructidor, an 2.* Sur le réquisitoire du commissaire national, cassation d'un jugement du tribunal du district de la Rochelle, du 22 février 1793, comme contenant excès de pouvoir et contravention aux lois, en ce que ce tribunal avait ordonné le paiement de dix-huit exécutoires expédiés au profit du citoyen Regnault, pour des procédures criminelles, et sur lesquels le directoire du département avait sursis à statuer.

Contravention à l'article premier de la loi du 27 novembre 1790, qui veut que les exécutoires décernés par les juges soient vérifiés et visés par les directoires des départemens, dans la même forme que le faisaient les ci-devant intendants.

Et encore à l'article 7 de la section 31 de la loi du 22 décembre, portant que les autorités administratives ne pourront être troublées dans l'exercice de leurs fonctions par aucun acte du pouvoir judiciaire. (N°. 192, B.)

F

FAILLITE. *Du 7 décembre 1792.* Annullation d'un arrêt de la ci-devant cour provisoire de Rennes, du 12 octobre 1790, entre Broustail et Robinot-Lalande, et les syndics de ses créanciers.

Robinot-Lalande tombé en faillite avait passé avec ses créanciers un traité par lequel on réduisait à cinquante-quatre pour cent les créances de quelques privilégiés hypothécaires ; à quarante-un pour cent celles de quelques autres ; et à dix-huit pour cent celles des chirographaires. On stipulait en faveur de Robinot la main-levée de toutes oppositions, saisies, etc. ; on lui accordait un sauf-conduit; il était interdit à tous créanciers de faire aucune poursuite ou saisies, etc., et de recevoir aucun paiement que sous certaines conditions.

Broustail et d'autres créanciers hypothécaires, avaient refusé de se soumettre à ce traité. Sur les contestations qui s'élevèrent à ce sujet , la cour provisoire de Rennes ordonna l'exécution du traité, sauf les deux premiers articles qui étaient relatifs aux remises de créances et aux termes pour le paiement , ensorte que les articles relatifs aux main-levées , au sauf-conduit et à la prohibition de faire des saisies réelles ou mobiliaires subsistaient.

Contravention à l'article 8 du titre des faillites, de l'ordonnance de 1673 , ainsi conçu : *n'entendons néanmoins déroger aux privilèges sur les meubles , ni aux privilèges et hypothèques sur les immeubles , qui seront conservés , sans que ceux qui auront privilège et hypothèque puissent être tenus d'entrer en aucune composition , remise ou attermoyement , à cause des sommes pour lesquelles ils auront privilège ou hypothèque.* (N°. 35 , E.)

FAIT (Décision de). I. *Du 17 vendémiaire, an 4.* Rejet de la requête des habitans du lieu du Saillant , en cassation d'un jugement arbitral , du 9 fructidor , an 2.

Il s'agissait de biens prétendus communaux. Trancher, père et fils, contre qui la revendication était dirigée , avaient un titre particulier d'acquisition, et n'avaient pas été seigneurs. Les habitans de Saillant représentaient des actes qui, selon eux, établissaient leur propriété. Les arbitres déboutèrent les habitans de leur revendication.

Leur demande en cassation était fondée sur l'appréciation des actes respectivement produits et sur les preuves qu'ils alléguaient en résulter en leur faveur, et contre Trancher, père et fils.

Il parut au tribunal, que sous ce rapport, les arbitres n'avaient proprement décidé qu'un point de fait, savoir : que les habitans n'avaient pas eu la possession des héritages par eux revendiqués.

Et que le fait de la possession manquant, loin de blesser la loi du mois d'août 1792, les arbitres s'y étaient conformés rigoureusement ; puisque cette loi n'avait autorisé les communes à répéter que les biens dont elles avaient eu possession et dont elles avaient été dépouillées par l'effet de la puissance féodale. Voyez *Communes.*

II. *Du 12 vendémiaire, an 5.* Rejet de la requête de Dabadie en cassation d'une sentence arbitrale, du 18 ventôse, an 2.

Les habitans de la commune de Villeneuve revendiquaient contre Dabadie des propriétés prétendues communales. Les arbitres nommés d'après la loi du 10 juin 1793, adjugèrent ces propriétés à la commune qui leur parut en avoir été dépouillée par l'effet de la puissance féodale.

La contestation avait roulé sur le point de savoir si Dabadie détenait ces biens comme seigneur, ou d'après une acquisition particulière, dernier cas où les lois rendues en faveur des communes auraient voulu que sa possession lui fût conservée.

Les arbitres décidèrent que Dabadie était détenteur des biens revendiqués en vertu de sa qualité de seigneur, et que l'exception faite en faveur des acquéreurs particuliers non seigneurs ne lui était pas applicable.

Pour tout moyen de cassation, Dabadie alléguait le titre particulier, indépendant de la seigneurie en vertu duquel il prétendait avoir possédé; mais le tribunal de cassation, institué pour réprimer les offenses faites aux loix, n'avait aucune compétence pour réformer la décision d'un point de fait.

III. *Du 12 vendémiaire, an 5.* Rejet de la requête de Mulot, en cassation d'un jugement du tribunal du département de l'Eure, du 6 messidor, an 4.

Les mariés Morlet avaient obtenu contre Mulot des condamnations; ils firent saisir ses meubles le 9 ventôse, et Mulot fit, dans le procès-verbal, une déclaration dans laquelle le tribunal de l'Eure, saisi ensuite de l'appel, vit un acquiescement, au moyen duquel il déclara l'appel non-recevable.

Le moyen de cassation consistait dans l'interprétation de la déclaration faite dans le procès-verbal du 9 ventôse, qui, selon Mulot, ne contenait point un acquiescement, ensorte qu'on avait mal appliqué l'article 5 du titre 27 de l'ordonnance de 1667, qui attribue la force de la chose jugée aux sentences et jugemens auxquels les parties ont formellement acquiescé.

L'interprétation de la déclaration avait été de la part du tribunal de l'Eure une décision de fait, dans laquelle aucune loi n'avait pu être blessée.

FAMILLE. Voyez *Délibération de famille, Arbitrage de famille.*

FAUX. *Du 21 décembre 1792.* Annullation d'une ordonnance rendue par le tribunal du quatrième arrondissement de Paris, et d'un jugement qui la suivie, le 24 septembre 1791, entre Destréhan et consorts, et Dussossois.

Le tribunal du quatrième arrondissement, était saisi de l'appel d'une sentence rendue par le châtelet de Paris, le 2 avril 1788. Pendant l'instruction de l'appel, *Anne Legros*, fondée de procuration générale et spéciale de Dussossois, avait demandé permission de s'inscrire en faux contre un acte de célébration de mariage; l'ordonnance datée du 6 septembre 1791, permettait l'inscription au greffe du tribunal, enjoignant à Destréhan et consorts, dans le délai de l'ordonnance et sur la sommation qui leur en serait faite *au domicile de Launay*, (prétendu) fondé de pouvoir, de déclarer s'ils entendaient se servir de l'acte.

Cette ordonnance avait été signifiée le 12, *au domicile de Launay*, et le 13 au domicile de l'avoué.

Sur la demande de Destréhan, en nullité de l'ordonnance et déchéance de l'inscription de faux, le jugement du 24 septembre avait mis les parties hors de cour.

Contravention aux articles 8 et 9 du titre 2 de l'ordonnance de 1667, sur le faux incident, qui disposent, le premier, *que l'ordonnance portera.... que le demandeur sera tenu, dans trois jours au plûtard, de sommer le défendeur de déclarer, etc......;* et le second, *que la sommation sera faite au défendeur, au domicile de son procureur, auquel sera donné copie par le même acte, etc.* (N°. 38, E.)

FEMMES MARIÉES. Le nombre des jugemens de cassation fondés sur le défaut de conclusions du ministère public dans les causes des *femmes mariées,*

mariées, est si considérable, qu'ils auraient formé presque un volume. Comme les espèces ne présentaient aucune variété, on a cru devoir se borner à en rapporter quelques-unes de chaque année.

I. *Du 29 messidor, an 2.* Cassation d'un jugement du tribunal de Saint-Calais, du 20 septembre 1792, sur la demande d'Ambroise Dinocheau et sa femme, contre Blaise Dulbeau, par le motif que ce jugement, quoique *par défaut*, n'avait pas été précédé des conclusions du ministère public.

Contravention à l'article 3 du titre 8 de la loi du 24 août 1790, portant : ils seront entendus (les commissaires) dans toutes les causes des pupilles, des mineurs, des interdits, des *femmes mariées*, etc. (N°. 161, B.)

II. *Du premier floréal, an 3.* Annullation sur la demande des Renaud, contre les mariés Versaud, d'un jugement du tribunal de Mâcon, du 24 floréal, an 2.

Il s'agissait de la restitution en entier, contre un acte demandée par les Renaud, qui en avaient été déboutés.

Une femme mariée était l'un des demandeurs, et le commissaire du pouvoir exécutif n'avait pas été entendu.

Même contravention. (N°. 26, E.)

III. *Du 22 brumaire, an 4.* Annullation sur la demande des mariés Courtiés, contre Jeanne Renault, d'un jugement du tribunal d'Ernée, du 29 brumaire, an 3.

L'objet du procès était la cession d'un bail, faite par les défendeurs sans le consentement de la fille Renault, qui en avait fait une clause expresse de la location. Le jugement attaqué, en avait en con-

III. Partie.   O

séquence ordonné la résiliation ; mais le ministère public n'avait point été entendu dans cette affaire, quoiqu'une femme mariée y fut intéressée.

Même contravention. (N°. 132 , E.)

IV. *Du* 19 *germinal, an* 4. Annullation sur la demande de Jean Achalme et sa femme, contre Jean Valette, d'un jugement du tribunal de Saint-Flour, du 11 vendémiaire, an 3.

Il s'agissait de droits successifs. Le commissaire du pouvoir exécutif n'avait pas été entendu, la femme Achalme étant partie.

Même contravention. (N°. 19 , E.)

V. *Du* 2 *messidor, an* 4. Annullation sur la demande de la veuve Lagarde, contre Dessales, d'un jugement du tribunal de Narbonne, du 9 floréal, an 3.

Il était question d'une vente faite au nom et en vertu de la procuration de feu Lagarde, par sa femme , dans laquelle celle-ci s'était obligée personnellement, et en conséquence elle avait été condamnée à la garantie de l'éviction exercée par es enfans.

Contravention aux lois 1re et 8 ; *ff. ad sen. cons.* Velleian , selon lesquelles les femmes ne pouvaient s'obliger par intercession pour autrui, et les obligations de ce genre étaient nulles. (N°. 78, E.)

VI. *Du* 8 *fructidor, an* 4. Annullation sur la demande des mariés Bernard, contre Gilbert, d'un jugement du tribunal d'Angely-Boutonne, des 11 messidor et 6 thermidor, an 3.

Le commissaire du pouvoir exécutif n'avait pas été entendu. On objectait qu'il s'agissait d'une affaire étrangère à la femme Bernard, où le mari aurait pu agir; mais la femme avait été partie.

Même contravention qu'au N°. 1er. (N°. 126, E.)

VII. *Du 16 nivôse, an 5.* Annullation sur la demande de Jean Goujon, Marie-Jeanne Blanchard et Benoît Combe, d'un jugement du tribunal civil de Seine-et-Marne, du 26 floréal, an 4.

. Il s'agissait au fond, d'un jugement de fermage, moitié en nature, conformément à la loi du 2 thermidor.

Une femme mariée était en cause, et avait perdu son procès, sans que le commissaire du pouvoir exécutif eût été entendu.

Même contravention. (N°. 239, E.)

VIII. *Du 12 pluviôse, an 5.* Annullation sur la demande de Jumeaux et consorts, contre Raucroix, d'un jugement du tribunal de dictrict de Rocroi, du 20 thermidor, an 3.

Il s'agissait au fond de la demande en nullité de trois testamens, formée par Jumeaux et consorts.

Le tribunal de famille, devant lequel elle fut portée, déclara les testamens valables, et en ordonna l'exécution.

Sur l'appel, le tribunal du district de Rocroi confirma cette décision par le jugement du 29 thermidor, an 3.

Mais le commissaire national ne fut pas entendu, quoiqu'il y eût en cause des femmes mariées, des pupilles et des mineurs qui se trouvaient en qualité, tant en première instance qu'en cause d'appel.

Même contravention. (N°. 262, E.)

IX. *Du 25 germinal, an 5.* Annullation sur la

demande de Magron et sa femme, contre Valentin, de deux jugemens du tribunal du district de Senones, des 25 messidor, an 3, et 15 vendémiaire, an 4.

Il s'agissait d'une demande en dommages et intérêts formée par Valentin, contre Magron et son épouse, pour des voies de fait qu'elle s'était permises contre lui.

Sur l'appel du jugement de la justice de paix, le tribunal de Senones ordonna, le 25 messidor, la preuve des excès dont Valentin se plaignait.

Par le jugement du 25 vendémiaire, Magron et sa femme furent condamnés solidairement en six mille livres de dommages et intérêts.

Le commissaire du directoire exécutif n'avait pas été entendu lors de ces deux jugemens, quoiqu'une femme mariée fût en cause et qu'elle ait perdu son procès.

Même contravention. (N°. 138, E.)

Nota. Le 3 brumaire, an 6. Entre Tournac-Dubuisson et sa femme, demandeurs en cassation, d'un jugement du tribunal de la Haute-Vienne, et Goullier défendeur.

Le tribunal a rejeté la demande de Dubuisson, uniquement fondée sur le défaut de conclusions du ministère public en cause d'appel, quoiqu'il fût question d'un bien propre de la femme, et qu'elle eût été partie en cause principale ; mais l'appel avait été interjeté par le mari seul, lui seul avait agi et plaidé en son propre et privé nom sur cet appel.

FÉODALITÉ , DROITS FÉODAUX. I. *Du* 13 *janvier* 1792. Annullation d'un jugement rendu par le tribunal du district de Falaise , le 19 mars 1791, entre les habitans de la paroisse de Saint-Pierre-du-Bu, et Noel Ménard ci-devant leur seigneur.

Quelques particuliers enlevèrent les bancs dont Ménard, ci-devant seigneur, était en possession dans l'église paroissiale. Sur l'action qu'il intenta, le général des habitans, qui avait délibéré de supprimer tous les bancs pour y substituer des chaises, intervint.

Le tribunal, au lieu de se borner à prononcer sur la voie de fait, l'avait déclaré *attentatoire à la propriété de Ménard*, et sans avoir égard à l'intervention du général des habitans, avait ordonné le rétablissement *des bancs dudit Ménard*.

Contravention à l'article premier du titre premier de la loi du 28 mars 1790, portant : *abolition de toutes distinctions honorifiques et de toute supériorité et puissance résultante du régime féodal.* (N°. 62, E.)

II. *Du 8 messidor, an 4.* Annullation sur la demande de Leroy, contre la veuve Ligeon, d'un jugement du tribunal de Châteaudun, du 2 mai 1793.

Il s'agissait d'une saisie féodale et de la propriété directe d'un héritage, qui avaient donné lieu à un procès devant les tribunaux de l'ancien régime. Les titres primordiaux ne paraissaient pas ; le procès était, par cette raison, éteint dans le droit nouveau, et cependant le tribunal d'Issoudun l'avait jugé.

Contravention à la loi du mois d'août 1792, qui, après avoir aboli, sans indemnité, les droits féodaux et censuels non justifiés avoir pour cause une concession primitive de fonds, avait éteint, article 12, tous procès intentés et non décidés relativement à tous droits féodaux et censuels abolis sans indemnité. (N°. 83, E.)

O 3

III. *Du 26 vendémiaire, an V.* Annullation sur la demande de Lesould, contre les frères Framin, d'un jugement du tribunal du second arrondissement du département de Paris, du premier floréal, an 3.

Il s'agissait de biens réunis à titre de déshérence à la seigneurie de Luzarche, depuis vendus, dans la possession desquels les derniers acheteurs avaient été maintenus par sentence des ci-devant requêtes du palais, du 27 juin 1779.

Sur l'appel, le jugement argué avait déclaré le procès éteint, sur le fondement que les possesseurs étaient aux droits des seigneurs qui avaient eu un titre féodal, et ne pouvaient exciper d'une possession moindre de quarante ans.

Contravention, en ce que si les lois de 1792 et 1793 avaient déclaré éteints les procès sur le fond ou arrérages des droits féodaux, la loi du mois d'août 1790 avait maintenu les acquéreurs des seigneurs dans l'effet des ventes suivies de leur exécution.

Contravention encore, en cumulant le pétitoire avec le possessoire, ce qui est défendu par l'article 5 du titre 18 de l'ordonnance de 1667. (N°. 162, E.)

FERMAGES, FERMIERS. I. *Du 12 germinal, an* 4. Annullation sur la demande de Leblond, contre Thehe, d'un jugement du tribunal de Doullens, du premier floréal, an 3.

Leblond, fermier d'un bien national, avait été condamné à évacuer avant d'avoir perçu la totalité des récoltes pendantes lors de la sommation.

Contravention aux lois des mois de juin 1793, frimaire, an 2, et 28 germinal suivant, qui réservaient au fermier congédié la récolte. (N°. 11, E.)

II. *Du* 18 *germinal*, *an* 4. Annullation sur la demande de Lamperière, contre Brière, d'un jugement du tribunal de Domfront, du 18 frimaire, an 3.

Lamperière, fermier d'un bien national, provenant d'émigré, avait été condamné à évacuer avant d'avoir perçu la récolte pendante.

Contravention aux lois de juin 1793, article 25; frimaire, an 2, article 6; et 18 germinal aussi an 2, question quatrième, qui réservaient au fermier congédié la récolte aux charges et conditions des années précédentes. (N°. 17, E.)

III. *Du* 16 *fructidor*, *an* 4. Annullation sur la demande de Pradille et autres, contre Chavanet et autres, d'un jugement arbitral, du 24 prairial, an 3.

Il s'agissait du bail général des biens de Huguet, décapité révolutionnairement, et de sous-baux à ferme et à moitié. Les adjudicataires de ces biens avaient été admis à congédier subitement les fermiers, sous-fermiers et colons partiaires, faute d'avoir satisfait aux formalités exigées par les lois des mois de mai et d'août 1793.

Fausse application de ces lois et de celle du 15 frimaire, an 2, article 9, qui n'étaient relatives qu'aux biens jadis ecclésiastiques.

Contravention, 1°. à la loi du 28 germinal, an 2, réponse troisième, qui dit que ces lois ne regardent que les biens ecclésiastiques.

2°. A la loi du 5 novembre 1790, qui maintient les baux lorsque les preneurs les font valoir par colons partiaires.

3°. A la loi du 28 germinal, an 2, réponse cinquième, qui assure au fermier congédié la récolte de l'année; et à celle du premier messidor, qui annullait les jugemens qui avaient privé les fermiers de la récolte. (N°. 132 , E.)

IV. *Du 28 brumaire , an* 5. Annullation sur la demande de Charrin , contre Besson et autres , d'un jugement du tribunal de Villefranche , du 26 floréal , an 3,

Il s'agissait d'un bien national par confiscation , dont Charrin était fermier ; son bail avait été annullé , parce qu'il n'était pas authentique , et en vertu des lois des mois de mai 1790 , juillet 1793 et 15 frimaire , an 2.

Contravention en ce que cette dernière loi , article 4 , n'avait rendu commune aux biens provenus de confiscation que la faculté de résilier les baux en faveur des adjudicataires et non la nécessité de la date authentique. (N°. 200 , E.)

V. *Du 22 ventôse , an* 5. Annullation sur la demande de Guillaume-François-Joseph de Roziaux , contre Narcisse - Joseph - Constantin Vallard , d'un jugement du tribunal civil du département de la Somme , du 6 frimaire , an 5.

Il s'agissait de savoir si un fermier , dont le bail datait du 16 floréal , an 3 , pouvait se dispenser de payer son fermage moitié en nature , conformément à la loi de 2 thermidor.

Le jugement de première instance l'y avait condamné ; mais il avait été relevé de cette condamnation par le jugement de dernière instance , sur le motif que le fermage entier avait été reçu en assignats valeur nominale , sans aucune réserve.

Contravention à l'article 10 de la loi du 2 thermidor , qui porte : *les fermiers des biens ruraux à prix d'argent , sont tenus de payer aux propriétaires , moitié du prix de leur fermage en grains*, *etc.*, en ce que le paiement du prix du fermage dont il s'agissait, au lieu d'être fait moitié en nature, ne l'avait été pour le tout qu'en assignats valeur nominale.

A celle du 3 brumaire, an 4, qui, après avoir stipulé, article premier, que l'article 10 ci-dessus n'est point applicable aux fermiers dont les baux sont postérieurs à la promulgation de la loi abrogative du *maximum*, ajoute que les fermiers ne seront tenus de payer cette moitié de leurs baux qu'à l'époque où leurs baux ont été stipulés, en se réglant sur le prix du marché, soit du canton, du district ou du département, et sur les mercuriales adoptées dans les tribunaux les plus voisins; en ce que ce fermage devait être acquitté relativement à la valeur du grain, à la date du bail, et suivant la forme prescrite par cet article.

A la loi du 18 fructidor suivant, article 5, conçu en ces termes : *il n'est rien innové aux arrangemens pris de gré à gré entre les propriétaires et les fermiers sur l'exécution des lois des 2 thermidor, 3 brumaire et 2 germinal*, en ce qu'il n'avait été fait, de gré à gré, entre les parties, aucun arrangement contraire aux dispositions de cette loi et des précédentes.

Et à l'article 6 de la même loi, d'après lequel : *ceux qui ont payé la totalité de leur fermage, conformément aux lois existantes lors du paiement, sont entièrement libérés, quelques soient les réserves de revenir à compte, d'après les lois qui pourraient survenir, insérées aux quittances qu'ils ont reçues*, en ce que le paiement du fermage, achevé le 4 brumaire, n'avait pas été fait conformément aux lois existantes lors du paiement.

(N°. 296, E.) Voyez *Baux*, *Biens nationaux*, *Emigrés*.

FISC (Privilège du). I. *Du 18 germinal, an 3.*
Annullation sur la demande de l'agent de la tréso-
rerie, contre Baval et consorts, d'un jugement du
tribunal de Pont-Audemer , du 13 brumaire, an 2.

Il s'agissait du privilège prétendu sur les biens
d'un receveur de la loterie nationale reliquataire ,
et rejeté par le jugement.

Contravention aux articles premier et 3 de l'édit
du mois d'août 1669 , suivant lesquels il y avait
privilège en faveur du fisc, sur les deniers provenant
de la vente des meubles des officiers comptables,
et sur le prix des immeubles acquis depuis le maniement des deniers publics. (N°. 14 , E.)

II. *Du 29 ventôse , an 4.* Annullation sur la
demande de l'agent du trésor public, contre Busoel,
des jugemens du tribunal de Pont-Audemer, des
23 brumaire et 9 frimaire, an 2.

Il s'agissait de sommes dues par Busoel, comme
receveur de la loterie nationale. Le directeur de
la loterie avait été débouté du privilège qu'il prétendait.

Contravention aux articles premier et 3 de l'édit
de 1669, selon lesquels le fisc a la préférence aux
créanciers des officiers ayant le maniement des
deniers publics, notamment sur le prix des immeubles acquis depuis le maniement. (N°. 187, E.)

FOIRES (Droits de). *Du 9 ventôse , an 4.*
Annullation sur la demande des mariés Bourdillon,
contre l'hôpital de Saint-Germain , d'un jugement
du tribunal du premier arrondissement de Paris,
du 7 brumaire, an 3.

Il s'agissait d'un bail à ferme des droits que l'hôpital percevait des marchands, à raison de l'occu-
atio n sur la place, d'espaces nécessaires à la vente

de leurs denrées ; droit abrogé par l'article 19 de la loi du 28 mars 1790, où sont énoncés les droits à raison de l'apport ou du dépôt des grains dans les foires, marchés, etc. et dont les fermiers étaient autorisés par l'article 37, à remettre leurs baux, ce qui avait été fait par les mariés Bourdillon, et cependant ils avaient été condamnés à payer les loyers.

Contravention à la loi citée. (N°. 173, E.)

FORCLUSION. *Du 14 avril* 1792. Annullation d'un arrêt rendu par forclusion au ci-devant conseil, le 17 janvier 1791, entre Rabaud et compagnie, propriétaires de la salle des spectacles de Marseille, et les entrepreneurs des mêmes spectacles.

L'avocat de Rabaud et compagnie n'avait pas déclaré à celui des entrepreneurs, qu'il avait remis sa requête au greffe ; il ne lui avait pas fait sommation de produire.

Contravention aux articles 5 et 6 du titre 4 de la seconde partie du réglement de 1738, qui portent, savoir l'article 5 : *l'avocat qui aura remis sa requête au greffe, conformément à l'article précédent et à l'article premier, sera tenu de le déclarer aux autres avocats de l'instance, par acte, au pied duquel le greffier cotera sans frais, le jour de la remise de ladite requête.* Et l'article 6 : *le même acte contiendra sommation de produire, à l'égard des avocats qui ne l'auront pas fait, sans qu'il soit permis de faire ladite sommation par acte séparé, ou d'en faire plus d'un, à peine de nullité.* (N°. 2, E.)

FORÊTS, délits forestiers. I. *Du 23 messidor, an 2.* Cassation d'un jugement du tribunal du district de Romorantin, du 26 pluviôse, sur le réglement du commissaire national, contre les frères Briere.

Par acte privé, daté du premier février 1792, enregistré seulement le 9 février 1793, les frères Briere avaient acheté une coupe de bois de Charles Philippe Cappel, émigré, et l'avait exploité. Condamnés à la restitution du prix et à une amende de vingt-neuf mille livres par le tribunal de Vierzon, comme contrevenans à la loi du 8 avril 1792, qui déclarait nulles toutes ventes de biens appartenans à des émigrés, lorsqu'elles n'avaient pas une date authentique, antérieure à la loi du 9 février 1792 ; le tribunal de Romorantin sur l'appel, les avait déchargés.

Annullé comme contraire à l'article 2 de la loi du 12 avril 1792, et aux articles 1er et 8 du titre 32 de l'ordonnance des eaux et forêts. (N°. 151, B.)

II. *Du* 15 *fructidor*, *an* 2. Sur le réquisitoire du commissaire national, cassation d'un jugement du tribunal de Bellevue-les-Bains, du 9 prairial.

Un délit avait été commis dans un bois national, qui fût ensuite vendu, postérieurement à la vente ; poursuite contre le délinquant, à la requête de l'agent forestier, afin de condamnation d'amende et restitution. Sur l'exception que la nation était sans intérêts, puisque le bois ne lui appartenait plus, le tribunal de Bellevue rejeta l'action de l'agent forestier.

Annullé comme contraire aux articles 3 et 8 du titre 32 de l'ordonnance des eaux et forêts. (N°. 201, B.)

III. *Du* 13 *germinal*, *an* 3. Annullation sur le réquisitoire du commissaire du pouvoir exécutif,

des jugemens du tribunal de Pont-Audemer, des
9 et 11 fructidor, an 2.

Ces jugemens, en décidant qu'un prétendu droit
d'usage dans des bois n'existait plus, avaient déchargé des délinquans sous le prétexte de leur bonne
foi, et ordonné la lecture par l'agent national d'une
commune, à trois jours de décade du premier de
ces jugemens.

Contravention aux dispositions de l'ordonnance
de 1669, qui prononcent des amendes.

Excès de pouvoir, en ce que cette difficulté devait
être réglée par des arbitres, selon l'article 3, section
5 de la loi du 10 juin 1793, et l'article 1er de la
loi du 2 octobre suivant; et en ce que les fonctions
judiciaires étant séparées des fonctions administratives, article 13 du titre 2 de la loi du mois d'août
1790, les juges *n'avaient rien à prescrire* à l'agent
national. (N°. 7 , E.)

IV. *Du premier floréal, an 3.* Annullation sur
le réquisitoire du commissaire du pouvoir exécutif,
d'un jugement du tribunal du district de Bernay ,
du 22 thermidor, an 2.

Il s'agissait de la confiscation ordonnée par le tribunal de Louviers, de bestiaux trouvés en dommages
dans des bois nationaux ; sur quoi le tribunal de
Bernay l'avait réformé, prétendant que cette peine
de la confiscation était abolie par les lois nouvelles,
et notamment par l'article 38 , titre 2 du code
rural.

Fausse application de cet article, qui n'est relatif qu'aux bois des particuliers.

Contravention à l'article 5 de la loi de décembre
1790, et à l'article 4, titre 15 de celle de septembre
1791, qui veulent *que l'on se conforme aux lois
rendues pour la conservation des eaux et forêts,*

et que l'ordonnance de 1669 et autres réglémens continuent d'être exécutés. (Nº. 27, E.)

V. *Du 23 fructidor, en 3.* Annullation sur la demande des Saillard, père et fils, contre le commissaire national, de jugemens du tribunal du district de Pontarlier, des 16 prairial, 24 messidor et 4 thermidor, an 2, et de la police correctionnelle du canton de Villeneuve d'Amont, des 15 et 29 septembre 1793.

Le tribunal de police correctionnelle avait pris connaissance des délits commis dans les bois dépendans du domaine de Lachaux, devenu national par l'émigration du propriétaire, et le tribunal du district avait confirmé les jugemens de la police correctionnelle.

Contravention aux articles 1er et 2 du titre 9 de la loi du 15 septembre 1791, conçus en ces termes :

Article premier, *la poursuite des délits et malversations commis dans les bois nationaux et les contraventions aux lois forestières, sera faite au nom et par les agens de la conservation générale.*

Les actions seront portées immédiatement devant les tribunaux de district de la situation des bois. (Nº. 111, E.)

FORME DE PROCÉDER. Voyez *Procédure.*

G

GREFFE, GREFFIERS. I. *Du 3 mai 1792.* Annullation sur le réquisitoire du commissaire du pouvoir exécutif, de deux jugemens rendus par le tribunal de commerce de Caen, les 7 et 21 décembre 1791.

Ce jugement portait tarif des droits de greffe, et ordonnait au greffier de s'y conformer.

Contravention à l'article 12 du titre 2 de la loi du 24 août 1790, qui défend aux tribunaux de faire des réglemens.

Et à la loi du 27 mars 1791, qui fixe les droits à percevoir par les greffiers. (Nº. 4, E.) Voyez *Excès de pouvoir*, *Réglemens*.

II. *Du 2 messidor, an 3.* Annullation sur le réquisitoire du commissaire national, d'un arrêté pris par le tribunal de Quimper, le 5 germinal précédent.

L'arrêté du tribunal de Quimper portait création d'une place de commis-greffier, avec mille livres de traitement, aux frais de la république.

Excès de pouvoir, en ce que l'autorité d'instituer des officiers publics n'est donnée aux juges par aucune loi.

Contravention, 1º. à la loi du 24 août 1790, titre 9, article 2, en ce qu'elle attribue exclusivement aux greffiers le droit de présenter des commis.

2º. A celle du 11 septembre 1790, qui ne fixe de traitement que pour les greffiers et non pour les commis-greffiers.

3º. Enfin, fausse application de l'article 7 de la loi du 7 vendémiaire, an 3, qui, en autorisant les tribunaux à nommer provisoirement pour leurs services respectifs, les officiers ministériels, dont ils auront besoin, ne déroge ni à celle du mois d'août, ni à celle de septembre 1790; et ne peut s'appliquer conséquemment qu'aux greffiers et huissiers nécessaires pour le service du tribunal. (Nº. 76, E.)

H

HABITANS. Voyez *Communes.*

HYPOTHÈQUES. I. *Du* 29 *messidor , an* 4. Annullation sur la demande de Pothier , contre Ledreux , d'un jugement du tribunal du premier arrondissement du département de Paris , du 25 thermidor , an 3.

Il s'agissait d'une rente affectée sur une maison vendue à Ledreux, avec prohibition de prendre des lettres de ratification. Il y avait eu sentence de déclaration d'hypothèque rendue contre Ledreux aux ci-devant requêtes du palais , le 24 janvier 1788, et Ledreux avait en conséquence satisfait à la rente , même après avoir obtenu des lettres de ratification.

Ensuite Ledreux avait refusé, sous prétexte de ses lettres de ratification , et le jugement argué avait jugé en sa faveur.

Contravention à l'article 5 du titre 27 de l'ordonnance de 1667, qui dit que les sentences qui doivent passer en force de chose jugée , sont celles dont il n'y a appel; car la sentence de 1788 avait condamné Ledreux , lequel n'avait pu intervertir; ensuite l'obligation résultante de cette sentence. (N°. 107, E.) Voyez *Chose jugée.*

II. *Du* 17 *pluviôse, an* 5. Annullation sur la demande de Jean Jeannin , contre Marguerite Charmey, veuve Devaux , de deux jugemens du ci-devant district de la campagne de Lyon , des 3 et 13 frimaire , an 3.

Une contestation s'était élevée en première instance devant le tribunal du district de Vienne, entre les acquéreurs de certains immeubles; Devaux,

vendeur,

vendeur, des créanciers non délégués opposans au sceau des lettres de ratification et d'autres créanciers délégués, dont quelques-uns n'avaient point fait d'opposition.

Le tribunal du district de Vienne rendit un jugement définitif, le 29 avril 1793, par lequel il accorda à Jeannin la permission de consigner, et le déclara, au moyen de la consignation, déchargé des intérêts envers Devaux.

Sur l'appel relevé par Devaux, et porté au tribunal du district de la campagne de Lyon, Jeannin soutint l'appel non-recevable, parce que Devaux n'avait pas donné copie du certificat du bureau de paix constatant sa non conciliation.

Jugement, le 3 frimaire, an 3, par lequel la fin de non-recevoir est rejetée, sous le prétexte que la citation devant le bureau de paix avait été donnée de la part de Jeannin, et que celui-ci avait défendu au fond.

Le 13 du même mois, jugement définitif qui faisant droit sur l'appel, et réformant (sans en donner de motif), sans avoir égard à la consignation du prix de la vente, condamne Jeannin à payer les délégations avec les intérêts aux époques déterminées par le contrat.

Contravention à l'article 7 de la loi du mois d'août 1790, en ce que les juges de la campagne de Lyon ont reçu l'appel contre les dispositions de cet article, portant : *l'appel des jugemens des tribunaux de district ne sera pas reçu, si l'appellant n'a pas signifié copie du certificat du bureau de paix, constatant que sa partie a été inutilement appellée devant ce bureau pour être conciliée.*

Contravention aux articles 7, 15 et 19 de l'édit

III. Partie.   P

de 1771 , en ce que les créanciers non opposans ont été préférés à des créanciers opposans , quoique ces articles disposent que les lettres de ratification purgeront les hypothèques de tous les créanciers du vendeur qui auront négligé de former leur opposition , et que, suivant l'article 19, les créanciers opposans , quoique seulement chirographaires , doivent être préférés aux créanciers privilégiés ou hypothécaires qui auraient négligé de faire leurs oppositions.

Et enfin, à l'article 15 du titre 5 de la loi du mois d'août 1790, qui exige que les questions soient posées , et que les motifs qui auront déterminé les jugemens soient exprimés. (N°. 266, E.) Voyez *Ratification*.

I

INCOMPATIBILITÉ. I. *Du 15 fructidor, an 4.* Annullation sur la demande des mariés Germain, contre Chabert, d'un jugement du tribunal de Séverac, du 18 thermidor, an 3.

On avait appelé pour concourrir au jugement, comme quatrième juge, le maire de la commune de Séverac.

Contravention aux articles 9 et 17 de la loi du mois de mars 1791, portant : *que nul ne peut être en même tems juge et officier municipal.* (N°. 131, E.)

II. *Du 5 vendémiaire , an 5.* Annullation sur la demande de Chazalet, contre Dabre et autres, d'un jugement du tribunal d'Annonay, du 4 vendémiaire , an 4.

Pour compléter le tribunal on avait appellé un juge de commerce, lequel avait concouru au jugement.

Contravention à la loi du 24 brumaire , an 4,

qui veut que les juges civils, ceux de commerce, etc.
ne puissent cumuler leurs fonctions respectives.
(N°. 141 , E.) Voyez *Juges , Suppléan.*

INCOMPÉTENCE. I. *Du 3 brumaire, an 2.*
Cassation d'un jugement du tribunal du district de
Chaumont, du 12 mars 1792, sur appel de sentence
du ci-devant bailliage du même lieu ; sur la demande
de François Dauteaume et sa femme, contre Jean-
Félix Cocqueray.

Il s'agissait au fond, de coupes de bois prétendues
faites en délit, et de la validité d'une donation de
la terre d'où dépendaient ces bois. La réclamation
contre ces coupes de bois, ayant été portée d'abord
par le citoyen Cocqueray devant le bailli de Chaumont, le citoyen Dauteaume avait décliné et demandé le renvoi devant la maîtrise des eaux et
forêts. Nonobstant le déclinatoire, et avant l'expiration du délai de huitaine, sentence par défaut
avait été obtenue par Cocqueray, adjudicative de
ses conclusions. Appel, d'abord au parlement, re-
porté ensuite au tribunal du district de Chaumont.
Quoique les appellans eussent repris les mêmes
conclusions qu'au parlement, tant afin nullité
de la procédure faite au bailliage de Chaumont,
qu'afin de validité de la donation à eux faite et
contestée par Cocqueray ; le tribunal de Chaumont
divisa le procès en deux questions, et d'un seul
procès, fit deux contestations séparées. Statuant en
dernier ressort sur le premier objet, il déclara la
procédure compétente et régulière, et confirma la
sentence dont était appel ; statuant en premier ressort seulement sur le deuxième objet, il annulla
la donation.

Contravention, 1°. à l'article premier du titre 6
de l'ordonnance de 1667, qui défend à tous juges

de retenir aucune cause dont la connaissance ne leur appartient, et dont le renvoi est demandé.

2°. Aux articles 3 et 5 de la même ordonnance, suivant lesquels le délai des assignations données à ceux domiciliés dans la distance de dix lieues, ne peut être moindre de huitaine.

3°. A la règle générale qui n'admet que deux dégrés de jurisdictions, et ne permet pas conséquemment, qu'un procès soit scindé et jugé, partie en dernier ressort et partie à charge d'appel, dans une seule et même instance d'appellation. (N°. 4, B.)

II. *Du 23 frimaire, an* 2. Cassation d'un jugement du tribunal du district d'Ambert, du 14 décembre 1791, sur la demande de Pierre Chapeau, contre Marie Chevalège.

Après avoir déclaré nulle la procédure faite au tribunal de police, le tribunal d'Ambert avait retenu la cause et prononcé sur le fond.

Contravention à l'article premier du titre 6 de l'ordonnance de 1667, portant défenses à tous juges de retenir aucune cause dont la connaissance ne leur appartient ; leur enjoint de renvoyer les parties devant les juges qui en doivent connaître, à peine de nullité. (N°. 23, B.)

III. *Du 4 ventôse, an* 2. Cassation d'un jugement du tribunal du district de Saint-Jean-de-Laune, du 12 mai 1791, sur la demande de Félicité Labaume, veuve Gaucher, contre le officiers municipaux des communes de Pagny et autres.

La citoyenne Labaume, assignée par les officiers municipaux devant le tribunal de Laint-Jean-de-Laune, avait soutenu ce tribunal incompétent et demandé son renvoi devant celui ce Châlons-sur-

Saône. Sans égard à son déclinatoire, dont elle fut déboutée, les juges de Saint-Jean-de-Laune avaient ordonné qu'elle serait tenue de défendre au fond et l'avait condamnée aux dépens, avec mention de *dernier ressort*, attendu que ce jugement ne préjugeait rien au fond, et que dès lors cela devait être regardé comme très-minutieux, et comme s'il n'était question que des dépens.

Cassé comme contraire à l'article 5 du titre 4 de la loi du mois d'août 1790. Une question de conpétence étant un point de droit public non appréciable à une somme d'argent. (N°. 58, B.)

IV. *Du 6 germinal, an 2.* Cassation d'un jugement du tribunal du sixième arrondissement de Paris, du 16 avril 1791, sur la demande de Julien-François Provost, serrurier à Paris, contre Jean Duchesne, menuisier.

Contestation était survenue entre ces deux particuliers, relativement à un petit bâtiment que Provost, propriétaire, faisait élever dans la cour de la maison dont Duchesne était locataire. Le juge de paix, incompétemment saisi de ce différend, avait ordonné la démolition. Sur l'appel, le tribunal du sixième arrondissement avait prononcé la nullité de la sentence du juge de paix, pour cause d'incompétence, et ordonné que les parties procéderaient devant lui sur les derniers erremens.

Contravention à la loi du mois d'août 1790, sur l'ordre judiciaire, en ce que ledit jugement, en prononçant la nullité de celui du juge de paix, comme incompétemment rendu, avait néanmoins laissé subsister les procédures sur lesquelles la sentence du juge de paix avait été rendue ; et ordonné que les parties procéderaient immédiatement devant lui, sans passer préalablement au bureau de conciliation. (N°. 73, B.) Voyez *Déclinatoire, Dernier ressort, Procédure, Jugemens, Rapports.*

INTERDICTION. *Du 22 floréal, an* 3. Rejet d'une requête en cassation, contre un jugement du tribunal d'Evry, du 29 vendémiaire, confirmatif de celui du tribunal de Joigny, par lequel Charles-François Durand avait été interdit pour cause de prodigalité et de démence.

Le moyen de cassation était tiré des maximes de liberté et d'égalité consignées dans la déclaration des droits.

Le motif du rejet fut, que la déclaration des droits n'énonçait que des principes généraux dont l'application devait être déterminée par des lois positives ; or, qu'il n'y avait aucune loi nouvelle qui eût abrogé les anciennes d'après lesquelles la prodigalité et la démence étaient des causes d'interdiction.

J

JUGES CIVILS. On a compris sous cet article plusieurs cassations uniquement fondées sur ce que les juges avaient siégé en nombre inférieur ou supérieur à celui prescrit par la loi.

I. *Du premier brumaire, an* 3. Annullation d'un jugement du tribunal de Villefranche, du 12 germinal, an 2, entre les nommés Janin et Franchiset.

Il s'agissait de l'appel d'un jugement d'un autre tribunal. La loi du mois d'août 1790, article 7 du titre 4, exigeait quatre juges ; trois seulement avaient concouru à ce jugement.

II. *Du 4 germinal, an* 4. Annullation sur la demande de la veuve Galloy, contre Charles Grubis, d'un jugement du tribunal de Saint-Marcellin, du 29 ventôse, an 3.

Il s'agissait d'une revendication ; le jugement du tribunal de Vienne qui en avait débouté la veuve Galloy , avait été confirmé par celui de Saint-Marcellin , lequel avait été rendu par trois juges seulement.

Contravention à l'article 7 du titre 4 de la loi du mois d'août 1790 , qui veut que les tribunaux , prononçant en premier et dernier ressort , ou par appel d'autres tribunaux de district , ne puissent prononcer qu'au nombre de quatre juges. (N°. 3 , E.)

III. *Du 19 thermidor, an 4.* Annullation d'un jugement du tribunal de Pont-Audemer , du 29 pluviôse , an 3 , rendu entre Vaquelen et Tostan , par trois juges seulement.

L'article 220 de la constitution , porte qu'une section ne peut juger au-dessous du nombre de cinq juges.

IV. *Du 20 nivôse , an 5.* Annullation sur la demande de Thierry , contre Dulaunay , d'un jugement du tribunal de Rouen , du 23 germinal , an 3.

Au fond , il s'agissait de la résiliation de plusieurs sous-locations de divers héritages dépendans d'un corps de ferme.

Cette demande avait été rejetée par un jugement en dernier ressort rendu par quatre juges et un suppléant , lequel était superflu. (N°. 249 , E.) Voyez *Suppléans.*

V. *Du 8 ventôse , an 5.* Annullation d'un jugement du tribunal de Neufchâtel , rendu le 18 floréal , an 2 , sur appel d'un autre tribunal , entre les nommés le Tailleau et Blaquet.

Le motif fut que ce jugement avait été rendu par trois juges seulement , tandis que la loi d'alors , celle du mois d'août 1790 , article 7 du titre 4 , en exigeait au moins quatre. Voyez *Jugemens, Suppléans, Commissaires.*

JUGES DE PAIX. On a cru devoir réunir sous ce titre, toutes les cassations relatives à la compétence et aux fonctions des juges de paix en général, à la forme de procéder devant eux et à l'autorité de leurs jugemens.

I. *Du 6 frimaire, an 2.* Cassation d'un jugement du tribunal du district de Tonnerre, du 30 juillet 1790; sur la demande de Trubert et Graillot, contre Pétion.

Ce jugement avait admis et statué sur l'appel d'une sentence par défaut du juge de paix d'Ancy-Lefranc.

Contravention à l'article 4 du titre 3 de la loi du mois d'octobre 1790, portant : que les tribunaux de district ne pourront, dans aucun cas, recevoir l'appel d'un jugement du juge de paix, lorsqu'il aura été rendu par défaut. (N°. 16, B.) Voyez *Appel.*

II. *Du 23 pluviôse, an 2.* Annullation d'un jugement du tribunal du district de Beaugé, du 28 février 1792, sur la demande de Réné Renault, greffier du juge de paix du canton de Nuyant, et encore sur le réquisitoire du commissaire national, contre Réné Leroy, marchand à Brac.

Une sentence de la justice de paix de Nuyant, avait fait défenses à Réné Leroy d'injurier à l'avenir le greffier Renault ; l'avait condamné à cinquante livres de dommages-intérêts, aux frais d'impression et affiche du jugement.

Appel devant le tribunal de Beaugé, qui avait infirmé la sentence du juge de paix, et ordonné la transcription de son jugement en marge de la minute de la sentence.

Annullé comme contraire à l'article 10 du titre 3 de la loi du mois d'août 1790, et au décret de la convention, du 19 pluviôse, an 2, d'après lesquels les juges de paix sont autorisés à statuer en dernier ressort sur les réparations d'injures, toutes les fois que les condamnations pécuniaires n'excédent pas cinquante livres de principal, indépendamment des condamnations d'amende, frais et dépens, et quand bien même la demande en dommages-intérêts aurait été portée à plus de cinquante livres.

Annullé aussi comme contenant excès de pouvoir, quand à la disposition qui ordonnait la transcription sur les minutes de la justice de paix. (N°. 50, B.)

III. *Du 28 pluviôse, an 2.* Cassation d'un jugement du tribunal du district de Mortagne, du 3 avril 1792, sur la demande de Marolles, contre Allard.

Ce jugement avait reçu l'appel d'une sentence préparatoire rendue le 4 mai 1791, par le juge de paix du canton de Saint-Maurice.

Contravention à l'article 5 du titre 6 de la loi du mois d'octobre 1790 ; portant que dans les causes où les juges de paix ne prononcent point en dernier ressort, il n'y aura lieu à l'appel, des jugemens préparatoires, qu'après le jugement définitif et conjointement. (N°. 55, B.)

IV. *Du 2 floréal, an 2.* Cassation de deux jugemens du tribunal de Rambouillet, des 23 avril et 8 juin 1793, sur la demande d'Antoine Lecour et autres, au nombre de dix, contre Etienne Bunel et autres.

Ces jugemens avaient reçu l'appel de *cent* jugemens rendus *le même jour* par le juge de paix du

canton des Essarts, dont chacun portait une condamnation de cinquante livres de dommages-intérêts
envers chacun des demandeurs. Le tribunal de
Rambouillet s'était déterminé à admettre l'appel,
sur ce que toutes ces cédules de citation, données
le même jour, présentaient le même objet dont la
connexité ne devait produire qu'un nombre de jugemens égal à celui des demandeurs, c'est-à-dire,
dix au lieu de cent ; et que les condamnations réunies formaient une masse de cinq mille livres de
dommages-intérêts, ce qui excédait de beaucoup
la compétence en dernier ressort du juge de paix.

Néanmoins cassation fondée sur l'article 10 du
titre 3 de la loi du mois d'août 1790, qui autorise
les juges de paix à juger sans appel jusqu'à la
valeur de cinquante livres. (N°. 81 , B.)

V. *Du 29 floréal, an 2.* Cassation sur le réquisitoire du commissaire national, de plusieurs jugemens du tribunal du district de Vic, qui avaient cassé
plusieurs jugemens du juge de paix de Rabastens,
sous prétexte de défaut de qualité dans ses assesseurs, et qui l'avaient personnellement condamné
aux dépens ; comme contenant excès de pouvoir,
en ce qu'il n'appartient qu'au tribunal de cassation
seul de *casser* des jugemens, et en ce qu'aucunes
des lois nouvelles n'autorisent les tribunaux de
district à condamner les juges de paix personnellement aux dépens , pour nullité des jugemens
qu'ils auraient rendus. (N°. 99 , B.)

VI. *Du 9 messidor , an 2.* Cassation sur le
réquisitoire du commissaire national , d'un jugement du 24 nivôse, an 2, par lequel le juge de paix
du canton de Bourmont avait réintégré dans ses
fonctions, le nommé Martin, maire de Malincourt,

suspendu par un arrêté du directoire du départementment de la Haute-Marne , pour avoir volé des
effets nationaux.

Excès de pouvoir et contravention à l'article 13
du titre 2 de la loi du mois d'août 1790. (Nº. 20, B.)

VII. *Du 23 thermidor, an 2.* Sur la demande
de Joseph-Dominique Fleury , contre Mulot et
Genesey , cassation d'un jugement du tribunal
de Pont-Audemer, du 20 avril 1792, 1º. comme
contraire à l'article 7 du titre 6 du décret du mois
d'octobre 1790 , en ce qu'il avait reçu l'appel
de deux jugemens préparatoires de la justice de
paix de Bourgthéroude ; 2º. comme contraire à
l'article 22 du décret du 6 mars 1791 , en ce qu'il
avait condamné le demandeur à l'amende de
trente livres pour non comparution au bureau de
paix , laquelle n'était exigée qu'en cas de citation
devant un tribunal de district ;

Et sur le réquisitoire du commissaire national,
cassation de toute la procédure faite devant le juge
de paix de Bourgthéroude, comme contenant excès
de pouvoir , en ce qu'elle avait pour objet de prétendues injures résultantes d'une motion faite , en
assemblée primaire, touchant les qualités requises
pour voter. (Nº. 181 , B.)

VIII. *Du 3 fructidor , an 2.* Sur la demande
de Jean Guérin, contre Jacques Laffara, cassation
d'un jugement du tribunal du district de Mâcon,
du 15 septembre 1792.

Guérin avait interjeté appel de la sentence d'un
juge de paix qui l'avait condamné à passer un bail
de sept cents livres, pendant 9 années, ce qui
excédait visiblement sa compétence ; et sur cet
appel d'incompétence, le tribunal de Mâcon, au

lieu d'y statuer, avait ordonné un interlocutoire sur le fond ; ce qui était une double contravention aux articles 9 et 10 du titre 3 de la loi du mois d'août 1790, sur la compétence du juge de paix, et à l'article 5 du titre 5 de l'ordonnance de 1667, laquelle veut qu'en toute instance il soit préalablement statué sur les nullités et autres exceptions péremptoires. (N°. 189, B.)

IX. *Du 8 fructidor, an 2.* Sur le réquisitoire du commissaire national, cassation d'un jugement du tribunal du district du Blanc, du 15 floréal, pour avoir statué sur l'appel d'une sentence par défaut d'un juge de paix, contrairement à l'article 4 du titre 3 de la loi du mois d'octobre 1790 ; et du jugement du juge de paix de Mérigny, du 13 brumaire, pour l'avoir rendu assisté de deux citoyens sans caractère ; et pour avoir connu d'une demande de deux cent quarante-quatre livres pour ouvrages de maçonnerie. (N°. 195, B.)

X. *Du 26 thermidor, an 4.* Annullation sur la demande de Dumas, contre l'Harpal, d'un jugement du tribunal de Meude, du 24 thermidor, an 3.

Il s'agissait de l'appel d'une sentence de la justice de paix. Un suppléant appellé avait concouru, sans nécessité, au jugement comme quatrième juge.

Contravention à l'article 9 du titre 3 de la loi du mois d'août 1790, portant que le juge de paix jugera *assisté de deux assesseurs.* (N°. 117, E.)

XI. *Du 26 thermidor, an 4.* Annullation sur le réquisitoire du commissaire du pouvoir exécutif, d'un jugement du juge de paix du canton d'Eloy, du 10 nivôse précédent.

Il s'agissait d'un délit forestier : le juge de paix

avait fait une injonction à l'agent de la municipalité de Saint-Nebord, de faire publier son jugement. Il avait prononcé contre une commune non citée, et même il avait prononcé sur une prétendue propriété communale d'une valeur indéterminée.

Contravention à l'article 12 du titre 10 de la loi du mois d'août 1790, qui défend aux juges *de faire des réglemens;* à l'article 13, qui veut que les fonctions judiciaires soient séparées des fonctions administratives; et aux articles 9 et 10, qui n'autorisent pas le juge de paix à connaître du droit de propriété. (N°. 118, E.)

XII. *Du 15 fructidor, an 4.* Annullation sur le réquisitoire du commissaire du pouvoir exécutif, d'un jugement du juge de paix de Novion, du 30 germinal précédent.

Il avait été prononcé sur un droit de propriété.

Contravention aux articles 9 et 10 du titre 3 de la loi du mois d'août 1790, qui, énumérant les affaires de la compétence des juges de paix, n'y comprend pas celles où il s'agit de propriété. (N°. 130, E.)

XIII. *Du 9 ventôse, an 5.* Annullation sur la demande de Goretier, contre les directeurs des coches et diligences de Savonne, de deux jugemens du tribunal civil du département du Rhône, des 13 pluviôse et 7 ventôse, an 3.

Au fond, il s'agissait de la restitution de cent cinquante minots de sel naufragés et perdus.

Le juge de paix du canton du nord-ouest de Lyon, devant lequel la contestation avait été portée, comme seul compétent, pour en connaître, depuis la loi des 23 et 24 juillet 1793, avait ordonné cette restitution par défaut.

Sur l'appel, et malgré la fin de non-recevoir opposée et prise de la loi qui défend l'appel en ce cas, premier jugement qui ordonne de défendre au fond ; et second jugement qui met hors de cause, notamment parce que celui du juge de paix ne contenait pas les quatre parties distinctes, comme si les jugemens de la justice de paix étaient soumis à cette règle. On avait appellé à ce second jugement un suppléant, dont la présence n'était pas nécessaire.

Contravention à l'article 3 du décret du 10 novembre 1790, auquel il n'a pas été dérogé par la loi des 23 et 24 juillet 1793, suivant lesquels *les tribunaux de district ne pourront, dans aucun cas, recevoir l'appel d'un jugement du juge de paix, lorsqu'il aurait été rendu par défaut.*

Et à l'article 29 de la loi du 27 mars 1791, qui veut que *les suppléans ne soient appellés que dans le cas où leur assistance peut être nécessaire à la validité des jugemens ;*

Et fausse application de l'article 15 du titre 5 de la loi du mois d'août 1790, qui porte : *la rédaction des jugemens, tant sur l'appel qu'en première instance, contiendra quatre parties distinctes.* (N°. 283, E.)

XIV. *Du 22 ventôse, an 5.* Annullation sur la demande de Louis Laroche, contre Pierre Hillairet et la veuve Jean Picq, d'un jugement du tribunal de Mouliac, du 22 vendémiaire, an 4.

Au fond, il s'agissait du compte de bénéfice qu'avait produit la vente d'une paire de bœufs donnés à cheptel, et du rétablissement de ces bœufs vu l'exportation du cheptel.

La justice de paix, saisie en conséquence de la loi du 15 germinal, an 3, sur les cheptels, avait rendu un jugement dont l'appel avait été déclaré non-recevable, sous le prétexte que cette loi, en attribuant ce genre d'affaires au juge de paix, n'avait pas réservé l'appel, et cependant elle ne lui donnait pas la compétence du dernier ressort.

Contravention à l'article 9 du titre 3 de la loi du mois d'août 1790, ainsi conçu : *le juge de paix assisté de deux assesseurs, connaîtra avec eux de toutes les causes purement mobiliaires et personnelles, sans appel, jusqu'à la valeur de cinquante livres, et à charge d'appel jusqu'à la valeur de cent livres.* (N°. 295, E.)

XV. *Du 2 floréal, an 5.* Annullation sur la demande de Schwends et consorts, contre les mariés Chrétien, d'un jugement du tribunal de Bitche, du 25 juillet 1793.

Il avait été rendu un jugement en la justice de paix, dont l'appel avait été porté au tribunal de Saverne, qui l'avait jugé ; et c'était sur l'appel du jugement de Saverne, que le tribunal de Bitche avait prononcé en troisième instance.

Contravention à l'article 12 de la loi du mois d'août 1793 (*vieux style*), qui veut que l'appel des jugemens de paix soit jugé en dernier ressort. (N°. 326, E.)

JUGEMENS. On a compris, sous ce titre, les cassations fondées sur des vices et des omissions de formes dans le prononcé et la rédaction des jugemens. Le nombre de ceux cassés pour omission des quatre parties distinctes dans la rédaction, était presque infini. On a cru devoir se borner à quelques exemples.

I. *Du 24 mai 1792.* Annullation, sur le réquisitoire du commissaire du pouvoir exécutif, d'un jugement rendu par le tribunal de district de Guise, le 28 décembre 1791.

Les officiers municipaux de Vaudencourt ayant refusé de recevoir le serment du citoyen Lefèvre, en qualité de maire de cette commune, il s'était pourvu, devant le tribunal de Guise, en dommages et intérêts contre les officiers municipaux. Le tribunal avait prononcé, sur cette contestation, deux jugemens qui n'étaient pas rédigés dans la forme prescrite par la loi du 24 août 1790, et qui, notamment, n'énonçaient pas le fait qui pouvait établir la compétence du tribunal de Guise.

Contravention à l'article 15 du titre 5 de la loi du 24 août 1790, qui porte : *la rédaction des jugemens, tant sur l'appel qu'en première instance, contiendra quatre parties distinctes ; dans la première, les noms et les qualités des parties seront énoncés ; dans la seconde, les questions de fait et de droit qui constituent le procès, seront posées avec précision ; dans la troisième, le résultat des faits reconnus ou constatés par l'instruction et les motifs qui auront déterminé le jugement ; la quatrième enfin, contiendra le dispositif du jugement* (N°. 10, E.)

II. *Du 30 août* 1792. Annullation d'un jugement rendu par le tribunal du quatrième arrondissement de Paris, le 26 juillet 1791, entre la veuve Dumont et les administrateurs du bureau de correspondance nationale et étrangère établi à Paris.

Ce jugement n'était pas rédigé dans la forme prescrite par la nouvelle loi.

Contravention à l'article 15 du titre 5 de la loi du 24 août 1791, rapporté ci-dessus. (N°. 22, E.)

III. *Du 15 septembre* 1792. Annullation, sur
le

le réquisitoire du commissaire du pouvoir exécutif, d'un jugement rendu par le tribunal du cinquième arrondissement de Paris, le 20 mai 1791, entre les Formentin et les Bardet.

Par un premier jugement rendu et prononcé à l'audience publique, le tribunal du cinquième arrondissement avait statué sur les conclusions des parties ; mais s'étant ensuite apperçu d'une erreur qui lui était échappée au premier examen, il rendit, sans nouveau rapport public, un second jugement, portant, sur un point de la contestation, des dispositions diamétralement opposées à celles du premier.

Le ministre de la justice, d'après un décret du corps législatif, avait dénoncé ce jugement au tribunal, en l'invitant à examiner si les juges n'étaient pas dans le cas de la forfaiture.

Le jugement a été cassé comme contenant, 1°. un excès de pouvoir, en ce que le tribunal a réformé, après l'audience et hors de l'audience, un jugement par lequel il avait consommé sa mission ; 2°. et une contravention directe à l'article 14 du titre 2 de la loi du 24 août 1790, qui veut que tous jugemens soient rendus publiquement.

L'examen approfondi de l'affaire, a écarté tout soupçon sur les intentions des juges du cinquième arrondissement. (N°. 24, E.)

IV. *Du 30 novembre* 1792. Annullation d'un jugement rendu par le tribunal du district de l'Aigle, le 8 juillet 1791, sur l'appel d'une sentence de la ci-devant gruerie de Moulins-la-Marche, entre Louis Goment et François Leroy, Jean Godet et Nicolas Dubourg.

III. Partie.   Q

Ce jugement ne contenait que les qualités des parties, leurs conclusions et le dispositif.

Contravention à l'article 15 du titre 5 de la loi du 24 août 1790. (N°. 33, E.)

V. *Du 19 janvier* 1793. Annullation d'un jugement rendu par le tribunal du sixième arrondissement de Paris, le 12 octobre 1791, entre de Busseuil et Leprêtre-Vauban.

Ce jugement ne contenait pas l'énonciation des questions de fait et de droit.

Même contravention. (N°. 46, E.)

VI. *Du premier brumaire, an* 2. Cassation d'un jugement du tribunal du district de Joigny, du 7 septembre 1791, confirmatif de celui du juge de paix de Villemer, du 29 juin précédent, sur la demande de Charles-François Durand, contre Auguste Nault.

Pour défaut de rédaction conforme à l'article 15 du titre 5 de la loi du mois d'août 1790.

VII. *Du 18 brumaire, an* 2. Cassation d'un jugement du tribunal du district de Péronne, du 19 janvier 1792, sur la demande de Cochet, contre Benoit.

Défaut de rédaction conforme à l'article 15 du titre 5 de la loi du mois d'août 1790. Il avait statué en premier et dernier ressort, dans une matière de valeur indéterminée. Contravention à l'article 5 du titre 4 de la même loi.

VIII. *Du premier nivôse, an* 2. Cassation d'un jugement du tribunal du district de Rennes, du 12 mai 1791, entre Faucher, Cadenet et autres, pour défaut de rédaction conforme à l'article 15 du titre 5 de la loi du mois d'août 1790. (N°. 27, B.)

IX. *Du* 19 *nivôse, an* 2. Cassation d'un juge-ment du tribunal du district de Caudebec, entre Pierre Aubert et Jean Ruffi.

Même cause. (N°. 33, B.)

X. *Du* 12 *pluviôse, an* 2. Cassation d'un jugement du tribunal de Cany, du 16 août 1791, entre François Eudier et Jean-Baptiste Briere, en ce qu'il avait été rendu sur délibéré en la chambre du conseil : contraire à l'article 14 du titre 2 de la loi du mois d'août 1790, portant que tous rap-ports et jugemens seront faits et rendus en public. (N°. 42, B.)

XI. *Du* 8 *floréal, an* 3. Annullation, sur la de-mande d'Etienne Dubois, contre Deshayes et au-tres, d'un jugement du tribunal de Mortagne, du 18 juin 1793.

Il s'agissait au fond de vente de bois à couper. Le jugement n'énonçait, ni questions, ni résultats, ni motifs.

Contravention à l'article 16, titre 5 de la loi du mois d'août 1790, qui voulait *que la rédaction des jugemens contînt quatre parties....., et énoncia-tion dans la seconde des questions de fait et de droit...; dans la troisième du résultat des faits..., et des motifs*. (N°. 39, E.)

XII. *Du* 14 *floréal, an* 3. Annullation, sur la demande de Charles Perron, contre Dupoyrier, d'un jugement du tribunal de Champlitte, du 31 octobre 1791.

. Il avait été ordonné qu'il en serait délibéré, et le rapport avait été fait par un juge qui n'avait pas assisté à l'audience.

Même contravention que ci-devant (N°. 44, E.)

XIII. *Du 14 floréal, an* 3. Annullation sur la demande d'Aubry Mulet, contre Marinier, d'un jugement du tribunal de Mortagne, du 25 fructidor, an 2.

Il s'agissait du bail fait par anticipation à Marinier, d'une propriété nationale adjugée à Mulet.

La délibération n'avait pas été publique; le jugement avait été différé, et nul rapporteur nommé.

Contravention à l'article 10 de la loi du 3 brumaire, an 2, qui voulait, après examen des pièces, on revînt à l'audience pour délibérer en public, et opiner à haute voix; ou, en différant, qu'il fût nommé un rapporteur, et le jour du rapport indiqué.

L'objet était de valeur indéterminée, et l'on avait jugé en premier et dernier ressort. (N°. 42, E.) Voyez *Dernier ressort.*

XIV. *Du 6 prairial, an* 3. Annullation sur la demande de Philippe Kobler, contre François Rhozman et autres, d'un jugement du tribunal de Sarguemine, du 9 prairial, an 2.

Il s'agissait d'une licitation déclarée nulle, et d'après laquelle Kobler avait acheté de l'adjudicataire. Le jugement l'évinçait; mais il n'énonçait ni questions ni motifs.

Contravention à l'article 15 du titre 5 de la loi du mois d'août 1790. (N°. 65, E.)

XV. *Du premier fructidor, an* 3. Annullation sur la demande de Javoye et autres, contre Lévêque et autres, d'un jugement du tribunal du district de Nantes, du 9 fructidor, an 3.

Ce jugement intervenu entre différens artistes de Nantes, prétendant droit à l'adjudication de portions de bois d'acajou compris sur la cargaison d'un navire Anglais, pris par les corsaires le *Neptune* et le *Républicain*, non-seulement ne contenait point les noms, qualités et domiciles de tous ceux qui avaient part à la demande; mais encore ne désignait pas le nombre de ceux au profit desquels il était rendu.

Ce qui était contraire à l'article 15 du titre 5 de la loi du 24 août 1790. (N^c. 96, E.)

XVI. *Du quatrième jour complémentaire, an 3.* Annullation sur la demande d'Yves-Marie Coignac, tuteur des enfans mineurs d'autre Yves-Marie Coignac, son frère, contre Fonteneau, sa femme et consorts, d'un jugement du tribunal du district de Guingamp, du 19 vendémiaire, an 3.

1°. Les juges avaient délibéré à la chambre du conseil, et étaient seulement rentrés à l'audience pour la prononciation du jugement.

2°. Le commissaire national n'avait pas été entendu, quoique la cause intéressât des mineurs. (N°. 118, E.) Voyez *Ministère public, Mineurs.*

XVII. *Du 13 vendémiaire, an 4.* Annullation sur la demande de Lapotaire et Vallée, contre Bagot, d'un jugement du tribunal du district de Quimper, du 29 frimaire, an 3.

Le jugement attaqué, rendu sur délibéré, condamnait les demandeurs à restituer à Bagot, des marchandises qu'il réclamait, sinon la valeur, et de plus en vingt-mille livres de dommages et intérêts pour l'avoir fait mal à propos incarcérer, avec impression et affiche du jugement.

Il a été reconnu par l'examen des pièces du procès, qu'il n'avait point été nommé de rapporteur, ni indiqué de jour pour le rapport du délibéré, qui n'avait même été fait que plus de trois mois après le jugement qui l'avait ordonné ; que les juges après avoir déclaré, lors du rapport, qu'ils allaient se retirer à la chambre du conseil pour y délibérer, s'y étaient en effet retirés, et y avaient délibéré, et qu'étant ensuite rentrés à l'audience, ils avaient prononcé leur jugement sans opiner publiquement.

Même contravention que ci-dessus. (N°. 122, E.)

XVIII. *Du 4 frimaire, an 4.* Annullation sur la demande de Valogne, contre le commissaire du pouvoir exécutif, d'un jugement du tribunal du district de Bayeux, du 16 vendémiaire, an 3.

Le demandeur avait été condamné par un jugement du tribunal de police municipale de Bayeux, à une amende et à la confiscation de sept boisseaux de bled, pour fausse déclaration.

Sur l'appel, un jugement avait ordonné un délibéré, et nommé un rapporteur; mais sans indiquer le jour du rapport. L'affaire avait été rapportée en exécution de ce premier jugement; mais en l'absence des parties, et les juges n'étant qu'au nombre de trois, avaient déclaré le demandeur non-recevable dans son appel, sur ce que la signification du jugement de première instance ayant été faite le 4, l'appel ne pouvait pas être interjeté le 13, attendu qu'il s'était écoulé plus de huitaine.

Contravention, 1°. à l'article 10 de la loi du 3 brumaire, an 2, qui porte : *que le jour du rapport sera indiqué.*

2°. A l'article 7 du titre 4 de la loi du 24 août 1790, qui porte : *qu'en cause d'apel, les tribunaux prononceront au nombre de quatre juges.*

3°. A l'article 14 du titre 2 de la même loi, qui veut que tout citoyen ait le droit de défendre lui-même sa cause verbalement ou par écrit.

4°. A l'article 40 du titre premier de la loi du mois

de juillet 1791, qui, accordant le délai de huitaine pour interjeter appel des jugemens de police municipale, n'a point fait exception à la règle générale, *dies termini non computatur in termino.* (Nº. 135, E.)

XIX. *Du 5 frimaire, an* 4. Annullation sur la demande de Georges Bour, contre Michel, d'un jugement du tribunal du district de Dieuse, du 23 germinal, an 3.

Le jugement attaqué ne présentait aucune question de fait ni de droit, ni de résultat de fait, et principalement aucun motif.

Il était en outre question d'un refus fait par le demandeur d'accepter une tutèle qui lui avait été déférée par avis de parens assemblés devant le juge de paix, contre lequel il s'était pourvu par voie de demande devant le tribunal de Dieuse, qui ne pouvait par conséquent y statuer qu'à la charge d'appel, et non en dernier ressort, comme il l'avait fait, sans le consentement des parties. (Nº. 136, E.)

XX. *Du 12 vendémiaire, an* 5. Annullation sur la demande de Buté, contre sa femme, d'un jugement du tribunal de Clermont-sur-Oise, du premier messidor, an 3.

Il était question du divocre poursuivi par la femme; le mari prétendant que toutes les significations relatives lui avaient été faites à un autre domicile que le sien, avait sur ce fondement interjeté appel.

Le tribunal de Clermont, en le déclarant non-recevable dans cet appel, n'avait pas même énoncé la question du domicile qui était l'unique.

Contravention à l'article 15 de la loi du mois

d'août 1790, qui exige, dans la rédaction des jugemens, quatre parties, dont la seconde et la troisième doivent contenir l'énonciation des questions de fait et de droit, et la quatrième la déclaration des résultats de faits et des motifs. (N°. 146, E.)

XXI. *Du 27 brumaire, an 5.* Annullation sur la demande d'Oblet, contre Alard, d'un jugement du tribunal de Noyon, du 11 vendémiaire, an 4.

Omission d'énoncer les questions et les motifs du jugement.

Même contravention. (N°. 194, E.)

XXII. *Du 29 brumaire, an 5.* Annullation sur la demande de Jolminihac, contre Laplacette, d'un jugement du tribunal de la Réole, du 14 mars 1792.

Il s'agissait de liquidation d'impenses. Le tribunal en avait rejeté un article sans poser la question relative, ni ses motifs.

Même contravention. (N°. 203, E.)

XXIII. *Du 5 frimaire, an 5.* Annullation sur la demande de Lecousse, contre Plassard, des jugemens du tribunal de Carhaix, des 8 et 12 vendémiaire, an 4.

Il s'agissait de la revendication d'héritages, dont le revenu n'était pas déterminé. Il avait été jugé en premier et dernier ressort.

Le jugement avait été rendu en secret, le 8 vendémiaire, et prononcé à l'audience le 12. (N°. 212, E.) Voyez *Procédure, Dernier ressort, Juges, Excès de pouvoir, Rapport.*

L

LÉGITIMATION. *Du 24 thermidor, an 4.* Annullation, sur la demande des frères Dreux, contre les sœurs Dreux-Rousselet, d'un jugement du tribunal du quatrième arrondissement du département de Paris, du 6 fructidor, an 3.

Il s'agissait de la succession de la veuve d'Estaing.

Les sœurs Dreux-Rousselet tiraient leur droit de la légitimation de leur père, fils né hors mariage, de Dreux-Château-Renard, accordée par les lettres du prince.

Ces lettres avaient été enregistrées au ci-devant parlement de Paris, en vertu d'arrêt du 2 septembre 1758, par lequel la femme d'Estaing même, de la succession de laquelle il s'agissait, avait été déboutée de son opposition.

Il avait été soutenu que ces lettres, accordées après la mort du prétendu père actuel, n'avaient pu donner au fils ni à sa postérité, aucun droit de succéder à ceux de la famille, leur effet étant borné à conférer la capacité d'exercer des offices publics.

Le jugement argué avait déclaré que l'arrêt de 1758 avait décidé la question, et assuré au fils légitime tous les droits attachés à la naissance légitime et au lien de la famille, et que les sœurs Rousselet avaient en leur faveur la chose jugée.

Fausse application de l'article 5 du titre 27 de l'ordonnance de 1667, sur les jugemens qui ont passé en force de chose jugée; car l'arrêt de 1758 n'avait rien ajouté aux lettres de légitimation, lesquelles n'avaient pu conférer la capacité de succéder sans le consentement des parens. (N°. 114, E.)

LETTRES-DE-CHANGE. I. *Du* 13 *germinal,* *an* 4. Annullation sur la demande de Charles Marchand, contre la veuve Guilley, d'un arrêt du ci-devant conseil supérieur du Port-au-Prince, du 25 mai 1787.

Il s'agissait d'une lettre-de-change tirée, en 1778, de Saint-Domingue sur Nantes, endossée par Marchand au profit de Picard, et, par celui-ci, au profit de feu Guilley, protestée le 7 décembre 1778, renvoyée à Saint-Domingue, où le protêt avait été dénoncé.

En 1785, Guilley avait assigné Marchand en paiement; mais il fut déclaré non-recevable par le sénéchal du Port-au-Prince; mais cette sentence avait été réformée, et Marchand condamné à payer la somme portée dans la lettre-de-change.

Il y avait certificat du ministre de la marine, que l'exécution de l'ordonnance de 1673 avait été ordonnée à Saint-Domingue, par arrêt du 6 mars 1787, du ci-devant conseil souverain, séant alors au petit Goave.

Par conséquent, contravention à l'article 21 du titre 5 de cette ordonnance, portant que les lettres ou billets de change seraient réputés acquittés après cinq ans de cessation des demandes et poursuites; la demande n'ayant eu lieu qu'après ce temps. (N°. 12, E.)

II. *Du 17 frimaire, an 5.* Annullation sur la demande de Tarbé, contre Letailleur, d'un jugement du tribunal de la Seine-Inférieure, du 12 pluviôse, an 4.

Il s'agissait de traites sur Londres, endossées par Letailleur, ensuite par Tarbé, et dont Taylor étoit porteur. Elles avaient été protestées. Taylor poursuivit Tarbé au tribunal de commerce de Rouen : Letailleur fut appellé en garantie; la demande principale fut adjugée. Letailleur fut déchargé de la garantie, sauf à Tarbé, après la remise qui lui serait faite des lettres-de-change, à procéder par action nouvelle et directe; et le jugement du tribunal de la Seine-Inférieure, sur l'appel de Tarbé, fut confirmatif, et donna acte à Letailleur de l'offre de rembourser, au cours du change, lors de la négociation.

Contravention à l'article 13 du titre 8 de l'ordonnance de 1667, et à l'article 3 du titre 3 de l'ordonnance de 1673, dont l'une voulait que la demande principale et la garantie étant en même tems en état, il y fut fait droit par le même jugement; et l'autre autorisait la poursuite contre ceux qui ont endossé les lettres-de-change.

Contravention encore à la loi du 29 nivôse, an 4, qui voulait que les lettres-de-change, tirées de France sur l'étranger, en valeur métallique, ne pussent être remboursées que dans les mêmes valeurs, au cours du change, lors du paiement. (N°. 217, E.) Voyez *Commerce*, *Marine*, *Prises maritimes*.

M

MAIN-MORTABLE. Annullation sur la demande de Claude - Joseph Damour - Vaillet et autres, contre Marie-Hélène Réverchon, femme de Lami et autres, d'un jugement du tribunal du district de Gex, du 26 frimaire, an 3.

Il s'agissait de la succession de Claude-Joseph Ganeval, mort le 16 janvier 1789, et qui était de condition main-mortable; le district de Gex avait confirmé une sentence rendue le 4 février 1784, entre les prétendans à cette succession.

La cassation est fondée sur ce que le tribunal de Gex admettant l'existence d'une contestation sur la succession dont il s'agit, n'avait dû la décider que suivant l'article 3 de la loi du 28 nivôse, an 2, qui porte : *que dans le cas de successions de main-mortables*, ouvertes le 14 juillet 1789; et respectivement auxquelles il existe des procès antérieurement au 4 août suivant, lesdites successions seront adjugées aux parens qui y étaient appellés, lors de leur ouverture, par les lois, statuts ou coutumes observés entre personnes non main-mortables. (N°. 146, E.) Voyez *successions*.

MARIAGE (Opposition à). *Du 15 floréal, an 2.* Cassation, sur le réquisitoire du commissaire national, d'un jugement du tribunal de Domfront, du 26 juillet 1793, confirmatif d'un autre du juge de paix de Messey; lequel avait accueilli l'opposition *non motivée* de la veuve Denis, au mariage de sa fille avec un curé.

Contraire aux articles 4 et 9 de la section 3 du titre 4 de la loi du mois de septembre 1792, sur l'état civil, d'après lesquels toute opposition à mariage doit être motivée, sinon tenue pour nulle et non avenue. (N°. 88, B.) Voyez *Divorce*.

MARINE, COMMERCE MARITIME. I. *Du 20 août* 1791. Annullation d'un arrêt rendu par le parlement de Rouen, le 28 février 1788, entre les officiers municipaux de Carentan et Louis-Julien Yon, dit Dangy.

Cet arrêt a été cassé, comme renfermant une contravention à l'article premier du titre 7, livre 4 de l'ordonnance de la marine, conçu en ces termes: *sera réputé bord et rivage de la mer, tout ce qu'elle couvre et découvre pendant les nouvelles et pleines lunes, et jusqu'où le grand flot de mars se peut étendre sur les grèves.* (N°. 47, E.)

II. *Du 24 décembre* 1791. Annullation d'un arrêt du parlement d'Aix, du 6 juillet 1790, entre les entrepreneurs de la forêt de Parmâ et Mathieu Lamanon, capitaine du bâtiment le *Saint-Pierre.*

Le bâtiment le *Saint-Pierre*, capitaine Lamanon, fut pris par un corsaire, le 29 avril 1780. L'arrêt avait condamné les entrepreneurs de l'exploitation de la forêt de Parma, à payer les nolis des bois embarqués pour leur compte dans ce bâtiment. L'action du capitaine, pour obtenir condamnation de ce nolis, n'avait été formée que le 31 mai 1786.

Contravention à l'ordonnance de la marine, 1°. à l'article 2 du titre 12, livre premier, qui porte : *les maîtres ou patrons ne pourront faire aucune demande pour leur fret, un an après le voyage fini;* 2°. à l'article 18 du titre 3, livre 3, qui porte : *il n'est dû aucun fret des marchandises prises par l'ennemi.* (N°. 59, E.)

III. *Du 28 septembre 1792.* Rejection de l'opposition formée par les Monneron et consorts, envers un arrêt du conseil du 4 mars 1791, entre les Monneron et consorts, et les Chautaud, frères.

Un arrêt de la cour provisoire de Rennes, du 4 septembre 1790, avait adjugé à Monneron et autres assureurs du navire le *David,* naufragé près de l'Isle-de-France, le fret de ce navire, quoiqu'il ne fût pas compris dans la police d'assurance.

Contravention à l'article 6 de la déclaration du 17 août 1779, qui porte : *le fret acquis ne pourra être assuré et ne pourra faire partie du délaissement du navire, s'il n'est expressément compris dans la police d'assurance.*

L'arrêt du conseil du 4 mars 1791, auquel Monneron et consorts avaient formé opposition, prononçait la cassation de celui de Rennes. (N°. 27, E.)

IV. *Du 26 messidor, an 2.* Jugement qui rejète l'opposition formée à un arrêt du ci-devant

Conseil, par Simon Catrice et compagnie, négocians à Dunkerque, contre les citoyens Faucon, Bournainville et autres, négocians-assureurs à Rouen.

Ces derniers ayant assuré le vaisseau l'*Aimable-Sara*, lequel fût abandonné en mer près des Sorlingues, furent d'abord traduits par les armateurs devant l'amirauté de Dunkerque, pour paiement de leur assurance. Condamnés, ils se pourvurent au ci-devant conseil, qui cassa le jugement de l'amirauté, et renvoya la contestation au parlement de Rouen. C'est à cet arrêt que les armateurs avaient formé opposition, dont ils furent déboutés, attendu que le jugement de l'amirauté était en effet contraire à l'article 46 de l'ordonnance de la marine, à l'article 5 des lettres-patentes du 17 août 1779, et encore aux articles 18 et 62 du titre *des assurances;* en ce qu'il n'y avait pas eu naufrage ni échouement au *Sara;* mais simplement *avarie.* (N°. 153, B.) Voyez *Prises, Commerce.*

MAXIMUM. I. *Du* 17 *germinal, an* 3. Annullation sur la demande de Léonard Proger, contre Jean Terreux, d'un jugement du tribunal de commerce du Mans, du 6 fructidor, an 2.

Il s'agissait d'une vente de toile, et de savoir si le prix avait dû être celui de la convention ou celui de la loi sur le *maximum.* Les juges avaient ordonné l'exécution de la convention, bien qu'il fût constant que la délivrance n'avait pas précédé la loi sur le *maximum.*

Contravention à l'article 12 de la loi du mois de septembre 1793, *qui assujétit au maximum les marchandises stipulées au dessus......, dans les marchés......, qui n'auront pas été reçues, expédiées ou mises en route.* (N°. 11, E.)

II. *Du* 28 *ventôse, an* 4. Annullation sur la demande de Baron, contre Dujeat, d'un jugement du tribunal du troisième arrondissement de Paris, du 22 ventôse, an 3.

Il s'agissait de la vente d'une pièce d'eau-de-vie. Il y avait eu offre d'après le tarif du *maximum*; Jugement du premier nivôse, qui n'avait été signifié que le 17, et cependant l'on avait jugé les offres suffisantes.

Contravention à la loi du 24 nivôse, expliquée par celles des 8 ventôse, 5 floréal et premier fructidor, suivant lesquelles il faut, pour que le prix demeure fixé au *maximum*, que le jugement ait été signifié avant la loi du 4 nivôse...:, que les marchandises aient été vendues, jaugées et payées en totalité avant la même loi...., et que les offres sans consignation ne tiennent pas lieu de paiement. (Nº. 186, E.)

III. *Du* 7 *messidor, an* 4. Annullation sur la demande de Maugé, contre Cauche, d'un jugement du tribunal de Bordeaux, du 8 prairial, an 3.

Il s'agissait d'une vente de sirop mélasse, faite le 12 fructidor, an 2, dont le résiliement fut demandé après la révocation *du maximum*, parce que la délivrance n'avait pas été faite. Le tribunal de Bordeaux réformant celui de commerce, avait rejeté la demande.

Contravention à l'article 2 de la loi du 24 nivôse, an 3, qui voulait que le prix des marchandises stipulé au *maximum*, qui n'auraient pas été livrées, fut élevé au prix du commerce. (Nº. 81, E.)

IV. *Du* 22 *messidor, an* 4. Annullation sur la demande de Lemeyer, Bermont et compagnie, contre Thomas, d'un jugement du tribunal de la Réole, du 22 prairial, an 3.

Il s'agissait de vin vendu, marqué et entièrement payé en brumaire et frimaire, an 3, et dont l'entretien avait dès lors été à la charge des acheteurs, dont une partie fut transportée au mois de nivôse. Thomas avait ensuite prétendu qu'il n'y avait pas eu délivrance, et que la loi du 24 nivôse l'autorisait à exiger le prix du commerce; et il avait été ainsi jugé.

Contravention à l'article 2 de la loi du 28 ventôse, an 3, selon lequel les marchandises vendues avant l'abrogation de la loi du *maximum*, et restées dans les magasins des vendeurs aux risques des acquéreurs, étaient censées livrées. (N°. 93, E.)

V. *Du 26 thermidor, an 4.* Annullation sur la demande des frères Rivière, contre Paulet, d'un jugement du tribunal de Bordeaux, du 14 floréal, an 3.

Il s'agissait d'une vente de sucre; la délivrance avait éprouvé des retards forcés par des oppositions, et ensuite des retards volontaires de la part des vendeurs. Le tribunal de commerce les avait condamnés le premier pluviôse.

Sur l'appel, le jugement du tribunal de commerce avait été confirmé, nonobstant les lois de nivôse et de ventôse sur les marchés faits avant l'abrogation du *maximum*, sur le fondement que la non-délivrance devait être imputée à la mauvaise foi des vendeurs.

Contravention à la loi du 24 nivôse, an 3, qui voulait que les marchandises vendues au prix du *maximum*, non-livrées, expédiées ou mises en vente, à l'époque de l'abrogation du *maximum*, fussent rendues à la liberté du commerce. (N°. 119, E.)

VI.

VI. *Du 7 brumaire, an 5.* Annullation sur la demande de Berthaud, contre Fontaine, d'un jugement du tribunal d'Autun, du 22 thermidor, an 3.

Il s'agissait d'un marché fait au prix du *maximum*; la délivrance n'était pas faite lors de l'abrogation du *maximum*; cependant la délivrance avait été ordonnée au prix du *maximum*.

Contravention à l'article 2 de la loi du 24 nivôse, an 3, qui voulait que le prix des denrées non délivrées ou expédiées, fût élevé au prix de la liberté du commerce. (N°. 178, E.) Voyez *Commerce*, *Conventions*.

MESSAGERIES. *Du 24 vendémiaire, an 5.* Annullation sur la demande de Varcy, contre Rougrie et autres, d'un jugement du tribunal de Saint-Jean-de-Laune, du 18 frimaire, an 3.

Varcy, directeur des messageries, avait été déclaré responsable de l'envoi d'une somme d'assignats, confiée à son bureau au mois d'août 1793, et arrêtée à Châlons-sur-Saône par ordre du gouvernement, à cause de la situation où était alors la ville de Lyon.

Contravention à l'article 60 de la loi du mois de juillet 1793, qui voulait que la régie des messageries ne fût pas tenue des événemens occasionnés par force majeure. (N°. 169, E.) Voyez *Poste*.

MINEURS. On a réuni sous ce titre toutes les cassations relatives à des ventes de biens de mineurs, à la rescision de leurs engagemens, à la restitution de leurs droits, et autres matières analogues.

I. *Du 2 nivôse, an 2.* Cassation d'un jugement du tribunal du district de Sisteron, du 16 janvier

III. Partie. R

1792, sur la demande de Jean-Honoré Veissier, contre Catherine Besson, veuve Vilton.

Ce jugement avait maintenu un acte de vente d'immeubles, passé par Veissier, mineur, à la veuve Vilton, le 12 janvier 1788. Il s'était qualifié dans cet acte, de marchand horloger, et avait promis de ratifier la vente quand il aurait atteint sa majorité. Les juges s'étaient fondés sur ce que l'ordonnance du commerce, article 6 du titre premier, répute majeurs les marchands, pour le fait de leur commerce ; mais il s'agissait d'un acte absolument étranger au commerce d'horlogerie.

Contravention à cet article, et aux lois romaines en vigueur dans les pays méridionaux, selon lesquelles les biens de mineurs ne peuvent être vendus que pour cause de nécessité et après ordonnance du juge.

De plus, le jugement avait statué en dernier ressort. Contravention à l'article 5 du titre 4 de la loi du mois d'août 1790. (N°. 28, B.)

II. *Du 13 pluviôse, an 2.* Cassation d'un arrêt du ci-devant conseil, du 21 février 1791, entre Claude Bigot, au nom et comme tuteur des mineurs Anthony, contre Jean-Baptiste Courtois.

Une ordonnance de l'intendant de Bourgogne avait prononcé diverses condamnations contre les mineurs Anthony. Appel au conseil par Bigot, leur tuteur. Courtois fait défaut, et néanmoins arrêt qui, au lieu d'en adjuger le profit, prononce l'exécution de l'ordonnance de l'intendant.

Il était constant dans le fait, que les mineurs n'avaient pas été valablement défendus, et que l'arrêt avait jugé le fond de l'appel sans instruction ni discussion.

Cassation fondée sur l'article 35 du titre 35 de

l'ordonnance de 1667, portant que les mineurs sont recevables à se pourvoir par requête civile s'ils n'ont pas été valablement défendus; et sur l'article 24 du titre 4 du réglement de 1738, portant qu'en procédant au jugement des demandes en cassation contre les arrêts du conseil, les moyens de requête civile pourront être employés pour moyens de cassation. (N°. 44, B.)

III. *Du 11 floréal, an 2.* Cassation d'un arrêt de la chambre des vacations du ci-devant parlement de Paris, du 12 octobre 1790, sur la demande d'Anne - Amable Gibarol, mineure émancipée, assistée de son curateur, contre Antoine Demai, notaire à Clermont Ferrand.

Cette mineure avait été condamnée à payer à Demai une somme de trois cents livres, pour dette de son père. Faute de paiement, Demai fit vendre ses immeubles sur simples placards. L'arrêt du parlement avait confirmé cette vente.

Annullé comme contraire aux lois romaines, aux dispositions de la coutume d'Auverge sur les saisies des biens des mineurs, et à l'édit des criées. (N°. 86, B.)

IV. *Du 8 fructidor, an 3.* Annullation sur la demande de la femme Mont-Millon et consorts, contre Alexis Ablin, d'un jugement rendu par le tribunal du district de Saint-Jean-d'Angely , du 12 messidor, an 2.

Le commissaire national n'avait pas été entendu dans une cause qui intéressait une femme mariée.

De plus, le jugement attaqué avait rejeté l'action en restitution des héritiers de la femme, contre la vente faite par le mari pendant leur minorité, d'une propriété appartenante à leur mère, ce qui était contraire et à l'ordonnance de 1539, et à la coutume de Saint-Jean-d'Angely. (N°. 105, E.) Voyez *Femmes mariées.*

V. *Du 23 fructidor, an 3.* Annullation sur la demande de Pierre Joudioux, Marguerite Gimaret, son épouse et autres, contre Bazoud, ancien notaire à Lyon, d'un jugement du tribunal du district de Montbrison, du 28 brumaire, an 3.

Le jugement attaqué avait confirmé des sentences de la sénéchaussée de Lyon et de celle de Villefranche, rendues contre le tuteur de la femme Joudioux, et d'Antoine Gimaret, son frère, quoique les enfans Gimaret eussent fait notifier les lettres d'émancipation par eux obtenues, et d'après lesquelles l'instruction devait être continuée avec eux.

Violation du titre intitulé des ajournemens, de l'ordonnance de 1667, qui suppose la nécessité des citations aux personnes intéressées pour l'introduction des instances ou procès. (N°. 112, E.)

VI. *Du 2 nivôse, an 4.* Annullation sur la demande du citoyen Henry Lariviere, député au corps législatif, contre le citoyen Charles Pichard, d'un jugement du district de Bayeux, du 28 juillet 1792.

Il s'agissait de la revendication d'immeubles, régis par la coutume de la ci-devant province de Normandie, vendus par un père en qualité de tuteur naturel de ses enfans.

Le réclamant, fils du vendeur, avait été déclaré non-recevable et mal fondé.

La cassation a été fondée.

1°. Sur une contravention à l'article 29 de la loi du 6 mars 1791, un suppléant avait concouru au jugement quoiqu'il y eût, sans lui, le nombre de quatre juges exigé par la loi.

2°. Sur ce que pour juger le réclamant non-recevable, il avait fallu le préjuger héritier de son père, ce qui n'avait pu avoir lieu sans violer l'article 235 de la coutume de Normandie, et l'article 43 des placités, qui ne réputent héritier que celui qui en fait acte, ou en a pris la qualité.

3°. Sur la contravention aux articles 51, 52, 53, 54, 55 et 56 du réglement des recettes du 7 mars 1673, lesquels prescrivent pour l'aliénation des biens des mineurs différentes formalités, dont aucune n'avait été observée. (N°. 142, E.)

VII. *Du 3 messidor, an 4.* Annullation sur la demande de Pinthon, contre la veuve Laporte et Jean Simonet, d'un jugement du tribunal de Chambon, du 19 floréal, an 3.

Gilbert Laporte, en se mariant à Pinthon, et encore mineure, au moyen d'une constitution qui lui fût faite par sa mère, sa tutrice, qui ne lui avait pas rendu compte, renonça au profit de Simonet, son beau frère, à tous ses droits dans la succession de son père.

Depuis, elle demanda d'être restituée contre cette renonciation; mais plus de dix ans après sa majorité. Un tribunal de famille avait accueilli cette demande; mais sur l'appel, la demande fut déclarée non-recevable, pour n'avoir pas été formée dans les dix ans de sa majorité. (N°. 79, E.)

VIII. *Du 23 messidor, an 4.* Annullation sur la demande de Joseph Breuil et autres, contre Delort, d'un jugement du tribunal d'Auch, du 14 messidor, an 2.

Jean Breuil avait vendu un héritage au nommé

Fouguere, puis l'avait repris par retrait lignager, au nom d'Aimon, son fils mineur, et l'avait en dernier lieu vendu à Delort, après la mort d'Aimon Breuil.

Les frères et la mère d'Aimon Breuil avaient revendiqué cet héritage comme vendu *a non domino* ; mais, sous le prétexte de la minorité d'Aimon Breuil à l'époque du retrait, la revendication avait été rejeté.

Contravention aux lois romaines, selon lesquelles Breuil, père, exerçant le retrait au nom de son fils, avait acquis la propriété à celui-ci ; et le mineur n'est pas empêché d'acquérir.

L'héritage n'était pas de valeur déterminée, et il avait été jugé en premier et dernier ressort. (N°. 100, E.) Voyez *Dernier ressort.*

IX. *Du 8 fructidor, an* 4. Annullation sur la demande de Bodin, contre Roquancourt, d'un jugement du tribunal de Saint-Brieux, du 29 thermidor, an 3.

Il s'agissait de la vente faite sans formalité des biens de Bodin pendant sa minorité.

La demande en nullité de cette vente avait été rejetée.

Contravention à l'article 58 de la coutume de Bretagne, portant que le tuteur ou curateur ne peut vendre les héritages du mineur sans suffisante cause vérifiée, décret et autorité de justice. (N°. 125, E.)

X. *Du quatrième jour complémentaire, an* 4. Annullation sur la demande de Lefevre, tuteur de ses enfans, contre René Fonty, d'un jugement du tribunal de Douay, du 3 thermidor, an 3.

Le commissaire du pouvoir exécutif n'avait pas

été entendu, bien que les enfans mineurs Lefevre fussent parties en sa personne.

Contravention à l'article 3 du titre 8, portant que le ministère public sera entendu dans les causes des mineurs. (N°. 138 , E.)

XI. *Du 2 nivôse , an 5.* Annullation sur la demande de Baptiste-Désiré Brouiller, tant pour lui que pour Anne-Françoise Brouiller, femme Pinot, du jugement du tribunal de Salins, du 3 vendémiaire, an 4.

Il s'agissait de la nullité d'une vente de biens de mineurs faite sans formalités.

Cette nullité, accueillie en première instance, avait été proscrite sur l'appel, sur le motif que l'un des vendeurs, alors majeur, n'avait pu quereller, pour défaut de formalités , cette vente, quoique faite en vertu d'une procuration par lui donnée en minorité ; et que l'autre ne s'était pas fait restituer contre sa renonciation faite en minorité.

Mais cette vente était nulle, parce que, pour juger de sa validité, il fallait renoncer à la procuration même, aux termes de laquelle cette vente n'aurait pu avoir lieu sans décret du juge, et que l'exécution de cette procuration n'avait pu être différée pour donner plus de latitude au manda-taire.

D'ailleurs, contravention à la loi vingt-sixième *de prœd. et al. reb. miss.*, suivant laquelle le mineur n'a pas même besoin d'être restitué, si ses tuteurs ou curateurs *possessionem licet pignori nexam vendiderunt sine decreto.*

Contravention à la loi dernière, *C. de rep. vel. abst. hœr.*, qui accorde à l'héritier sien mineur qui s'est abstenu, trois ans pour revenir à l'hérédité, outre le tems de la restitution qui, d'après l'article

134 de l'ordonnance de 1539, est de dix ans, en ce que la renonciation ou abstension de François-Brouiller avait été susceptible de restitution comme faite en minorité, et qu'il s'en fallait de beaucoup que le tems fatal fût même révolu. (N°. 229, E.)

XII. *Du 16 nivôse, an 5.* Annullation sur la demande de Boulard, contre Robert, d'un jugement du tribunal de Rochefort, du 21 ventôse, an 4.

Au fond, il s'agissait d'une vente de biens de mineurs sans formalités.

Cette nullité, admise en première instance, avait été rejetée sur l'appel.

Contravention à la loi première, § 2, ff. *de reb. eor. qui sub. tut. vel. cur. sunt*; laquelle défend l'aliénation des biens de mineurs, sauf cette exception, *si œs alienum tantum erit ut rebus cœteris non possit exsolvi, tunc prœtor urbanus adeatur, qui, pro suâ religione, œstimabit qui possent alienari*; en ce qu'il était constant que Boulard était mineur lorsqu'il avait provoqué la licitation des biens dont il s'agit, et qu'aucune formalité n'avait été observée. (N°. 240, E.)

MOTIFS des jugemens. Voyez *Jugemens.*

MUNICIPALITÉS, officiers municipaux. On a réuni, sous ce titre, toutes les cassations fondées sur le motif d'excès de pouvoir ou entreprise sur les fonctions et attributions des municipalités ou administrations municipales. Voyez *Administrateurs, Excès de pouvoir.*

I. *Du 28 décembre 1792.* Annullation d'un jugement du tribunal de Fresnay, du 31 août 1791.

La reconstruction d'une maison avait été commencée à Fresnay, sans que l'on en eût demandé l'alignement à la municipalité.

Cette entreprise donna lieu à trois ordonnances de la municipalité. On se pourvut au tribunal de Fresnay, qui, sans avoir égard à l'exception d'incompétence que les officiers municipaux firent proposer, réforma les trois ordonnances et permit la reconstruction.

C'était un fait de police administrative dont un tribunal n'avait pu prendre connaissance sans troubler les opérations de l'administration.

II. *Du 19 thermidor, an 4.* Annullation d'un jugement du tribunal d'Argentan, du 15 nivôse, an 3.

La municipalité de Chambry avait donné l'alignement d'une construction.

La construction fut entreprise hors de l'alignement donné, et la municipalité décerna des défenses de continuer.

Le tribunal d'Argentan fut saisi de l'appel de ces défenses, et il les révoqua.

C'était un fait de police administrative dont un tribunal n'avait pu prendre connaissance sans troubler les opérations de l'administration.

III. *Du 3 mai 1792.* Annullation sur le réquitoire du commissaire du pouvoir exécutif, d'un jugement rendu par le tribunal du district de la Roche-Bernard, le 15 mars 1792.

Les officiers municipaux de Saint-Dolay avaient été insultés et frappés dans une assemblée primaire; sur le procès-verbal qu'ils avaient dressé, le directoire de département avait ordonné que les faits seraient dénoncés à l'accusateur public.

Après l'information, le tribunal rendit jugement, par lequel il déclara qu'il n'y avait lieu de décréter contre les accusés.

Ensuite, quelques-uns d'entr'eux assignèrent les officiers municipaux devant le même tribunal, en dommages et intérêts; les défendeurs soutinrent les juges incompétens.

Néanmoins jugement qui, sans avoir égard au déclinatoire, ordonne que les officiers municipaux défendront au fonds dans huitaine.

Excès de pouvoir et contravention, 1º. à l'art. 3 du chapitre 5 de l'acte constitutionnel, ci-après rapporté Nº. 6.

2º. Et à l'article 60 de la loi du 18 décembre 1789. (Nº. 7, E.)

IV. *Du 3 mai* 1792. Annullation sur le réquisitoire du commissaire du pouvoir exécutif, d'une ordonnance du tribunal d'Uzerches, du 25 janvier 1792, et d'un jugement du même tribunal, du 30 du même mois.

Un citoyen s'était permis des invectives contre le corps municipal de Ségur, dans le lieu de ses séances; et, après plusieurs remontrances inutiles, le corps municipal avait arrété qu'il subirait la *correction municipale.*

Recours, de la part du condamné, au tribunal d'Uzerches; ordonnance au bas de la requête, portant permission d'assigner le procureur de la commune, avec sursis.

Ordre du corps municipal pour l'arrestation du condamné. Jugement du tribunal par défaut, qui, sur les conclusions du commissaire du pouvoir exécutif, casse l'arrété de la municipalité comme inconstitutionnel, ordonne que la municipalité sera dénoncée à l'accusateur public du tribunal criminel, comme ayant contrevenu à l'article 2 de la section 5 du titre premier du code pénal, avec impression et affiche du jugement.

Excès de pouvoir et contravention, 1°. à l'article 3 du chapitre 5 de l'acte constitutionnel, qui porte : *les tribunaux ne peuvent ni s'immiscer dans l'exercice du pouvoir législatif..... ni entreprendre sur les fonctions administratives, ni citer devant eux les administrateurs, pour raison de leurs fonctions.*

2°. A l'article 61 de la loi du mois de décembre 1789, sur l'organisation des municipalités.(N°.6,E.)

V. *Du 21 juin 1792.* Annullation sur le requisitoire du commissaire du pouvoir exécutif, d'un jugement rendu par le tribunal de Mer, le 13 janvier 1792.

Adjudication d'un domaine national, en faveur de Chapelain : le premier terme échu n'est pas payé ; on va procéder à une nouvelle adjudication à la folle enchère ; mais, la veille, Chapelain cède son adjudication à Boucherat : l'adjudication sur folle-enchère est faite à Feuillarde. Procès intenté à celui-ci par Boucherat ; garantie exercée par la municipalité de Mer, qui demande d'être renvoyée au directoire de département. Jugement contre lequel le tribunal de Mer passe outre, et prononce la nullité de l'adjudication à la folle-enchère.

Excès de pouvoir, et contravention à la loi sur l'organisation des municipalités, du 18 décembre 1789, qui veut, article 60, que celui qui *est lézé par quelque acte du corps municipal, puisse exposer ses sujets de plainte à l'administration ou au directoire du département.* (N°. 13, E.)

VI. *Du 12 juillet 1792.* Annullation. sur le

réquisitoire du commissaire du pouvoir exécutif, d'un jugement du tribunal du district de Louviers, du 3 mai 1792, et de la saisie qui en avait été la suite.

Sentence de la municipalité de Pitres, qui avait condamné un cabaretier à une amende de six liv., pour contravention à un réglement de police, qui défendait aux cabaretiers de donner à boire après neuf heures du soir.

Sur l'appel, le procureur de la commune, intimé, avait constitué avoué, et le tribunal, en infirmant la sentence de police, *condamna la municipalité à la restitution de l'amende.* En exécution de ce jugement, il fut fait une saisie au préjudice du maire.

Excès de pouvoir, en ce que le tribunal avait prononcé une condamnation personnelle contre les officiers municipaux, qui, ayant jugé comme juges de police, ne pouvaient être condamnés personnellement que par la voie de la prise à partie.

Contravention à l'article 19 du chapitre 5 du titre 3 de l'acte constitutionnel, qui attribue au tribunal de cassation *seul,* la connaissance des prises à partie contre un tribunal entier.

L'expédition de la sentence de police a aussi été annullée, parce qu'elle n'était pas rédigée dans la forme exécutoire prescrite par l'article 24 du chapitre 5 du titre 3 de l'acte constitutionnel. (N°. 16, E.)

VII. *Du 6 décembre* 1792. Annullation sur le réquisitoire du commissaire du pouvoir exécutif, d'un jugement rendu par le tribunal du district de Vervins, le 7 mars 1792, et de toute la procédure qui l'avait précédé.

Le maire de la commune de Buironfosse avait été traduit, *en sa qualité de maire*, devant le tribunal du district de Vervins, poursuivi et condamné, sans que la dénonciation dirigée contre lui eût été préalablement soumise aux corps adminitratifs.

Excès de pouvoir et contravention, 1°. à l'article 3 du chapitre 5 de l'acte constitutionnel, ci-dessus rapporté N°. 4.

2°. A l'article 61 de la loi sur la constitution des municipalités, qui est ainsi conçu : *tout citoyen actif pourra signer et présenter contre les officiers municipaux la dénonciation des délits d'administration, dont il prétendra qu'ils se sont rendus coupables ; mais, avant de porter cette dénonciation dans les tribunaux, il sera tenu de la soumettre à l'administration ou au directoire de département, qui....., etc.*

3°. A l'article 13 du titre 2 de la loi du 24 août 1790, qui veut que les juges ne puissent, à peine de forfaiture.... *citer devant eux les administrateurs pour raison de leurs fonctions.*

4°. A la loi du 14 octobre 1790, qui porte : *aucun administrateur ne pourra être traduit dans les tribunaux, pour raison de ses fonctions publiques, à moins qu'il n'y ait été renvoyé par l'autorité supérieure....*

5°. Enfin, à l'article premier du titre 6 de l'ordonnance de 1667.

VIII. *Du 28 décembre 1792.* Annullation sur le réquisitoire du commissaire du pouvoir exécutif, d'un jugement rendu par le tribunal du district de Fresnay, le 31 août 1791.

Un citoyen avait commencé la reconstruction

d'une maison située dans un des fauxbourgs de Fresnay, sans avoir pris l'alignement de la municipalité.

Un premier arrêté de la municipalité avait fait défenses au maçon de continuer la reconstruction.

Second arrêté qui, pour désobéissance au premier, condamne le maçon à une amende de six livres.

Jugement qui fait défenses au propriétaire de continuer la construction, jusqu'à ce que le directoire du district ait pris une détermination sur l'alignement; le condamne aux dépens, et ordonne l'exécution nonobstant l'appel.

Appel; le tribunal permet, sur requête, de prendre à partie les officiers municipaux.

Ils interviennent, et soutiennent le tribunal incompétent.

Nonobstant le déclinatoire, jugement qui ordonne que les parties instruiront au fonds, et ensuite jugement par défaut, le 31 août, tant contre le procureur de la commune, *intimé en son nom*, que contre les officiers municipaux, qui infirme les jugemens dont était appel, permet de continuer la construction, et condamne les *intimés et intervenans aux dépens*.

Excès de pouvoir et contravention à l'article 3 du chapitre 5 du titre 3 de l'acte constitutionnel, rapporté N°. 4. (N₀. 43, E.)

IX. *Du 21 pluviôse, an 2.* Cassation d'un jugement du tribunal du district de Strasbourg, du 10 décembre 1791, sur la demande des maire et officiers municipaux de la commune de Dambach, contre André Paulus.

Paulus avait été emprisonné par ordre de la municipalité. Mis en liberté par jugement du tribunal de Saverne, et par arrêté du directoire du département, il s'est pourvu au tribunal de Schelestat, contre les officiers municipaux, en dommages-intérêts. Jugement en forme. Appel au tribunal de Strasbourg, qui avait confirmé celui de Schelestat.

Annullé comme contraire aux articles 60 et 61 de la loi du mois de décembre sur les municipalités, qui défendent de traduire devant les tribunaux les officiers municipaux pour délits d'administration, si ce n'est après l'autorisation du département. (N°. 4), B.)

X. *Du 14 ventôse, an 2.* Annullation sur le réquisitoire du commissaire du pouvoir exécutif, de plusieurs jugemens du tribunal de Saverne, comme contenant excès de pouvoir et contravention à l'art. 6 du tit. 11 de la loi du mois d'août 1790 ; à l'art. 13 du tit. 2 de la même loi ; aux articles 2 et 3 de la loi du premier décembre 1790 ; en ce que ce tribunal avait ordonné un sursis à l'exécution d'une sentence de police des officiers municipaux de Mittelhausen, qui avait condamné le nommé Laurent Hosl à trois jours de prison ; en ce qu'il avait ordonné la visite des prisons de cette municipalité ; et en ce qu'il avait autorisé et reçu l'action personnellement dirigée par Hosl contre les officiers municipaux, afin de dommages-intérêts, sans avoir pris la forme de la prise à partie. (N°. 60, B.)

XI. *Du 8 floréal, an 3.* Annullation sur le réquisitoire du commissaire du pouvoir exécutif, d'un jugement du juge de paix d'Habsein, du 15 pluviôse précédent.

Il s'agissait d'un arrêté du corps municipal, sur lequel le juge de paix avait prononcé.

Contravention à l'article 13 du titre 2 de la loi du 24 août 1790, qui dit que les fonctions judiciaires demeureront séparées des fonctions administrative. (N°. 35, E.)

XII. *Du 23 ventôse, an 4.* Annullation sur la demande de Robin et Malherbe, contre Jarry-Deloge, des jugemens des 8 et 11 prairial, an 3, du tribunal d'Alençon.

Il s'agissait d'une action intentée contre des officiers municipaux, pour choses concernant leurs fonctions.

Contravention à l'article 13 du titre 2 de la loi du mois d'août 1790, qui défend aux juges de troubler les opérations des corps administratifs, et de citer devant eux les administrateurs, pour raison de leurs fonctions. (N°. 184, E.) Voyez *Administrateurs, Excès de pouvoir, Voierie, Contributions, Police municipale.*

MINISTÈRE PUBLIC. On a réuni sous ce titre les principaux jugemens de cassation fondés sur contraventions aux lois qui ont fixé les fonctions des commissaires ou officiers du ministère public près les tribunaux. Voyez *Commissaire.*

I. *Du 17 novembre 1791.* Annullation d'un jugement du tribunal du district d'Ustaritz, du 18 juillet 1791, sur la demande des commissaires à la régie nationale des domaines et droits y réunis, et sur la demande incidente du commissaire du roi, près le tribunal de cassation.

Le tribunal d'Ustaritz, provoqué par un réquisitoire d'office du commissaire du roi, avait condamné le receveur des droits d'enregistrement à restituer les droits de cinq sols, par cent livres,

perçus

perçus sur les billets protestés ; mais dont le protêt n'avait pas été suivi d'une demande en justice, avec défenses de récidiver, à peine d'être poursuivi comme concussionnaire.

Contravention, 1°. à l'article 2 du titre 8 de la loi du 24 août 1790, qui porte que : *les commissaires du roi exerceront leur ministère, non par voie d'action, mais par celle de réquisition dans les procès dont les juges auront été saisis ;* 2°. à l'article 12 du titre 2 de la même loi, qui *défend aux juges de faire des réglemens,* et leur ordonne *de s'adresser au corps législatif toutes les fois qu'ils croiront nécessaire d'interpréter une loi.* (N°. 57, E.)

II. *Du 5 juillet* 1792. Annullation sur le réquisitoire du commissaire du pouvoir exécutif, des jugemens rendus par le tribunal du district de Joinville, les 3, 22 février, et 2 mars 1792 ; des ordonnances et jugemens rendus par le tribunal de Saint-Dizier, séant à Vassy, les 27 avril, 14 et 30 mai de la même année.

Les jugemens de Joinville avaient prononcé sur une action intentée par le commissaire du roi, relativement à l'éligibilité et à l'installation d'un juge.

Contravention à l'article 2 du titre 8 de la loi du 24 août 1790, qui porte : *au civil, les commissaires du roi exerceront leur ministère, non par voie d'action, mais seulement par celle de réquisition dans les procès dont les juges auront été saisis.*

Deux de ces jugemens avaient été rendus à la chambre du conseil.

Contravention à l'article 14 du titre 2 de la même loi, qui porte : *en toute matière, civile et criminelle,*

III. Partie. S

les plaidoyers, rapports et jugemens seront publics.

Les ordonnances et jugemens du tribunal de Vassy avaient permis d'intimer le commissaire du roi de Joinville, et prononcé sur cette intimation ; en quoi ils l'avaient considéré comme partie.

Contravention à l'article 2 du titre 8 de la loi du 24 août, déjà cité.

Les jugemens du tribunal de Vassy, des 14 et 30 mai, avaient ordonné qu'ils seraient notifiés, tant au conseil général de la commune de Joinville, qu'au tribunal du même lieu.

Contravention à l'article 13 du titre 2 de la loi du 24 août, qui porte : *les fonctions judiciaires sont distinctes et demeureront toujours séparées des fonctions administratives ;* et au titre 5 de la même loi, qui n'autorise nullement les juges d'appel à faire notifier leurs jugemens aux tribunaux de première instance. (N°. 14 , E.)

III. *Du 30 novembre* 1792. Annullation d'une ordonnance et d'un jugement rendus par le tribunal du premier arrondissement de Paris, des 4 et 8 février 1792, entre Jean-Nicolas Durand, et Marc Dolle et autres.

Un jugement contradictoire en matière civile avait été rendu entre les parties par le tribunal du premier arrondissement de Paris.

Ce jugement n'était attaqué par aucune des parties.

Le commissaire du pouvoir exécutif y avait formé opposition de son chef.

L'ordonnance et le jugement des 4 et 8 février, avaient reçu cette opposition.

Contravention à l'article 2 du titre 8 de la loi du 24 août 1790, rapporté ci-dessus, en ce que le commissaire du pouvoir exécutif avait exercé son ministère par voie d'action. (N°. 32 , E.)

IV. *Du 16 fructidor , an 2.* Sur le réquisitoire du commissaire national , cassation de deux jugemens , des 17 germinal et 2 prairial , rendus au tribunal du district d'Aubigny , sur la poursuite du commissaires , près ce tribunal , comme contraire à l'article 2 du titre 8 de la loi du mois d'août 1790 , en ce que , dans le cours d'une contestation , ce commissaire avait pris acte de quelques allégations des parties pour provoquer une enquête et des condamnations contre l'une d'elles. (N°. 203 , B.)

V. *Du 13 germinal , an 3.* Annullation sur la demande d'Elisabeth Molard et de Jean Jousseaume , contre Pierre Jousseaume , d'un jugement du tribunal de Barbesieux , du 5 juin 1793.

Il s'agissait de droits successifs. La Molard était poursuivie comme tutrice de ses enfans mineurs , et le commissaire du pouvoir exécutif n'avait pas été ouï.

Contravention à l'article 3 du titre 8 de la loi du mois d'août 1790 , qui porte que : *les commissaires du pouvoir exécutif seront entendus dans les causes des pupilles , des mineurs , des interdits , des femmes mariées , et dans celles où les droits , soit de la nation , soit d'une commune seront intéressés.* (N°. 6 , E.)

VI. *Du 4 prairial , an 3.* Annullation sur la demande de Martial Duval et Marie-Anne Letellier , sa femme , veuve Dupont , contre Gillebert , d'un jugement du tribunal de Pontoise , du 8 thermidor , an 2.

Il s'agissait du prix d'une vente à distribuer entre des créanciers.

Le jugement avait été rendu sans conclusions du ministère public, bien qu'une femme mariée y fût partie.

Même contravention que ci-dessus. (N°. 64, E.)

VII. *Du premier messidor, an 3.* Annullation sur la demande de Joseph Beauvoisin, Marie-Jeanne Estival, contre Jean-Louis Carbonnier, d'un jugement du tribunal du district de Calais, du 25 fructidor, an 2.

Le commissaire national n'avait point été entendu dans une cause qui intéressait une femme mariée. (N°. 73, E.) Voyez *Femmes mariées.*

VIII. *Du 6 pluviôse, an 4.* Annullation sur la demande des mariés Roussel, contre les mariés Albert, d'un jugement du tribunal de Thionville, du 19 germinal, an 3.

Il s'agissait d'un contrat de vente que les mariés Roussel avaient été condamnés à passer.

Le commissaire du pouvoir exécutif n'avait pas été entendu.

Un suppléant avait été appellé parmi les juges, lesquels étaient en nombre suffisant. (N°. 156, E.) Voyez *Suppléans.*

IX. *Du 3 floréal, an 4.* Annullation d'un jugement du tribunal de Saint-Pierre-le-Moustier, du 4 germinal, an 3, par lequel, faisant droit sur la tierce-opposition formée directement par le commissaire national, les parties avaient été renvoyées à se pourvoir devant l'administration.

Le motif fut que, d'après la loi du mois d'août 1790, les commissaires du pouvoir exécutif ne peuvent au civil, exercer leur ministère par voie d'action.

X. *Du 3 floréal, an 4.* Annullation sur la demande de Gault et autres, contre Dumont et autres, d'un jugement du tribunal de Saint-Pierre-le-Moustier, des 15 ventôse et 4 germinal, an 3.

Le commissaire du pouvoir exécutif avait été reçu opposant à des jugemens précédens à cause de l'émigration du fils de l'une des parties.

Contravention à l'article 2 du titre 8 de la loi du mois d'août 1790, portant que: *au civil, les commissaires exercent leur ministère, non par voie d'action, mais seulement par celle de réquisition;* car recevoir l'opposition du commissaire du pouvoir exécutif, avait été recevoir une action de sa part.

Le commissaire du pouvoir exécutif n'avait pas été entendu, lors du second jugement, bien que des femmes mariées y fussent parties, et eussent perdu leur procès.

Contravention à l'article 3 du même titre, de la même loi, qui veut que les officiers du ministère public soient entendus dans toutes les causes des femmes mariées. (N°. 35, E.)

XI. *Du 16 messidor, an 4.* Annullation sur la demande de Marchet, contre Arsant et Bertrand, d'un jugement du tribunal de Nancy, du 23 messidor, an 3.

Il s'agissait de réparation d'injures et d'appel d'une sentence de paix. Le commissaire du pouvoir exécutif avait conclu de son chef, à l'impression et affiche, aux frais de l'appellant, de quatre cents exemplaires du jugement; et cette demande avait été accueillie, tandis qu'il n'avait pas été permis au commissaire du pouvoir exécutif d'intenter ainsi une action particulière.

Même contravention que ci-dessus. (N°. 91, E.)

S 3

XII. *Du 3 fructidor, an 4.* Annullation sur la demande des officiers municipaux de Thury, contre Peydoux et autres, d'un jugement du tribunal de Falaise, du 15 ventôse, an 3.

Il avait été fait droit sur les conclusions du ministère public, tendantes à la restitution d'une somme qui n'était pas demandée par Peydoux et consorts.

Même contravention. (N°. 121, E.)

XIII. *Du 13 vendémiaire, an 5.* Annullation sur la demande des mariés Pothi, veuve Franquin, tutrice de ses enfans, et autres, contre Frigny et Noel, d'un jugement du tribunal de la Meuse, du 7 pluviôse, an 4.

Des femmes et des mineurs étaient parties, et le commissaire du pouvoir exécutif n'avait pas été entendu. (N°. 148, E.) Voyez *Femmes mariées, Mineurs, Commissaire.*

N

NATIONAUX (Biens). Voyez *Biens nationaux.*

NOTAIRES. I. *Du 4 frimaire, an 2.* Cassation d'un jugement du tribunal du district de Lille, du 19 juin 1792, sur la demande de Manouvrier, Joseph Beau et autres, notaires à Avesnes, contre Charles-Joseph Guislain

Ce jugement, infirmatif de celui du tribunal d'Avesnes, avait condamné les demandeurs à déposer tous leurs actes entre les mains du citoyen Guislain, qui n'exerçait l'ancien office dont était pourvu son père décédé, qu'en vertu d'une autorisation à lui donnée par le ci-devant bailliage d'Avesnes.

Ce qui était contraire à l'article 4 du titre premier de la loi du 6 octobre 1791, portant que jusqu'à la nouvelle organisation, les notaires supprimés seraient libres de continuer provisoirement leurs fonctions dans l'étendue de leur ancien arrondissement. (N°. 11 , B.)

II. *Du 11 prairial, an* 2. Cassation d'un jugement du tribunal de Valognes, du 18 mai 1793, sur la demande de Michel Hellouin, contre Pierre Angot.

Angot propriétaire d'un office de notaire, en avait cédé la jouissance pour neuf années à Hellouin, qui, en conséquence s'était fait recevoir, et exerçait lorsque parut la loi du mois d'octobre 1791, sur le notariat, laquelle supprima la vénalité des offices de notaires et maintenait provisoirement ceux en exercice. Alors, Angot prétendit que c'était lui qui devait jouir de cette maintenue provisoire : instance au tribunal de Carentan, qui rejeta la prétention d'Angot. Sur l'appel, jugement contraire au tribunal de Valognes.

Annullé comme contraire à l'article 4 du titre premier de la loi du mois d'octobre 1791. (N°. 108 , B.)

III. *Du 4 floréal, an* 3. Annullation sur la demande de Delsaux, contre Woestyn et Lambreckt, d'un jugement du tribunal de Saint-Omer, du 17 nivôse, an 2.

Il s'agissait de la prétention de Lambreckt, greffier du Gros ; que Delsaux, notaire, n'avait pas eu droit de délivrer la grosse d'un contrat qu'il avait reçu, et avait dû en déposer la minute au greffe.

Contravention à l'article 4 du titre premier de la loi du mois d'octobre 1791, qui, après la suppression décrétée dans les articles 1 et 2 des offices

de greffier du Gros, autorise les greffiers à continuer provisoirement leurs fonctions, ce qui leur
attribue une faculté et non un droit exclusif. (N°.
32, E.) Voyez *Greffier*.

O

OFFRES RÉELLES. I. *Du 23 messidor, an* 4.
Annullation sur la demande de Mariette, contre
Lecallier, d'un jugement du tribunal de Coutances,
du 8 messidor, an 3.

Il s'agissait de deux rentes foncières portables.
Lecallier avait sommé Mariette de comparaître
chez un notaire pour en recevoir le remboursement,
et n'avait fait aucune offre à domicile.

L'offre ainsi faite avait été déclarée valable.

Contravention à l'article 12 du titre 5 de la loi
du mois de décembre 1790, portant : *que l'offre
se fera au domicile du créancier lorsque la rente
sera portable*. (N°. 101, E.)

II. *Du 15 floréal, an* 5. Annullation sur la demande des citoyens Decaen et Marchoisne, contre
les citoyens Humbert, Dumesnil et compagnie,
d'un jugement du tribunal de la Seine-Inférieure,
du 24 ventôse, an 4.

Il s'agissait d'une demande en validité d'offres
d'une somme de soixante-quinze mille livres en
assignats, valeur nominale, faites le 21 frimaire,
an 4, par Humbert et Dumesnil aux citoyens
Decaen et Marchoisne, armateurs, stipulée par un
acte synallagmatique, du 4 septembre 1792.

Un jugement du tribunal de commerce du
Havre, le 13 frimaire, an 4, en défaut de Decaen
et Marchoisne, avait déclaré les offres valables et
permis la consignation.

Le tribunal de la Seine-Inférieure avait confirmé ce jugement.

Fausse application de l'article premier de la loi du 12 frimaire, an 4, qui autorise les créanciers à refuser les paiemens qui leur seraient offerts, et qui n'excepte que les effets de commerce de négociant à négociant, en ce que le traité d'affrètement dont il s'agit ne peut être regardé comme compris dans l'exception portée par cet article. (N°. 343, E.) Voyez *Remboursement, Consignation*.

OPPOSITIONS a jugement par défaut.

I. *Du 23 brumaire, an 4.* Annullation sur la demande de Sevin, contre les mariés de Villen, d'un jugement du tribunal du district de Doullens, du 11 frimaire, an 3.

Le jugement attaqué, dont le fond avait pour objet l'exercice d'une action en réméré, avait non-seulement admis une opposition à un jugement en dernier ressort par défaut, formée après huitaine de la signification à domicile; mais il avait admis une seconde opposition au jugement, qui avait rejeté la première opposition à ce jugement par défaut.

Contravention à l'article 3 du titre 35 de l'ordonnance 1667, qui permet de se pourvoir par opposition, pourvu que la requête soit donnée dans la huitaine. (N°. 133, E.)

II. *Du 3 ventôse, an 4.* Annullation sur la demande de Noblot, contre Millot et Rochet, d'un jugement du tribunal de Besançon, du 28 ventôse, an 3.

Il s'agissait de fermage et de prétendue non jouissance. Deux jugemens par défaut avaient été signifiés à Noblot, le 25 nivôse. Il avait formé opposition le 3 pluviôse, et il avait été déclaré non-recevable par le laps de la huitaine.

Contravention à l'article 3 du titre 35 de l'ordonnance de 1667, qui veut que l'opposition soit formée dans la huitaine du jour de la signification ; et à l'article 6 du titre 3, où il est dit que dans les délais...... ne sont compris les jours des significations...., ni les jours auxquels échéront les assignations. (N°. 168, E.)

III. *Du 14 ventôse, an 4.* Annullation sur la demande de Bissot, contre les mariés Rouzet, des jugemens du tribunal de Nesle, des premier et 22 germinal, an 3.

Il s'agissait de droits légitimaires.

Il y avait eu jugement par défaut le 3 fructidor, an 3 ; opposition ; débouté le 18 frimaire ; le 19, sursis au jugement du 18 ; le 27, jugement qui levait le sursis ; le premier germinal, jugement qui rétractait celui du 18 frimaire ; et le 22, jugement qui admettait l'opposition à celui du 3 fructidor.

Contravention à l'article 3 du titre 35 de l'ordonnance de 1667, qui n'admet l'opposition aux jugemens par défaut, que dans la huitaine.

A l'article premier du même titre, qui dit que les jugemens en dernier ressort ne peuvent être rétractés que par requête civile. (N°. 176, E.) Voyez *Défaut, Tierce-opposition.*

IV. *Du 12 vendémiaire, an 5.* Rejet de la demande des mariés Raymond, en cassation de deux jugemens du tribunal du département de l'Isère, des premier ventôse et du 18 germinal, an 4.

Le tribunal du district de Grenoble était saisi, par appel d'un jugement de celui de Vienne, d'un procès pendant entre les mariés Raymond et

Larrivée. Lorsque les tribunaux de département furent installés, l'affaire fût portée au tribunal du département de l'Isère, en vertu de l'article 31 de la loi du 19 vendémiaire, an 4, qui voulait que : *les affaires pendantes dans les tribunaux de district fussent portées, en l'état où elles se trouvaient, au tribunal du département.*

Larrivée obtint, par défaut, le jugement du premier ventôse, qu'il fit signifier le 8, et auquel les mariés Raymond ne formèrent opposition que le 17. L'opposition fut déclarée non-recevable par le jugement du 18 germinal, comme formée après le délai de huitaine.

La demande en cassation, à l'égard du dernier jugement, était fondée sur l'article 6 du titre 3 de l'ordonnance de 1667, selon lequel le jour de la signification, ni celui de l'échéance ne sont comptés dans les délais des ajournemens ; mais c'était l'article 3 du titre 35, qui était applicable, et qui avait voulut que l'opposition fût formée dans la huitaine.

A l'égard du jugement du premier ventôse, la requête en cassation avait été présentée plus de trois mois après la signification, et par conséquent elle n'était pas recevable. Voyez *Défaut, Tierce-opposition, Appel.*

P

PAIX (Juge de). Voyez *Juge de paix, Bureau de paix.*

PARCOURS. *Du 9 ventôse, an 5.* Annullation sur la demande de la commune de Montigny, contre celle de Longueville, d'un jugement arbitral, du 4 germinal, an 2.

Il s'agissait de l'exercice d'un droit de parcours et vaine pâture que réclamait la commune de Montigny, aux termes d'une transaction, du 2 avril 1730, sur le canton du Grand-Waré.

Un jugement arbitral rendu par cinq arbitres, dont un nommé sur-le-champ, d'office, comme tiers, avait refusé à cette commune l'exercice du droit et autorisé la clôture de ce canton.

Contravention à la loi du 10 juin 1793 (*vieux style*), section 5, article 15, qui porte : *dans le cas de partage entre les arbitres, ils dresseront procès-verbal qu'ils transmettront de suite au bureau de paix*, etc.

Et au cinquième artlice de la quatrième section de la même loi, ainsi conçu : *la convention nationale n'entend rien préjuger...... sur le parcours et la vaine pâture dans les lieux où ils sont autorisés par les lois ou les usages.*

Et fausse application de la loi du 6 octobre 1791, en ce que le jugement autorisait la clôture d'une propriété indivise, dont l'usage était autorisé par une transaction suivie d'exécution. (N°. 284, E.) Voyez *Communes*.

PARTAGE D'OPINIONS. *Du* 14 *ventôse, an* 4. Annullation sur la demande des mariés Simon, contre Cholley et autres, d'un jugement du tribunal de Luxeuil, du 30 août 1793.

Il s'agissait de revendication d'héritages.

Un cinquième juge appellé pour vider un partage, n'avait entendu, ni les parties, ni le commissaire du pouvoir exécutif.

Contravention à l'article 14 du titre 2 de la loi du mois d'août 1790, et à l'article 13 de la loi du premier décembre suivant. (N°. 174 , E.) Voyez *Suppléans, Jugemens, Arbitres.*

PRÉSIDIALE (Compétence). *Du 9 ventôse ,
an 4.* Annullation sur la demande de Garroz ,
contre les Dauxion, d'un jugement du présidial
d'Auch, du 23 février 1782.

Il s'agissait d'une propriété. Une partie seulement
de l'objet du procès avait été estimée à deux mille
livres, et le présidial n'avait pas laissé à Garroz ,
même pour cette partie, l'option de payer les deux
mille livres.

Contravention à l'édit du mois d'août 1777 , qui
voulait que tout l'objet de la demande fût restreint
à deux mille livres pour fixer la compétence présidiale, et que l'option de payer en deniers l'estimation , ou de laisser l'héritage , fût accordée.
(N°. 172 , E.)

PÉTITOIRE. *Du 21 ventôse, an 2.* Cassation
d'un jugement du tribunal du district d'Oléron,
du 24 novembre 1792 , sur la demande de Jean
Bayleux, contre Martin Mons.

Bayleux avait été troublé, par Mons, dans la
jouissance d'un aquéduc et d'un chemin; il avait
formé sa demande en réintégrande devant le juge
de Montfort. Une sentence interlocutoire avait
ordonné la visite des lieux. Appel. Le tribunal
d'Oléron , avant qu'il eût été statué sur le possessoire, jugea le pétitoire.

Contravention aux articles 4 et 5 du titre 18
de l'ordonnance de 1667 , qui veulent que la réintégrande soit jugée et exécutée avant qu'il puisse
être statué au principal sur le pétitoire. (N°. 63,
B.) Voyez *Possessoire.*

POLICE (Tribunal de). I. *Du 3 messidor ,
an 4.* Annullation d'un jugement du tribunal de
police du canton de Charmant, du 27 germinal,

an 4, parce qu'il avait été rendu par le juge de paix et un seul assesseur. L'art. 151 de la loi du 3 brumaire, an 4, exige le concours de deux assesseurs.

II. *Du 26 messidor, an 4.* Annullation de deux jugemens du tribunal de police d'Autun, des 3 et 26 germinal, pour avoir été rendus par cinq assesseurs du juge de paix, dont deux étaient superflus.

III. *Du 13 thermidor, an 4.* Annullation d'un jugement du tribunal de Saint-Calais, du 3 prairial, pour avoir été rendu par le juge de paix, assisté de trois assesseurs.

IV. *Du 7 ventôse, 5.* Annullation sur le réquisitoire du commissaire du directoire exécutif, d'un jugement de la justice de paix du canton de Charenton, du 5 pluviôse, an 4.

Ce jugement avait prononcé la confiscation de deux sacs de bled et d'un sac de farine, et une amende égale à la valeur de ces sacs.

La nullité en était demandée pour excès de pouvoir.

Contravention à l'article 153 du code des délits et des peines, ainsi conçu : *toute personne prévenue d'un délit dont la peine n'excède ni la valeur de trois journées de travail, ni trois jours d'emprisonnement, est citée devant le tribunal de police dans l'arrondissement duquel le délit a été commis,* etc. en ce que la confiscation et l'amende prononcent la mesure de compétence que cet article donne au tribunal de simple police. (N°. 279, E.) Voyez ci-après *Police municipale.*

POLICE CORRECTIONNELLE. I. *Du 20 juin*

1792. Annullation sur la demande d'Antoine Wender, d'un jugement de la police correctionnelle de Paris, du 2 avril 1792, de la procédure qui l'a précédé, et du jugement du tribunal d'appel du 13 du même mois.

Wender avait été condamné par le tribunal de police correctionnelle de Paris, en deux années de détention, dans la maison de correction........, sans pouvoir, pendant les trois premiers mois, recevoir, même aux dépens de sa fortune particulière, d'autre nourriture que le pain et l'eau; il avait été condamné en outre en cinq cents livres d'amende, le tout pour avoir insulté le citoyen Légier, juge de paix de la section des Postes, dans l'exercice de ses fonctions publiques, quoiqu'il fût constant que le fait s'était passé dans l'arrondissement de la section de la Halle-aux-Bleds, où Légier n'avait ni droit ni caractère pour exercer des fonctions publiques.

Le tribunal d'appel avait réduit le tems de la détention à six mois, et modéré l'amende à trois cents livres.

Fausse application de l'art. 19 du titre 2 de la loi du 22 juillet 1791, qui s'exprime en ces termes: *les outrages ou menaces par paroles ou par gestes faits aux fonctionnaires publics, dans l'exercice de leurs fonctions, seront punis,* etc.

Contravention à l'article 18 de la même loi, qui porte : *quant aux simples injures verbales, si elles ne sont pas adressées à un fonctionnaire public en exercice de ses fonctions, elles seront jugées dans la forme établie par l'article 10 du titre 3 du décret sur l'organisation judiciaire.* (N°. 12, E.)

II. *Du 19 juillet 1792.* Annullation sur la demande de François Guiraud de Taleyrac, d'un jugement rendu par le tribunal de police municipale, le 14 décembre 1791; de celui rendu par le tribunal du premier arrondissement de Paris, le 1er. février 1792, et de tout ce qui s'en est ensuivi.

Guiraud, propriétaire d'une maison à Paris, connue sous le nom du *petit hôtel Radziwil*, dans laquelle *il n'habitait pas*, et qu'il avait donnée à bail à un principal locataire, avait été traduit devant la police municipale, à raison d'une banque de jeu de hazard établie dans ladite maison. La police municipale l'avait condamné, par corps, à une amende de dix mille livres. Sur son appel, le jugement de la police municipale a été confirmé par le tribunal du premier arrondissement.

Fausse application de l'article 36 du titre 2 de la loi de la police correctionnelle, et de l'article 7 du titre premier de la même loi. L'article 36 s'exprime en ces termes : *ceux qui tiendront des maisons de jeux de hasard, où le public serait admis, soit librement, soit sur présentation des affiliés, seront punis d'une amende de mille à trois mille livres, avec confiscation des fonds trouvés exposés au jeu, et d'un emprisonnement qui ne pourra excéder un an. L'amende, en cas de récidive, sera de cinq à dix mille livres, et l'emprisonnement ne pourra excéder deux ans, sans préjudice de la solidarité pour les amendes contre les propriétaires et principaux locataires, dans le cas et aux termes de l'article 7 du titre premier du présent décret.*

L'article 7 du titre premier ne prononce la solidarité contre les propriétaires, que dans le cas *où ils demeurent dans leur maison, et s'ils n'ont pas averti la police.* (N°. 18, E.)

III.

III. *Du 7 septembre 1792.* Annullation sur la demande de Louis-Marie le Baron, d'un jugement du tribunal de police correctionnelle de Lille, du 8 juin 1792, et du jugement du tribunal du district de ladite ville, du 19 du même mois, qui l'a confirmé.

Le jugement du 8 juin condamnait Baron à une détention de six mois et à une amende de cinq fois sa contribution mobiliaire, et aux dépens, à raison de propos injurieux et menaçans tenus au juge de paix en fonctions, et sans spécifier les propos injurieux et menaçans ; ce jugement ne contenait, ni les conclusions de la partie publique, ni celles du défendeur.

Il avait été confirmé sur l'appel, par un jugement du tribunal du district de Lille.

Contravention, 1°. à l'article 59 de la loi sur la police correctionnelle, qui porte : *que les conclusions des parties et celles de la partie publique seront fixées par écrit, et les jugemens seront motivés.*

2°. A l'article 15 du titre 5 de la loi du 24 août, relatif à la rédaction des jugemens, rapporté N°. 10, en ce que celui du tribunal de Lille n'énonçait, ni la question de fait, ni la désignation des propos injurieux imputés à Baron. (N°. 23, E.)

IV. *Du 19 octobre 1792.* Annullation sur la demande de Boyer, d'un jugement rendu par le tribunal de la police correctionnelle de Toulouse, le 3 décembre 1791, et de celui du tribunal de la même ville, du 20 avril 1792, qui l'a confirmé.

Daupias, juge de paix de Toulouse, avait rendu un jugement, d'après lequel les parties transigèrent; dans l'acte de transaction on inséra quelques expressions qui pouvaient être considérées comme

.ayant en pour objet de ridiculiser le juge de paix, qui ensuite avait reçu une lettre anonyme prétendue injurieuse.

Le procureur de la commune dénonça ces faits, et en poursuivit la punition devant le tribunal de la police correctionnelle, qui condamna le prévenu en une amende de dix fois sa contribution mobiliaire, et en six mois de prison.

Sur l'appel, le tribunal du district confirma le jugement, et y ajouta des injonctions aux justiciables du ressort, de garder le respect aux autorités constituées et aux membres qui les composent, à peine de punition exemplaire; il ordonna l'impression et l'envoi des deux jugemens à tous les juges du ressort et à la police correctionnelle, pour être affiché dans le lieu de leurs séances.

Contravention, 1°. à l'article 17 du chapitre 5 du titre 3 de l'acte constitutionnel, qui n'attribue qu'aux fonctionnaires publics, *eux-mêmes*, le droit de poursuivre la vengeance des calomnies dirigées contre eux dans l'exercice de leurs fonctions.

2°. A la loi sur la police correctionnelle, qui n'attribue pas à ces tribunaux la connaissance des injures et des calomnies commises, *par écrit*, envers les fonctionnaires publics, *hors l'exercice de leurs fonctions*.

3°. Fausse application de l'article 20 du titre 2 de la même loi, qui ne prononce l'amende et l'emprisonnement que dans le cas où le fonctionnaire public aura été outragé ou menacé, par paroles ou par gestes dans l'exercice de ses fonctions.

Le jugement du tribunal d'appel a été cassé sur le réquisitoire du commissaire national, spécialement en ce qu'il contenait des injonctions aux justiciables de son ressort, et en ce qu'il a ordonné l'impression, l'envoi et l'affiche des deux jugemens dans tous les tribunaux.

Excès de pouvoir et contravention aux articles 10 et 12 de la loi du 24 août 1790, qui défend aux tribunaux de prendre directement ou indirectement aucune part à l'exercice du pouvoir législatif, et de faire des réglemens. (N°. 29, E.)

V. *Du 29 décembre 1792.* Annullation sur le réquisitoire du commissaire du pouvoir exécutif, d'un jugement rendu par le tribunal de police correctionnelle de Pont-Saint-Maixence, le 23 avril 1792.

Lambert-Joseph Stuval, reçu à titre d'hospitalité chez Fercot, y avait volé quelques effets.

Le tribunal de la police correctionnelle de Pont-Saint-Maxence, après l'avoir déclaré convaincu de ce vol qualifié, avait prononcé la peine du vol simple.

Excès de pouvoir, en ce que le vol qualifié se trouvant compris au code pénal, est de la compétence exclusive du jury.

Contravention, 1°. à l'article 32 du titre 2 de la loi sur la police correctionnelle, qui porte : *les larcins, filouteries et autres vols qui n'appartiennent, ni à la police rurale, ni au code pénal, seront......, etc.*

2°. A l'article 13 de la section 2 du titre 2 de la loi du 6 octobre, qui est ainsi conçu : *lorsqu'un vol aura été commis dans l'intérieur d'une maison, par une personne habitante ou commensale de ladite maison..., ou qui y soit admise à titre d'hospitalité, la peine sera de huit années de fers.* (N°. 45, E.)

VI. *Du 8 ventôse, an 2.* Cassation d'un jugement du tribunal du district de Saint-Gaudens, du 6 juin 1792, sur la demande de Jean Langé, fils, contre Jean Authéage.

Langé avait été condamné par le tribunal de police correctionnelle de Montrejean à des rétractations d'injures, et en deux cents livres de dommages-intérêts, pour mauvais traitemens envers Authéage.

Sur l'appel de ce jugement au tribunal de Saint-Gaudens, interjeté par Langé, ce tribunal, réformant le jugement du tribunal de police correctionnelle, avait modéré les dommages-intérêts, et renvoyé Authéage à se pourvoir, pour raison des injures verbales, devant le juge de paix de Montrejean.

Cassé, parce qu'en divisant ainsi une instance qui, de sa nature, était indivisible, les juges de Saint-Gaudens avaient fait une fausse application de l'article 10 du titre 3 de la loi du mois d'août 1790; et, parce qu'en faisant cette distinction, ils avaient jugé que le tribunal de police correctionnelle était incompétent pour connaître des injures verbales jointes à des voies de fait; ce qui est contraire à l'article 7 du titre 2 de la loi du mois de juillet 1791, portant que les délits punissables par le tribunal de police correctionnelle, sont...... *les insultes et violences graves envers les personnes.* (N°. 59, B.)

VII. *Du 2 floréal, an 3.* Annullation sur la demande de Gilles Guesnon, contre le ministère public, d'un jugement du tribunal du Rocher-de-la-Liberté, du 4 vendémiaire précédent.

Guesnon avait été condamné correctionnellement à un emprisonnement; et, sur son appel, le jugement avait été confirmé, sans qu'il eût été interrogé.

Contravention aux articles 58 et 68 de la loi du mois de juillet 1791, qui veulent qu'en première instance le prévenu soit interrogé, et que, sur l'appel, l'instruction se fasse dans la même forme. (N°. 29, E.)

VIII. *Du 7 floréal, an 3*. Annullation sur la demande de Lefaucheur, contre Leboucher et autres, d'un jugement du tribunal de Cany, du 6 messidor, an 2.

Il s'agissait d'injures. Il y avait eu jugement du tribunal de police correctionnelle par défaut, faute par Lefaucheur de paraître en personne, et il avait été débouté d'une première et d'une seconde opposition.

Le tribunal de Cany l'avait déclaré non-recevable dans son appel, s'agissant d'un jugement rendu par défaut sur une seconde opposition, et le commissaire du directoire exécutif n'avait pas été entendu.

Fausse application de l'article 4 du titre 3 de la loi du mois d'octobre 1790, qui ne rejete l'appel des jugemens par défaut, qu'à l'égard de la justice de paix, et non de la police correctionnelle.

Et le commissaire du directoire exécutif n'ayant pas été entendu, contravention aux articles 59, 68 et 69 de la loi sur la police correctionnelle, qui exigeaient qu'il le fût. (N°. 33, E.)

IX. *Du 4 prairial, an 3*. Annullation sur la demande de Jean Pille, contre Bellocq, d'un jugement du tribunal d'Oléron, du 21 thermidor, an 2.

Il s'agissait d'enlèvement de papiers. Il avait été procédé au jugement par le tribunal de police correctionnelle, où les témoins et l'accusé n'avaient pas été interrogés publiquement, et l'agent national avait donné ses conclusions verbalement.

Ce jugement avait été confirmé.

Contravention à la loi sur la police correctiōnnelle, articles 58 et 59, qui voulaient que l'instruction se fît à l'audience; que le prévenu y fût interrogé, les témoins pour et contre entendus, et les conclusions de la partie publique fixées par écrit. (N°. 62, E.)

X. *Du 3 fructidor, an 3.* Annullation sur la demande de Taconnet et autres, des jugemens du tribunal de police correctionnelle de Clayes et du tribunal du district de Libremont, des 24 prairial et 23 fructidor, an 2.

1°. Le tribunal de police correctionnelle avait nommé un curateur à des mineurs poursuivis pour excès et voies de fait, et l'instruction avait été continuée avec le curateur, qui avait été cité seul, et avait paru seul aux audiences; ce qui était contraire à toutes les lois concernant la comparution personnelle des accusés, et notamment à l'article 43 de la loi sur la police correctionnelle, qui veut que la personne même soit renvoyée à la police municipale, si l'affaire est de sa compétence, ou qu'il soit donné un *mandat d'arrêt,* ou que la *personne* soit retenue pour être jugée par le tribunal de police correctionnelle, et à l'article 33, qui porte que le prévenu sera entendu.

2°. Le jugement du tribunal de police correctionnelle était intervenu sur des informations écrites, sans aucune instruction à l'audience, ce qui était contraire à l'article 59 de la même loi, qui porte : *que l'instruction se fera à l'audience;*

que le prévenu y sera interrogé, les témoins pour et contre entendus.

3°. Le tribunal d'appel avait contrevenu aux mêmes lois, en laissant subsister la procédure faite au tribunal de police correctionnelle. (N°. 101, E.)

XI. *Du 7 fructidor, an 3.* Annullation sur le réquisitoire du commissaire national, d'un jugement de la troisième section de la police correctionnelle de Paris, du 11 germinal, et d'autre jugement du tribunal d'appel de la police correctionnelle du département de Paris, du 4 floréal, an 3.

La troisième section du tribunal de police correctionnelle avait pris connaissance d'une accusation contre un boulanger, pour avoir vendu nuitamment des pains sans cartes et au-dessus du prix fixé, et le tribunal d'appel avait confirmé ce jugement.

Contravention à la loi du 19 vendémiaire, an 3, qui porte : *que la troisième section aura pour attribution le contentieux de la police municipale,* — et à la loi du 14 ventôse suivant, qui porte, article 4, *le tribunal de police correctionnelle est chargé de la poursuite et punition des délits dont il s'agit, et de l'exécution du présent décret.*

Au fond, le tribunal d'appel avait modéré, à vingt livres, une amende de cinq cents livres prononcée contre le boulanger, par le jugement de première instance, ce qui était contraire à l'article premier du décret du 14 ventôse, qui fixe l'amende à cinq cents livres, et n'autorise pas les juges à la modérer. (N°. 102, E.).

XII. *Du 24 vendémiaire, an 4.* Annullation sur la demande de Lefevre, contre Modeste, d'un jugement du tribunal du district de Vervins, du 14 vendémiaire, an 3.

Le jugement attaqué avait décidé qu'un appel interjeté de sentence rendue en matière de police correctionnelle dans la quinzaine de sa signification, mais qui n'avait été relevé qu'après ce délai, n'était pas recevable, d'après la disposition de l'article 61 de la loi du 22 juillet 1791 ; le demandeur soutenait au contraire que la loi citée ne faisait qu'indiquer par cet article le délai dans lequel l'appel devait être interjeté, et ne contenait aucune disposition sur celui dans lequel il devait être relevé.

Fausse application de cet article, qui s'exprime ainsi : l'appel sera porté au tribunal du district ; *il ne pourra être reçu* après les quinze jours du jugement signifié. (N°. 125, E.)

POLICE MUNICIPALE. I. *Du 21 décembre,* 1792. Annullation sur la demande de la veuve Rollet et autres, d'un jugement rendu par le tribunal du district d'Arcis-sur-Aube, le 26 mars 1791.

La police municipale de Poivre avait condamné les demandeurs en cassation à une amende fixée pour les uns à six livres, et pour chacun des autres, à deux livres dix-neuf sols six deniers.

Sur l'appel, le jugement du tribunal d'Arcis les avait déclaré non-recevables, faute d'avoir rapporté un certificat du bureau de conciliation.

Fausse application de l'article 7 du titre 10 de la loi du 24 août 1790, qui ne parlant que des jugemens des tribunaux de district, ne peut être étendu à ceux qui sont rendus par la police municipale. (N°. 37, E.)

II. *Du 28 mars 1793.* Annullation sur le réquisitoire du commissaire du pouvoir exécutif, d'une disposition d'un jugement du tribunal d'appel de la police municipale du département de Paris, du 10 mai 1792.

Le procureur de la commune de Paris avait fait rendre à sa poursuite, au tribunal de police municipale, un jugement, le 23 mars 1792, qui condamnait Renaudin en cinquante livres d'amende, pour avoir logé chez lui des filles publiques.

Sur l'appel de Renaudin, ce jugement a été infirmé par celui du 10 mai suivant, *avec dépens contre le procureur de la commune.*

Contravention à l'article 4.du titre 25 de l'ordonnance de 1667, ainsi conçu : *la partie pourra faire intimer en son nom le rapporteur, s'il y en a, sinon celui qui devra présider..... lesquels nous voulons être condamnés en leur nom, aux dépens, dommages et intérêts de la partie, s'ils sont déclarés bien intimés.*

Le procureur de la commune avait agi comme officier de police, il ne pouvait donc pas être condamné en son nom personnel, qu'au préalable il n'eût été intimé, pris à partie, et que la prise à partie eût été jugée bien fondée. (N°. 54, E.)

III. *Du 13 thermidor, an 3.* Annullation sur la demande de Quesney, contre le commissaire national, des jugemens de la police municipale de la commune de Bosquereau et du tribunal du district de Pont-Audemer, des 11 germinal et 13 messidor, an 2.

Quesney avait été poursuivi devant le tribunal de police municipale, pour contravention à la loi du 12 septembre 1793, relative à l'approvisionnement des marchés, quoique cette loi, ainsi que d'autres, relatives comme elle aux subsistances, indiquât que l'exécution en était confiée aux juges de paix : de-là résultait l'incompétence du tribunal de police municipale, et la nullité, tant des jugemens de première instance, que de celui d'appel pour ne l'avoir pas déclaré.

De plus, il contenait que Quesney avait fait la déclaration exigée par la loi du 11 septembre 1793, et cependant il avait été condamné à restituer à sa commune cinquante boisseaux de bled, ce qui contient fausse application de cette loi, laquelle ne décerne des peines que contre ceux qui n'auraient pas fait de déclaration dans la huitaine, ou qui en auraient fait de frauduleuses, ce qu'on ne reprochait pas à Quesney.

Enfin, Quesney avait été condamné en des dépens qui excédaient ce qui aurait pu être exigé à titre de déboursés, ce qui était contraire à l'article 9 de la loi du 3 brumaire, qui porte : *il sera statué dans tous les tribunaux et dans toutes les affaires sans aucuns frais.* (N°. 88, E.)

IV. *Du* 19 *thermidor, an* 3. Annullation sur le réquisitoire du commissaire national, d'un jugement du tribunal d'Argentan, du 15 nivôse.

Des juges d'Argentan, sur une demande formée contre la municipalité de Chambry, avaient révoqué les défenses faites par cette municipalité de continuer la construction d'un bâtiment commencé par un particulier, hors de l'alignement par elle donné.

Contravention, 1°. à l'article 3 du titre 11 de la loi du 24 août 1790, qui porte : *les objets de police soumis à la vigilance et à l'autorité des corps municipaux, sont tout ce qui intéresse la sûreté et la commodité du passage dans les rues, quais, places et voies publiques,* etc.

2°. A la seconde partie de l'article 29 de la loi du 22 juillet 1791 , sur l'organisation de la police municipale, ainsi conçu : sont également confirmés provisoirement les réglemens qui subsistent , touchant la voierie , ainsi que ceux actuellement existans à l'égard de la construction des bâtimens , et relatifs à leur solidité et sûreté. (N°. 89 , E.)

V. *Du 2 brumaire, an 4.* Annullation sur le réquisitoire du commissaire du pouvoir exécutif, d'un jugement du tribunal de police correctionnelle de Paris, du 2 germinal, an 2.

Le jugement dénoncé avait condamné Féhu et Bernard ; savoir , l'un en trois cents livres d'amende pour avoir fabriqué des savons avec du suif , et l'autre en cinq cents livres pour l'avoir vendu sur le carreau du marché ; ce qui est défendu, porte ce jugement , par les arrêtés de la commune, des 6 brumaire, 6 frimaire et 29 nivôse précédent.

Contravention à l'article 46 de la loi municipale, qui défend aux municipalités de faire aucuns réglemens , ni par conséquent d'établir aucunes peines afflictives ou pécuniaires à leur infraction , d'où il suit que le tribunal n'a pu voir dans le jugement attaqué, qu'un excès de pouvoir de la part des juges qui l'avait rendu. (N°. 130 , E.)

VI. *Du 27 ventôse, an 4.* Annullation sur la demande de Bluteau, contre les administrateurs de la commune de Versailles, d'un jugement du tribunal de Versailles, du 26 prairial, an 3.

Il s'agissait de l'enlèvement des boues, dont Bluteau était adjudicataire ; mais le 5 germinal, il avait obtenu le résiliement de son bail.

Cependant il fut cité devant la police municipale pour défaut d'enlèvement de boues. Il objecta l'incompétence sur ce qu'il s'agissait de la valeur des actes; mais il fut condamné, et le jugement fut confirmé.

Violation de l'article 4 du titre 4 de la loi du mois d'août 1790, qui attribue aux juges de district la connaissance de toutes les affaires, à l'exception de celles attribuées aux juges de paix, de commerce et de police. (N°. 185, E.)

Nota. Depuis la loi du 3 brumaire, an 4, au code des délits et des peines, les officiers municipaux n'exercent plus que la police administrative. La juridiction qui leur était ci-devant attribuée en cette matière, a été reportée aux juges de paix, qui, sous ce rapport, tiennent le tribunal de simple police. Voyez *Juge de paix, Police.*

POSSESSOIRE. I. *Du 23 floréal, an 3.* Annullation sur la demande de Eanestein Vaucombrenge, contre la veuve Grancourt, des jugemens du tribunal de Commercy, des 11 germinal et premier mesidor, an 2.

Il s'agissait de réintégrande portée par la demanderesse devant le juge de paix, et par la défenderesse au tribunal de Commercy, qui, sans avoir égard au déclinatoire, avait retenu la cause et jugé la propriété, sans poser ni questions, ni motifs, et en dernier ressort, bien que l'objet fût de valeur ndéterminée.

Contravention à l'article 15 du titre 5 de la loi du mois d'août 1790.

A l'article 4 du titre 4 de la même loi, qui attribue aux juges de paix les actions *possessoires.*

A l'article 5 du titre 18 de l'ordonnance de 1667, qui défend de cumuler le pétitoire avec le possessoire.

Et à l'article 5 du titre 4 de ladite loi de 1790, sur le dernier ressort. (N°. 50, E.)

II. *Du 25 germinal, an 4.* Annullation sur la demande de Julien-Marie le Leyzour-Rochelle, contre la veuve Lebras et la veuve Badene, d'un jugement du tribunal de Guingamp, du 7 floréal, an 3.

Il s'agissait du possessoire d'un passage que le juge de paix avait accordé aux deux veuves ; et le tribunal de Guingamp en confirmant, leur avait adjugé le pétitoire.

Contravention à l'article 5 du titre 18 de l'ordonnance de 1667, selon lequel les demandes en complainte ne peuvent être jointes au pétitoire. (N°. 25, E.) Voyez *Pétitoire.*

POSTES, MESSAGERIES. *Du 29 floréal, an 2.* Cassation d'un jugement du tribunal de Dunkerque, du 14 juin 1791, sur la demande de Pierre Quilsac, aubergiste, contre Grandsire, maître de la poste aux chevaux de Calais.

Ce dernier avait fait saisir les chevaux de Quilsac, comme menant en poste, au préjudice des lois sur les postes. Et le tribunal de Dunkerque, sur appel du tribunal de Calais, avait consacré sa prétention.

Contravention à l'article 2 de la loi du 29 août 1790, qui autorise toutes les manières possibles de voyager, mener et conduire les voyageurs. (N°. 100, B.)

PRESCRIPTION. I. *Du 27 messidor, an 3.* Annullation sur la demande de François Roussel et consorts, contre Prevost, d'un jugement du tribunal du district d'Amiens, du 22 prairial, an 2.

Le jugement attaqué avait déclaré la prescription de vingt ans entre présens, autorisée par la coutume d'Artois, qui régissait les parties, acquise dans une cause où il y avait des mineurs et contre des personnes qui ne pouvaient agir, étant obligées d'attendre l'expiration de la jouissance de leurs père et mère décédés seulement quatre années avant l'action qui avait été intentée ; et en cela il y avait fausse application de la loi sur les prescriptions. (N°. 93 , E.)

II. *Du 22 nivôse , an* 4. Annullation sur la demande de Jean-François Treffens, contre Jean Cavaillé et autres, d'un jugement rendu au district de Montauban, le 5 nivôse, an 3.

Il s'agissait d'une demande en rabattement de décret, qui suivant la loi du 17 germinal, an 2, devait être formée avant le premier vendémiaire, an 3.

Après des sommations extra-judiciaires, Treffens avait cité ses adversaires devant le juge de paix, par exploit du deuxième jour complémentaire. Ce juge avait rapporté , le quatrième jour complémentaire , un procès-verbal de conciliation.

Les juges de Montauban ont rejeté la demande comme non-recevable, attendu qu'elle n'avait été portée devant eux qu'après le premier vendémiaire.

Le motif de cassation est la contravention à l'article 6 du titre 10 de la loi du 16 août 1790, qui porte, que la citation au bureau de paix aura l'effet d'interrompre la prescription, lorsqu'elle aura été suivie d'ajournement. (N°. 5ı , E.)

III. *Du 26 vendémiaire , an* 5. Annullation sur la demande d'Oudart et autres, contre Bucher, d'un jugement du tribunal de Châtillon, du 6 vendémiaire , an 4.

Il s'agissait d'une revendication contre laquelle était opposée la prescripsion de quarante ans et qui avait cependant été adjugée.

Contravention à la loi troisième, *cod. de prescript.* 30 *vel.* 40 *annorum*....... selon laquelle les actions en revendication sont éteintes par le laps de trente ans. (N°. 16o, E.)

IV. *Du 13 frimaire, an 5.* Annullation sur la demande de Gondard, contre Despetits, d'un juge-ment du tribunal de Saint-Hippolyte, du 12 bru-maire, an 4.

Il s'agissait d'une revendication fondée sur un acte de 1723, contre laquelle Gondard opposait d'autres actes, sa possession et la prescription de plus de trente ans, qui était acquise ; et cependant la revendication avait été adjugée.

Contravention à la loi troisième, *cod. de prescript.* 30 *vel.* 40 *annor.* selon laquelle toute reven-dication est éteinte par le laps de trente ans. (N°. 216, E.) Voyez *Délai, Mineurs.*

PREUVE TESTIMONIALE. I. *Du 4 mai* 1792. Annullation d'un jugement rendu par le tribunal du district de Crône, le 3o mai 1791, entre Jean-Baptiste Claude Bonneau, et Simon Bruant et autres.

Des biens avaient été adjugés le 13 avril 1791, par forme de licitation à Bruant et Duguet, avec charge et condition expresse de payer, outre le prix principal, les frais de licitation qui étaient taxés et liquidés par la sentence de licitation à sept cent cinquante-six livres neuf sols ; Bruant et Duguet avaient accepté et signé la licitation ; mais dans la suite, il prétendirent qu'ils ne s'étaient sou-mis à payer les frais que parce que Bonneau leur avait assuré que ces frais n'excéderaient pas cinq cents livres ; ils en firent offres réelles, et demandèrent qu'il leur fût permis de prouver le fait par eux allégué. Bonneau soutint la preuve inadmissible et contraire à l'ordonnance, et le tribunal de Crône l'avait admise en dernier ressort par le jugement attaqué.

Contravention à l'article 2 du titre 20 de l'ordonnance de 1667, qui défend *toute preuve par témoins contre et outre le contenu aux actes, et sur ce qui serait allégué avoir été dit avant, lors ou depuis lesdits actes, encore qu'il s'agirait de somme ou valeur moindre de cent livres.* (N°. 8, E.)

II. *Du 4 nivôse, an 2.* Cassation d'un jugement du tribunal du district de Saint-Chaly, du 3 août 1791, sur la demande d'Etienne Jarousse, contre Pierre Patat.

Ce jugement avait ordonné la preuve par témoins d'une prétendue convention verbale relativement au bail de la dîme de Grandval. Et il l'avait ainsi ordonné par forme de jugement en dernier ressort.

Contravention à l'article 2 du titre 20 de l'ordonnance de 1667.

Et à l'article 5 du titre 4 de la loi du mois d'août 1790. (N°. 30, B.)

III. *Du 26 germinal, an 3.* Annullation sur la demande de Philibert et consorts, contre Jean Gras, des jugemens du tribunal de Montelimart, des 18 décembre 1792, 15 février 1795, et 19 prairial, an 2.

Il s'agissait d'une obligation de délivrer une quantité d'huile, contractée par Jean Gras.

Gras avait allégué qu'il y avait eu simulation,

il

il avait été admis à la preuve de divers faits, enfin il avait été déchargé de toute demande.

Contravention à l'article 2 du titre 26 de l'ordonnance de 1667, qui défend de recevoir aucune preuve par témoins contre et outre le contenu aux actes. (N°. 21 , E.)

IV. *Du* 19 *thermidor, an* 3. Annullation sur le réquisitoire du commissaire national, d'un jugement du tribunal du district de Saint - Jean-d'Angely , du 6 brumaire , an 3.

Le tribunal de Saint-Jean-d'Angely, en infirmant un jugement du tribunal de Rochefort, avait ordonné une preuve, et pour faire cette preuve, ainsi que pour le jugement définitif, il avait renvoyé par-devant d'autres juges que ceux qui avaient rendu le jugement dont était appel.

Contravention à l'article 17 du titre 2 de la loi du 24 août 1790, ainsi conçu : *l'ordre constitutionnel des jurisdictions ne pourra être troublé, ni les justiciables distraits de leurs juges naturels, par aucune commission, ni par d'autres attributions ou évocations que celles qui seront déterminées par la loi.* (N°. 90 , E.)

V. *Du* 24 *thermidor, an* 3. Annullation sur la demande de François-Achille Dequehen et sa femme, contre Louis Rohan , de jugemens du tribunal du district d'Amiens, du 17 ventôse, an 2, et 13 brumaire, an 3.

Le ministère public n'avait pas été entendu dans une cause qui intéraissait une femme mariée.

Le jugement du 17 ventôse avait en outre admis à prouver que la numération d'espèces énoncées dans un acte de vente du 13 juillet 1781, avait eu lieu, *à la vue des notaires et témoins instrumen-*

taires, n'avait été que fictive, et le jugement défi-nitif avait statué d'après cette preuve, ce qui était contraire à l'article 2 du titre 20 de l'ordonnance de 1667, ainsi conçu : *et ne sera reçu aucune preuve par témoins contre et outre le contenu aux actes , ni sur ce qui serait allégué avoir été dit, avant , lors ou après ces actes ,* etc. (N .39, E.)

VI. *Du 3 fructidor , an 3.* Annullation sur la demande de Claude Vincent , contre Ducros , d'un jugement du tribunal du district de Saint-Claude , du 15 vendémiaire , an 3.

Le jugement attaqué avait admis la preuve d'une convention verbale au-dessus de cent livres, ce qui était contraire à l'article 2 du titre 20 de l'ordon-nance de 1667, qui porte : *seront passés actes par-devant notaires , ou sous signatures privées , de toutes choses excédant la somme ou valeur .de cent livres , même pour dépôt volontaire.* (N°. 99, E.)

VII. *Du 24 germinal , an 4.* Annullation sur la demande de Joseph Monnot et autres, contre les mariés Clerc, de jugemens d'arbitres, des 2 frimaire et 27 pluviôse, an 3.

Il s'agissait de partage d'une communauté de mariage et de droits successifs, et les parties avaient nommé des arbitres d'après la loi du 17 nivôse. Ceux-ci avaient admis la preuve par témoins, que le père de la femme Clerc avait apporté dans la communauté certains objets, tandis que, par le contrat de mariage, son apport avait été fixé à sept cent soixante-huit livres en argent.

Contravention à l'article 2 du titre 20 de l'or-donnance de 1667, portant : ne sera reçue aucune preuve par témoins contre et outre le contenu aux actes, ni sur ce qui serait allégué avoir été dit avant, lors ou depuis les actes. (N°. 23 , E.)

VIII. *Du 26 germinal , an* 4. Annullation sur la demande de Couverche, contre Patin, de jugemens du tribunal de Grandviller , des 16 et 11 prairial , an 3.

Le premier de ces jugemens avait permis la preuve par témoins de la vente d'une montre, pour le prix de cent soixante livres , le second avait jugé en conséqnence de la preuve rapportée.

Contravention à l'article 2 du titre 20 de l'ordonnance de 1667, selon lequel il doit être passé acte de toutes choses excédant la somme ou la valeur de cent livres , et n'être reçue aucune preuve par témoins contre les actes. (N°. 27, E.)

IX. *Du* 15 *fructidor, an* 4. Annullation sur la demande de la veuve Fremin, contre les frères Pulvignon , d'un jugement du tribunal de Baugency, du 16 fructidor, an 3.

Il s'agissait d'un marché fait le premier frimaire, an 3. Le tribunal de commerce d'Orléans avait admis la veuve Fremin à prouver qu'un prix supérieur au *maximum* avait été convenu, et, d'après la preuve, avait ordonné le paiement du prix supérieur.

Ce jugement avait été réformé, sous le prétexte que la preuve par témoins n'avait pas dû être admise.

Contravention à l'ordonnance de 1667, titre 20, article 2, qui, à l'égard de la preuve par témoins, réservait ce qui était observé dans les justices consulaires ;

Et à la loi du 8 ventôse, an 4, qui, en maintenant les marchés faits à un prix supérieur au *maximum*, voulait conséquemment que la preuve par témoins en fût admise, puisque nulle stipulation écrite de ce genre n'avait pu avoir lieu. (N°. 129, E.)

X. *Du* 18 *fructidor, an* 4. Annullation sur la demande de Heinis, contre Schirmer, d'un jugement du tribunal d'Altkirch, du 19 messidor, an 3.

Il s'agissait de la vente d'un héritage faite par acte privé. Schirmer avait allégué la réserve d'une faculté de réméré non écrite. La preuve par témoins avait été permise, et il avait été jugé en conséquence de cette preuve.

Même contravention que ci-dessus. (N°. 128, E.)

XI. *Du* 17 *vendémiaire, an* 5. Annullation sur la demande de Serres, contre la veuve Lachapelle, d'un jugement du tribunal de Saint-Yriès, du 5 vendémiaire, an 4.

La preuve d'une promesse de subroger pour seize cents livres à une adjudication, avait été admise par témoins.

Contravention à l'article 2 du titre 20 de l'ordonnance de 1667, qui veut qu'il soit passé acte de toutes choses excédant la somme ou valeur de cent livres. (N°. 150, E.)

XII. *Du* 19 *frimaire, an* 5. Annullation sur la demande de Castel, contre Isaac, d'un jugement du tribunal de Tarbes, du 5 messidor, an 3.

Il s'agissait d'un marché dont les juges de commerce avaient admis la preuve par témoins; ceux de Tarbes avaient jugé que, s'agissant de plus de cent livres, la preuve avait dû être rejetée.

Contravention à l'article 2 du titre 20 de l'ordonnance de 1667, sur la prohibition de la preuve par témoins, qui réservait ce qui s'observe *en la justice des juges et consuls des marchands.* (N°. 218, E.)

XIII. *Du 22 nivôse, an 5.* Annullation sur la demande de Jean Marty, contre Jean Petit, de deux jugemens du tribunal de Marmande, des 4 frimaire, an 3, et 9 brumaire, an 4.

Il s'agissait, au fond, de la cession d'un intérêt dans une société de commerce : cession qui était contestée.

La preuve en avait été admise et faite devant un tribunal de commerce : en conséquence, la cession avait été déclarée existante.

Sur l'appel, jugement rendu par quatre juges et deux citoyens, qui réforme celui de première instance, pour avoir admis une preuve vocale contre un écrit.

Contravention à l'article 29 de la loi du 6 mars 1791, qui n'admet de suppléans que *dans le cas où leur assistance sera nécessaire à la validité des jugemens,* puisque l'on a appellé deux suppléans lorsqu'un seul était nécessaire pour compléter le nombre de cinq, aujourd'hui requis par la loi ;

Et à l'article 2 du titre 20 de l'ordonnance de 1667, qui, en rejetant la preuve testimoniale contre et outre le contenu aux actes, fait cette exception, *sans toutefois rien innover pour cet égard à ce qui s'observe en la justice des juges et consuls des marchands,* puisque la question portant uniquement sur la réalité d'une cession de droits dans une société réglée par un acte d'association, l'ordonnance de 1667 n'a point prohibé, à l'égard des jurisdictions consulaires, la preuve vocale en ce cas. (N°. 246, E.) Voyez *Témoins, Commerce.*

PRISE A PARTIE. **I.** *Du 4 frimaire , an 2.*
Cassation d'un jugement rendu le 20 janvier 1791,
par le tribunal du district de Bellesme, contre les
officiers municipaux de la commune de Perven-
chères.

Ces officiers, comme juges de police, avaient
condamné les nommés Dupont et le Plessis, pour
des délits de chasse ; sur l'appel de ces particuliers
au district de Bellesme, les officiers municipaux
avaient été intimés en leur nom personnel, et
condamnés aux dépens.

Contravention à l'arrêt de réglement du 24 juin
1699, portant que les juges ne peuvent être intimés en leur nom personnel, qu'après qu'il a été
jugé qu'il y avait lieu de les prendre à partie, et
à l'article 2 de la loi du premier décembre 1790,
qui attribue au tribunal de cassation la connaissance des demandes de prise à partie contre un
tribunal entier. (N°. 12, B.)

II. *Du 6 vendémiaire , an 5.* Rejet de la requête en cassation des habitans de la commune
de Montbrun.

Des arbitres avaient été nommés entre la commune de Montbrun et Deschamps, pour juger un
différend qui les divisait. Ils ordonnèrent une vérification par des experts que les parties nommè-
rent ; l'un des arbitres qui avaient été chargé de
remettre la décision dans le dépôt public avait,
selon l'exposé de la commune, refusé de remplir
sa mission, et le refus allégué était le fondement
de la prise partie.

La raison pour laquelle la requête fut rejettée,
c'est que, suivant l'article 254 de l'acte constitutionnel, et l'article 566 de la loi du 3 brumaire,
le tribunal de cassation ne devait prendre connais-

sance des prises à partie, que lorsqu'elles étaient dirigées contre des membres des tribunaux civils ou des tribunaux criminels ; ou, à l'égard d'un tribunal correctionnel ou de police, contre tous les membres collectivement, et n'était pas autorisé à juger celle qui était dirigée contre un arbitre.

PRISES MARITIMES. I. *Du 28 floréal, an 5.* Annullation sur la demande de Christian Grau, capitaine danois, du navire *la Franca Catherina*, contre Calender et compagnie, armateurs du corsaire *la Renommée*, d'un jugement du tribunal du Finistère, du 19 thermidor, an 4.

Il s'agissait d'une instance en validité de la prise du navire *la Franca Catherina*.

Un jugement du tribunal de commerce de Morlaix avait déclaré ce vaisseau de bonne prise.

Sur l'appel, le tribunal du Finistère avait confirmé celui de première instance; mais le commissaire du directoire exécutif n'avait point été entendu.

Contravention aux articles 2 et 3 de la loi du 8 floréal, an 4, qui sont ainsi conçus, article 2 : *les affaires sur l'appel en matière de prises, où des neutres auront un intérêt quelconque, seront communiquées aux commissaires du pouvoir exécutif, dans les vingt-quatre heures du dépôt des pièces au greffe du tribunal.*

Article 3 : *Si le commissaire le juge nécessaire, il en référera sur le champ au ministre de la justice, qui, après avoir consulté le directoire, répondra, dans la décade, à la dépêche du commissaire. Ce dernier, avant le jugement, sera tenu de donner ses conclusions, et de les laisser par écrit.* (N°. 355, E.)

V 4

II. *Du 28 floréal, an 5.* Annullation sur la demande de Grau, contre Calender et compagnie, d'un jugement du tribunal du Finistère, du 19 thermidor, an 4.

Il s'agissait de la validité d'une prise maritime. Il n'y avait eu, ni communication au commissaire du pouvoir exécutif, ni conclusions écrites de lui.

Contravention aux articles 2 et 3 de la loi du 18 floréal, an 4, qui voulaient la communication au commissaire du directoire exécutif; qu'il donnât ses conclusions en les laissant par écrit. (N°. 253, E.) Voyez *Marine, Commerce.*

PROCÉDURE. On a cru devoir réunir, sous ce titre, nombre de cassations de jugemens contenant tout à la fois diverses irrégularités commises dans la forme de procéder et de juger, et qui n'étaient point susceptibles de former des titres particuliers.

I. *Du 28 septembre 1792.* Annullation d'un jugement rendu par le tribunal du district de Sarlat, le 11 avril 1791, entre Jean Delbos et Léonard Lafargue.

La ci-devant sénéchaussée de Sarlat, était saisie, au moment de sa suppression, de l'appel d'un jugement rendu par la justice de Dôme; cette justice fut remplacée par le tribunal de district établi dans le même lieu.

Lafargue avait donné assignation à Delbos, pour procéder devant le tribunal de Sarlat, où il avait obtenu, par défaut, un jugement en dernier ressort, quoique Delbos n'eût ni constitué avoué, ni consenti à plaider à Sarlat. Le jugement ne contenait pas, dans sa rédaction, les quatre parties voulues par la loi.

Contravention, 1°. à l'article 5 de la loi du mois d'octobre 1790, en ce que le tribunal de Sarlat avait prononcé sur une instance d'appel introduite au ci-devant présidial, sans que les parties y eussent consenti, et sans qu'elles eussent procédé au greffe du tribunal qui remplaçait la justice de Dôme, au choix d'un tribunal d'appel, en la forme légale.

2°. A l'article 15 du titre 5 de la loi du 24 août 1790, sur la rédaction des jugemens. (N°. 28, E.) Voyez *Jugemens*.

II. *Du 13 prairial, an* 2. Cassation d'un jugement du tribunal de district de Champlitte, du 31 octobre 1792, sur la demande de Charles Perron.

1°. En ce que, prononçant comme tribunal d'appel, il avait ordonné un délibéré au nombre de trois juges.

2°. En ce que le rapport sur délibéré avait été fait par un juge suppléant, qui n'avait point assisté à la plaidoirie; et encore en ce que deux autres juges qui avaient prononcé le jugement n'avaient point assisté à la plaidoirie, contrairement à l'article 14 du titre 2 de la loi du mois d'août 1790. (N°. 110, B.)

III. *Du premier messidor, an* 2. Cassation de deux jugemens du tribunal du district de Gap, des 13 juin et premier août 1793, sur la demande des Borel, père et fils, contre Duport-Pontcharrat.

Pour avoir statué en dernier ressort, comme tribunal d'appel, sur des conclusions particulières, autres que celles qui avaient été originairement prises.

Contravention à l'article 17 du titre 2, et à l'article 5 du titre 4 de la loi du mois d'août 1790. (N°. 120, B.)

IV. *Du 18 germinal, an 3.* Annullation sur la demande de Nicolas Thomas, contre Chaumont et consorts, d'un jugement du tribunal de Compiegne, du 9 thermidor, an 2.

Il s'agissait de la saisie de quelques bois, validée par une ci-devant gruerie, et, sur l'appel, par le tribunal de Compiegne.

Il y avait eu partage, un cinquième juge avait été appelé, et, sans nouveau rapport ni plaidoirie, il avoit contribué au jugement en la chambre du conseil.

Contravention à l'article 14 du titre 2 de la loi du mois d'août 1790, et à l'article 13 de la loi du mois de novembre suivant, qui veulent que *les plaidoyers, rapports et jugemens soient publics... que la discussion soit précédée du rapport... et les parties entendues après le rapport.* (N°. 13, E.)

V. *Du 9 floréal, an 3.* Annullation sur la demande des Berger, contre Janot, des jugemens du tribunal de Mirecourt, des 27 nivôse et 7 floréal, an 2.

Nicolas Janot, cessionnaire de Marguerite Liegeois, mère des Berger, les cita au tribunal de Remiremont; ils déclinèrent, alléguant que l'affaire devait être portée à un tribunal de famille ou au tribunal d'Epinal.

Le déclinatoire ayant été accueilli, Janot cita devant le tribunal d'Epinal, lequel jugea que l'affaire devait être portée au tribunal de famille.

Sur l'appel, le tribunal de Mirecourt débouta du déclinatoire par son premier jugement; et, par le second, après avoir ordonné un délibéré, renvoyé à dix jours, évoqua le principal, et condamna les Berger. Le délibéré avait été ordonné par quatre juges, et cinq prirent part au jugement.

Contravention à l'article 14 du titre 2 de la loi du mois d'août 1790, qui veut que les plaidoyers, rapports et jugemens soient publics, en ce que le cinquième juge n'avait assisté à aucun rapport ni plaidoyer publics.

A l'article 10 de la loi du 3 brumaire, an 2, qui veut qu'il soit procédé immédiatement au jugement après l'examen des pièces, ou qu'il soit nommé un rapporteur, et le jour du rapport indiqué, en ce que la cause avait été renvoyée sans ordonner un rapport.

Et contravention aux lois, qui veulent qu'il y ait deux degrés de jurisdiction, en ce que les Berger avaient été privés par l'évocation du principal. (N°. 41, E.)

VI. *Du 22 floréal, an 3.* Annullation sur la demande de Perrine Bangard, contre Pernot, d'un jugement du tribunal du cinquième arrondissement de Paris, du 3 fructidor, an 2.

Il s'agissait d'avances et salaires d'un procureur. Dans l'instance d'appel, Pernot avait formé une nouvelle demande par requête, qui avait été adjugée.

Contravention à l'article 3 du titre 2 de l'ordonnance de 1667, qui ordonne que : les ajournemens soient faits *à personne ou à domicile.*

Et à l'article 2 du titre 10 de la loi du mois d'août 1790, qui porte : qu'*aucune action principale ne sera reçue, si le demandeur n'a point donné, en tête de son exploit, copie du certificat du bureau de paix.* (N°. 49, E.)

VII. *Du premier messidor, an 4.* Annullation sur la demande de Charles Jousselin et autres, contre François Roux, d'un jugement du tribunal de Crest, du 17 floréal, an 2.

Il s'agissait d'une demande en délaissement d'une succession, et en délivrance d'une légitime. Il y avait été jugé en premier et dernier ressort.

Des femmes étaient intéressées, et le commissaire du pouvoir exécutif n'avait pas été ouï.

Le jugement avait été rendu dans la chambre d'instruction, et seulement publié à l'audience suivante.

Contravention à l'article 14 du titre 2 de la loi du mois d'août 1790, portant que les plaidoyers, rapports et jugemens seront publics; et à l'article 13 de la loi du mois de novembre 1790, portant qu'il est libre aux juges de se retirer en particulier pour recueillir les opinions, mais qu'ils rentreront dans la salle d'audience pour prononcer leur jugement en public; et à la loi du 3 brumaire, an 2, qui prescrit la publicité des délibérations. (N°. 76, E.) Voyez *Dernier ressort, Femmes mariées.*

VIII. *Du 7 messidor, an 4.* Annullation sur la demande d'Hermé-Niverville, contre Marie Hermé et Hibout-Brière, d'un jugement du tribunal de Mortagne, du 24 ventôse, an 3.

L'affaire avait été mise en délibéré sans nomination de rapporteur, et le jugement avait été rendu, sans que le jour eût été indiqué, dans la chambre du conseil.

Contravention à l'article 10 de la loi du 3 brumaire, an 2, portant que, lorsque le jugement n'est pas rendu immédiatement, il doit être nommé un rapporteur, qui fait son rapport le jour indiqué.

Le jugement avait été rendu par trois juges, un suppléant et une cinquième personne appellée sans nécessité.

On ne voyait point qu'elle était la cause ni quels

étaient les motifs du jugement. (N°. 87 , E.)
Voyez *Suppléans , Jugemens.*

IX. *Du 5 thermidor, an 4.* Annullation sur la demande des mariés Galtier , contre la veuve Gassiès, d'un jugement du tribunal de Perpignan, du 13 thermidor, an 3.

Il était question de la quarte prétendue par la veuve Gassiès dans les biens de son mari.

Le tribunal de Perpignan avait ordonné un rapport, sans en indiquer le jour. L'un des juges ayant manqué, on avait appellé le président du tribunal criminel et un juge d'un autre tribunal alors de service auprès du tribunal criminel : celui-ci n'avait pas entendu le rapport comme juge ; mais il était dit qu'il avait assisté à l'audience.

Contravention, 1°. à l'article 10 de la loi du 3 brumaire, an 2, qui voulait que le jour du rapport fût indiqué; et même à l'article 9, en ce que le jour n'étant pas indiqué, les parties n'avaient pu proposer leurs moyens.

2°. A la loi du mois de juin 1791, qui déclarait incompatibles les fonctions de président criminel et celles de juge civil.

3°. A l'article 14 du titre 2 de la loi du mois d'août 1791, qui, voulant que les plaidoyers et rapports fussent publics, entendait qu'ils auraient lieu devant le tribunal complet. (N°. 112 , E.)

X. *Du 26° thermidor, an 4.* Annullation sur la demande de la femme Ploène, contre son mari, d'un jugement du tribunal de Pont-Croix, du 9 fructidor, an 3.

Il s'agissait de l'interdiction du mari, provoquée par la femme, pour cause de prodigalité , et prononcée par des arbitres de famille au mois de pluviôse, an 3. Le jugement avait été signifié au mari le 6 ventôse; il en avait fait appel le 22 thermidor.

Le jugement argué avait déclaré l'appel recevable, quoique postérieur de plus de trois mois à la signification de la décision; il avait déclaré la décision nulle et incompétente, et sur ce que Ploène attribuait les dissipations alléguées à sa femme, il avait admis les parties à prouver leurs faits.

Contravention, pour avoir déclaré l'appel recevable, à l'article 14 du titre 3 de la loi du mois d'août 1790, qui voulait que l'inobservation du délai de trois mois emportât la déchéance de l'appel;

Et à la loi du 3 brumaire, an 2, article 7, qui ne permettait de former en cause d'appel aucune demande; car, en admettant les parties à prouver leurs faits, les juges d'appel s'étaient saisis d'une autre question que celle qui leur était dévolue, et qui n'avait été que la compétence des arbitres de famille. (N°. 115, E.)

XI. *Du 19 vendémiaire, an 5.* Annullation sur la demande de Galice, contre Lefevre, d'un jugement du tribunal de la Seine, du 2 prairial, an 4.

Le tribunal de commerce avait rendu, entre les parties, un jugement dont il y avait eu appel. Le tribunal du deuxième arrondissement, par jugement en défaut, du 27 thermidor, an 3, avait confirmé celui du tribunal de commerce; mais, sur l'opposition de Galice, il avait réformé, par un autre jugement du 16 brumaire, en sorte que celui du 27 thermidor ne subsistait plus.

Le jugement du 16 brumaire, en réformant, avait admis Galice à une preuve; depuis, et d'après l'enquête, le tribunal de la Seine, par le jugement argué au profit du défaut, débouta définitivement Galice de son opposition à ce jugement du 27 thermidor, que celui du 16 brumaire avait aboli.

Contravention à l'article 5 du titre 27 de l'ordonnance de 1667, sur la force de la chose jugée, en ce que l'on avait fait revivre le jugement anéanti par celui en dernier ressort du 16 brumaire ; et encore à l'article 3 du titre 35, qui autorise l'opposition aux jugemens en dernier ressort, rendu à faute de se présenter ou à faute de plaider, en ce que la formule employée privait Galice de l'opposition qu'il aurait eu le droit de former à la décision principale rendue contre lui au profit du défaut de plaider, ayant purgé son premier défaut, dont le second était indépendant. (N°. 156, E.)

XII. *Du 3 brumaire, an* 5. Annullation sur la demande des mariés Perrot, contre Geoffroy, d'un jugement du tribunal de Versailles, du 6 brumaire, an 4.

Un suppléant avait été appellé pour départager les juges, et il n'avait pas ouï les plaidoiries, ni les conclusions du ministère public, en sorte qu'à son égard, il n'y avait pas eu ni l'un ni l'autre, bien qu'une femme mariée fût partie.

Il s'agissait du réméré d'un héritage dont le revenu n'était pas déterminé ; et l'on avait jugé en premier et dernier ressort. (N°. 175, E.) Voyez *Dernier ressort, Rapport, Référé, Jugemens.*

PROPRES (Remploi des). *Du 19 frimaire, an* 4. Annullation sur la demande de Lebatteur, contre Marie-Anne Despaut, d'un jugement arbitral, du 14 fructidor, an 2.

Louis Lebatteur avait légué à sa femme tous

ses meubles et effets mobiliers, sans autres charges que celles de droit. Louis, son frère, étant devenu son héritier, articulait des aliénations faites pendant la durée du mariage, et en demandait le remplacement sur les meubles légués, suivant la disposition des articles 65 et 107 du réglement de 1666, connu dans la ci-devant province de Normandie, sous le nom de *placités*; un arbitrage forcé avait été formé à ce sujet d'après les dispositions de la loi du 17 nivôse, et avait rejeté sa prétention.

Contravention auxdits articles, qui veulent que le remploi des immeubles que le mari et la femme possédaient lors de leur mariage, soit fait sur les immeubles qu'ils ont acquis, et à faute d'acquêts immeubles, sur les meubles. (N°. 140, E.)

PROTESTANS. *Du 21 nivôse an 2.* Cassation d'un jugement du tribunal du district de Bordeaux, du 25 août 1791, entre les héritiers Lambert, et les héritiers Palissier.

Ce jugement, infirmatif d'une sentence de la sénéchaussée de la Rochelle, avait maintenu une vente d'immeuble faite en 1757, par Pierre Lambert, aïeul des demandeurs, lequel professait la religion prétendue réformée, et n'avait point obtenu les autorisations prescrites par les lois d'alors.

Annullé comme contraire aux déclarations du 5 mai 1699, et lettres-patentes de 1757, lesquelles faisaient défenses aux protestans de vendre leurs immeubles, sans en avoir obtenu la permission du gouvernement.

Et aussi comme ne renfermant pas dans sa rédaction les quatre parties distinctes, prescrites par l'article 15 du titre 4 de la loi du mois d'août 1790. (N°. 35, B.) Voyez *Religionnaires.*

RABATTEMENT

R

RABATTEMENT DE DÉCRET. I. *Du 26 germinal*, *an* 3. Annullation sur la demande des mariés Massot, contre Pierre Dumoulin, d'un jugement du tribunal de Condom, du 6 frimaire, an 2.

Il s'agissait d'un rabattement de décret poursuivi avant la loi du 25 août 1792, qui abolit le rabattement, et il avait été rejeté.

Contravention à la loi du 12 février 1793, qui excepte de l'abolition les rabattemens exercés avant la loi du 25 août 1792.

De plus, le commissaire du pouvoir exécutif n'avait pas été entendu, bien que la femme Massot fût partie. (Nº. 23, E.)

II. *Du 19 thermidor*, *an* 3. Annullation sur la demande de Joseph Galtier, contre Louis Bouissy, d'un jugement du tribunal du district de Lacaune, du 2 vendémiaire, an 2.

Le jugement attaqué était rendu par trois juges, et le commissaire national faisant aussi fonctions de juge, ce qui est contraire à l'article premier du titre 8 de la loi du 24 août 1790.

Au fond, le jugement attaqué avait admis une demande en rabattement de décret non précédée de consignation, ce qui était contraire à l'article 16 de la déclaration de 1736, qui porte : *celui qui demandera* le rabattement du décret, soit par demande principale ou par demande incidente, sera tenu, avant de pouvoir y être admis, de faire des offres réelles à l'adjudicataire, du prix total de l'adjudication ; et si l'adjudicataire refuse de le recevoir, il sera tenu pareillement de consigner ledit prix au greffe de celle desdites cours où sa demande sera portée. (Nº. 92, E.)

III. Partie.   X

III. *Du 29 pluviôse, an 4.* Annullation sur la demande de la veuve Greze, contre Lucareau, de jugemens du tribunal de Villefranche, des premier pluviôse et premier germinal, an 3.

Il s'agissait d'un rabattement de décret. La demande avait été accueillie, bien que non précédée d'offres réelles.

Contravention à l'article 16 de la déclaration du 16 janvier 1736, qui veut que le demandeur en rabattement soit tenu, avant de pouvoir y être admis, de faire des offres réelles à l'adjudicataire ; et à l'article premier du décret du 7 germinal, an 2, qui confirme cette déclaration. (N°. 163, E.)

IV. *Du 6 prairial, an 4.* Annullation sur la demande de Charroin, contre Reyssier, d'un jugement du tribunal d'Issengeau, du 24 fructidor, an 2.

Il s'agissait d'un rabattement de décret exercé au moyen d'offres faites après dix ans. Il avait été jugé en premier et dernier ressort, et par trois juges seulement. La valeur des héritages n'était pas déterminée.

Même contravention qu'aux mots *Juges* et *Dernier ressort.*

Et encore contravention à la déclaration du 16 janvier 1736, qui, fixant à dix ans le tems du rabattement, statue, article 16, que celui qui le demandera sera tenu, avant de pouvoir y être admis, de faire des offres réelles. (N°. 59, E.)

V. *Du 11 prairial, an 4.* Annullation sur la demande de Ferrand, contre Françoise Pessemesse, d'un jugement du tribunal de Béziers, du 2 prairial, an 3.

Il s'agissait d'un rabattement qui avait été adjugé,

bien que les offres déclarées suffisantes n'eussent été faites qu'après la demande, et que la demande dirigée par Françoise Pessemesse eût rapport à des héritages dont elle ni son père n'étaient propriétaires à l'époque de la saisie, puisqu'antérieurement le père les avait vendu à Sarraud.

Contravention à l'article 16 de la déclaration de 1736, qui voulait qu'avant de pouvoir être admise à demander le rabattement, elle eût fait des offres réelles.

Et encore à l'article 11, qui n'accorde le droit d'exercer le rabattement qu'aux propriétaires des biens décrétés, et à leurs enfans et descendans. (N°. 61, E.)

VI. *Du 5 fructidor, an 4.* Annullation sur la demande de la femme Bordes, contre la femme Liotard, d'un jugement du tribunal de Castel-Sarrazin, du 24 ventôse, an 3.

Il s'agissait de rabattement : les offres réelles avaient été faites aux mariés Liotard, adjudicataires, parlant au mari ; la demande avait été rejetée sous le prétexte que les offres n'avaient pas été faites à la femme même.

Contravention à la déclaration de 1736, d'après laquelle le rabattement devait être adjugé, puisque les offres avaient été faites selon qu'elle le prescrivait aux adjudicataires. (N°. 60, E.)

VII. *Du 19 pluviôse, an 5.* Annullation sur la demande de Pierre et Jean-Baptiste Valat, frères, Dagrolles et autres, représentans et co-successeurs d'Antoine Dagrolles, contre Louise Fontanes, épouse du citoyen Lafaux, d'un jugement rendu par le tribunal du ci-devant district d'Alais, du 23 fructidor, an 3.

X 2

Il s'agissait d'une demande formée par Louise Fontanes en rabattement de décret, de cinq pièces de terre que son père avait achetées du citoyen Petit de Marival, auquel il en devait le prix, mais qu'il avait revendues en 1752 à Antoine Dagrolles, avant que Marival fit saisir ces mêmes biens, pour parvenir au paiement des sommes qui lui étaient dues par Fontanes.

Après diverses procédures, ces biens furent adjugés par décret aux héritiers Dagrolles.

Louise Fontanes se pourvut en rabattement devant le tribunal du district de Montpellier, et parvint à le faire ordonner par jugement du 26 nivôse, an 3.

Sur l'appel porté au tribunal du district de Sainte-Hippolyte, jugement, le 17 floréal, an 4, confirmatif de celui du 26 nivôse, an 2, relativement à Louise Fontanes.

Ce jugement ayant été rescindé par la voie de la requête civile, l'appel du jugement du tribunal du district de Montpellier fut porté au tribunal du district d'Alais, qui le confirma pour ce qui concerne Louise Fontanes, par jugement du 23 fructidor, an 3.

Violation de l'article 11 de la déclaration de 1736, ainsi conçu : *les propriétaires des biens décrétés, ou leurs enfans ou descendans, pourront seuls se pourvoir en rabattement.*

En ce que le père de Louise Fontanes n'était plus propriétaire des cinq pièces de terre dont il s'agit, à l'époque de la saisie et du décret, puisqu'il les avait vendues par acte public à Dagrolles. (N°. 269, E.)

RAPPORT, RAPPORTEUR. On a réuni sous ce titre un certain nombre de jugemens de cassation uniquement fondés sur l'inobservation des formes prescrites à l'égard du mode des jugemens sur rapport. On en trouvera encore plusieurs autres espèces aux mots *Jugemens , Procédure*.

I. *Du 22 floréal , an 2.* Cassation d'un jugement du tribunal de Clermont-Ferrand, du premier mai 1793, sur la demande de Christophe-Thomas Degeorges , contre Annet-François Degeorges.

Les juges s'étant trouvés partagés , avaient appellé un suppléant qui n'avait pas été présent à la plaidoirie de la cause ; et il n'apparaissait pas que la discussion eût été répétée devant lui, ni que le rapport qui avait dû être fait pour le mettre en état de donner son avis eut été fait publiquement, en présence des parties ou de leurs défenseurs.

Contravention à l'article 14 du titre 2 de la loi du mois d'août 1790. (N°. 90 , B.)

II. *Du 2 floréal , an 3.* Annullation sur la demande de Jean Themelin, contre Vigoureux , de jugemens du tribunal de Châlons, des 11 germinal et 11 messidor , an 2.

Il s'agissait d'entreprises prétendues, et dénonciation de nouvelle œuvre.

Le tribunal de Châlons avait ordonné un rapport et nommé un rapporteur ; mais le jour du rapport n'avait pas été indiqué.

Contravention à l'article 10 de la loi du 3 brumaire , qui dit que : *l'on pourra nommer un rapporteur qui fera son rapport dans le jour indiqué dans le jugement.* (N°. 28 , E.)

III. *Du 19 prairial , an 3.* Annullation sur la demande des Etignard , contre d'autres Etignard , d'un jugement du tribunal de Moulins , du 26 fructidor , an 2.

Le tribunal de Corbigny avait jugé la demande

en nullité d'une donation et d'un testament, après
avoir ordonné la remise des pièces et indiqué le
jour du jugement, sans nommer un rapporteur.

Ce jugement avait été annullé par celui du tribunal de Moulins, sous le prétexte que l'on avait
dû juger immédiatement, ou nommer un rapporteur.

Fausse application de la loi du 10 brumaire,
an 2, qui ne fixait pas de tems pour l'examen des
pièces, et n'ordonnait de nommer un rapporteur
que lorsqu'un rapport paraissait nécessaire (N°.
72, E.)

IV. *Du 4 ventóse, an 4.* Annullation sur la
demande de Bonnefoi et Lindel, contre Faure,
d'un jugement du tribunal de Villefranche, du 3
frimaire, an 3.

Il s'agissait d'un ballot déposé à la messagerie et
réclamé. Un rapporteur avait été nommé pour faire
rapport le 6 frimaire, et l'on avait jugé le 3, en
sorte que Bonnefoi et Lindel n'avaient pu se présenter pour faire leurs observations.

Contravention à l'article 14 du titre 2 de la loi du
mois d'août 1790, selon lequel tout citoyen a droit
de défendre sa cause.

Le commissaire du pouvoir exécutif avait concouru comme juge. (N°. 175, E.) Voyez *Commissaire.*

V. *Du 11 messidor, an 4.* Annullation sur la
demande de Treissous, contre Sehürer, d'un
jugement du tribunal de Béfort, du 24 fructidor,
an 3.

Il avait été ordonné un rapport ; le jour n'en
avait pas été indiqué, et les parties n'avaient pas
été appellées.

Contravention à l'article 10 de la loi du 3 brumaire, an 3, qui voulait que le jour fût indiqué, et à l'article 13 de la loi du mois de décembre 1790, qui voulait que les parties pussent faire leurs observations après le rapport. (N°. 144, E.)

VI. *Du 8 fructidor, an 4.* Annullation sur la demande de Hesse et Viler, contre Louis, d'un jugement du tribunal de Blamont, du 19 messidor, an 4.

Il avait été ordonné un rapport, et le rapporteur nommé ; mais le jour du rapport n'avait pas été indiqué.

Contravention à l'article 10 de la loi·du 3 brumaire, an 2, qui voulait indication du jour où le rapport devait être fait. (N°. 127, E.)

VII. *Du 19 vendémiaire, an 5.* Annullation sur la demande de Belhomme, contre Gueret, d'un jugement du tribunal de Mortain, du 15 fructidor, an 2.

L'affaire avait été mise au rapport, le rapport avait été renvoyé au premier messidor, et le premier messidor il avait été renvoyé sans indication du jour, et fait le 15 fructidor, les parties n'étant présentes ni appellées.

Contravention à l'article 10 de la loi du 3 brumaire, an 2, qui voulait que le jour fût indiqué, et à l'article 13 de la loi du mois de décembre 1790, qui voulait que les parties fussent entendues (N°. 158, E.)

VIII. *Du 2 brumaire, an 5.* Annullation sur la demande de Leclerc et autres, contre Rangré, d'un jugement du tribunal de Crépy, du 9 brumaire, an 4.

Un rapport avait été ordonné ; le jour n'était pas indiqué.

Même contravention que ci-dessus. (N°. 173, E.)

IX. *Du 3 brumaire, an 5.* Annullation sur la demande de Maris, contre Pothier, d'un jugement du tribunal de Lille, du 29 mars 1792.

Le jugement avait été fait en la chambre du conseil, au lieu de l'être en séance publique. (N°. 176, E.)

X. *Du 28 brumaire, an 5.* Annullation sur la demande des mariés Delort, contre Bauverlet, d'un jugement du tribunal d'Amiens, du 6 vendémiaire, an 4.

Il avait été ordonné un rapport dont le jour n'avait pas été indiqué. (N°. 199, E.)

XI. *Du 4 pluviôse, an 5.* Annullation sur la demande de la commune de Droisy, contre Barnage, d'un jugement du tribunal du district de Bernay, des 20 et 26 juin 1792.

Il s'agissait d'une demande en maintenue dans la possession d'une pièce de terre ; par sentence du ci-devant bailliage de Nonancourt, la contestation fut jugée en faveur de Barnage.

La sentence fut confirmée par le jugement du tribunal du district de Bernay, du 26 juin 1793, sur le rapport de l'un des juges fait le 20 du même mois à la chambre du conseil, au lieu qu'il aurait dû être fait à l'audience publique, conformément à l'article 13 de la loi du premier décembre 1790. (N°. 252, E.)

XII. *Du 17 germinal, an 5.* Annullation sur la demande de Noireau et autres, contre Mallet et autres, d'un jugement du tribunal de Rochechouart, du 18 vendémiaire, an 4.

Un rapport avait été ordonné, et le jugement avait été rendu sur ce rapport sans que le jour en eût été indiqué. (N°. 313 , E.) Voyez *Jugemens, Procédure , Référé.*

RATIFICATION (Lettres de). I. *Du premier floréal, an* 4. Annullation sur la demande de la veuve Salmon, contre les mariés Archambault, d'un jugement du tribunal de Saumur , du 10 prairial, an 3.

Il était question de la soumission faite par la veuve Salmon, d'augmenter le prix d'une vente faite par Martin, son débiteur, aux mariés Archambault, sur laquelle ceux-ci avaient poursuivi des lettres de ratification ; laquelle soumission avait été déclarée non-recevable, au moyen de l'offre de la veuve Salmon, de payer aux créanciers opposans toutes leurs créances légitimes et authentiques.

Contravention à l'article 9 de l'édit de 1771, concernant les hypotèques, qui dispose : *que tout créancier légitime du vendeur pourra faire recevoir une soumission* : ce qui comprenait même les créanciers chirographaires et non authentiques, et qui n'admettait l'acheteur à retenir l'héritage qu'en parfournissant le plus haut prix. (N°. 31 , E.)

II. *Du* 7 *floréal, an* 4. Annullation sur la demande de Jannin, contre Devaux et sa femme, de jugemens du tribunal de la campagne de Lyon , des 3 et 13 frimaire, an 3.

Devaux, appellant d'un jugement du tribunal de Vienne , n'avait pas comparu au bureau de conciliation sur son appel , et cet appel avait été reçu.

Contravention à l'article 7 du titre 2 de la loi du mois d'août 1790, qui voulait que l'appel ne fût reçu faute de cette comparution.

Les juges de Lyon avaient préféré des créanciers délégués par un contrat de vente, et non opposans, à des créanciers opposans, aux lettres de ratification.

Contravention aux articles 7, 15 et 19 de l'édit de 1771, concernant les hypothèques, selon lesquels les lettres de ratification purgeaient les hypothèques des créanciers non opposans ; et ainsi tous créanciers étaient tenus de former leurs oppositions, et la distribution devait être faite entre les créanciers opposans.

Les juges n'avaient articulé ni les questions du procès, ni leurs résultats et leurs motifs.

Contravention à l'article 15 du titre 5 de la loi du mois d'août 1790, suivant laquelle la rédaction des jugemens doit contenir quatre parties, dont la seconde, les questions de fait et de droit; et la troisième, le résultat et les motifs. (N°. 36, E.)

III. *Du 16 messidor, an 4.* Annullation sur la demande de Châtillon, d'un jugement du tribunal de Bitche, du 16 messidor, an 3, contre Stoch Manser et Nurembonyer.

Il s'agissait de la soumission faite par Gouget, créancier opposant, selon l'édit de 1771, d'augmenter le prix d'une vente sur laquelle l'on sollicitait des lettres de ratification.

Cette soumission avait été rejetée, sous le prétexte qu'il y avait d'ailleurs sûreté pour Gouget.

Contravention à l'article 9 de l'édit de 1771, qui autorisait indistinctement et absolument tout créancier à faire recevoir une soumission, et réservait seulement à l'acheteur le droit de garder l'héritage, en parfournissant le plus haut prix. (N°. 98, E.) Voyez *Hypothèques.*

RÉCUSATION. I. *Du 14 frimaire , an 2.*
Cassation de plusieurs jugemens du tribunal du
district d'Ortez, sur la demande de Jean Lagourdette, contre Superbit.

Après avoir récusé valablement les juges de
paix et assesseurs de Caradavant par différens actes,
Lagourdette avait été renvoyé devant ces mêmes
juges par le tribunal du district d'Ortez.

Le commissaire près le tribunal, s'était aussi
porté de son chef, appellant d'une ordonnance de
remise au tribunal de paix.

Contravention à l'article 5 du titre 15 de l'ordonnance de 1667, portant, que le juge qui aura
été récusé, ne pourra être juge du différend, si
ce n'est qu'il l'ait été follement, ou que les deux
parties consentent à ce qu'il demeure juge.

Et à l'article 2 du titre 8 de la loi du mois
d'août 1790, qui défend aux commissaires d'exercer
leur ministère par voie d'action, dans les matières
civiles. (No. 21 , B.)

II. *Du 17 germinal, an 2.* Cassation d'un juge-
ment du tribunal du sixième arrondissement de
Paris, du 17 frimaire dernier, sur la demande de
Josephine Menchi , veuve Bagge, contre Anne
Kanouski.

La veuve Bagge avait remis au greffe un acte
de récusation contre deux juges ; et le 27 frimaire,
à l'audience même où la cause allait être plaidée,
elle réitéra au tribunal, qu'elle avait récusé deux
des juges qui étaient sur le siège ; nonobstant cette
récusation, les juges passèrent outre, au jugement
du fond de la contestation d'entre la veuve Bagge
et la Kanouski.

Contravention à l'article 24 du titre *des récu-*

sations des juges de l'ordonnance de 1667. (N°. 78 , B.)

III. *Du 8 floréal, an* 3. Annullation sur la demande de Lagardette, contre Milson, d'un jugement du tribunal d'Ortez , du 18 nivôse, an 2.

Même récusation, même jugement, même contravention. (N°. 37, E.)

IV. *Du 8 floréal, an* 3. Annullation sur la demande de Lagardette, contre Barrère , d'un jugement du tribunal d'Ortez , du 10 nivôse, an 2.

Même récusation, même jugement, même contravention. (N°. 38, E.)

V. *Du 8 floréal, an* 3. Annullation sur la demande de Lagardette, contre Superbit , d'un jugement du district de Mauléon, du premier germinal, an 2.

Il s'agissait de la récusation proposée contre un juge du tribunal d'Ortez , par des mémoires remis au greffe, sur laquelle ce tribunal avait déclaré qu'il n'y avait lieu de statuer, sauf à Lagardette à la proposer conformément à la loi ; et le juge accusé avait pris part à ce jugement.

Le tribunal de Mauléon avait confirmé ce jugement.

Contravention aux articles 23 et 24 du titre 24 de l'ordonnance de 1667, qui voulaient que la récusation fût proposée par requête, objet rempli par les mémoires, et qu'elle fût communiquée au juge récusé, pour déclarer si les faits étaient véritables ou non, et qu'il ne pût assister au jugement (N°. 34, E.)

RÉDACTION. Voyez *Jugemens.*

RÉFÉRÉ au corps législatif. I. *Du premier jour complémentaire , an* 4. Annullation d'un jugement du tribunal criminel du département des Ardennes, du 12 messidor, an 4.

Ce tribunal s'étant formé des doutes sur l'application de la loi, d'après une déclaration de jurés de jugement, ordonna un référé préparatoire au corps législatif.

La raison fut que ce référé tendait à provoquer de la part du corps législatif un vrai jugement.

II. *Du* 29 *brumaire, an* 5. Annullation sur la demande de Paris, contre Faillart, d'un jugement du tribunal de Douay, du 24 vendémiaire , an 4.

Il s'agissait de billet à ordre dont le paiement était offert en assignats. Le tribunal de commerce avait d'abord ordonné que le comité de législation de la convention nationale serait consulté, et puis, faute de réponse, il avait jugé ; sur l'appel, le tribunal de Douay avait ordonné l'exécution du référé.

Contravention à l'article 202 de l'acte constitutionel, selon lequel le pouvoir judiciaire ne peut être exercé en aucun cas par le corps législatif. (Nº. 204, E.)

III. *Du* 18 *messidor, an* 5. Annullation de deux jugemens du tribunal criminel du département du Gard, des premier brumaire et 11 frimaire, an 4.

Sur la pétition de Lauteyres et autres, tendante à l'application de la loi d'amnistie du 22 vendémiaire, le tribunal du Gard ordonna préparatoirement un référé.

Par son second jugement , il ordonna encore le référé sur l'application demandée par une nouvelle pétition de l'amnistie du 4 brumaire.

L'objet de ces référés était de faire résoudre par le corps législatif si les délits dont il était question étaient aux termes des deux lois invoquées, susceptibles de l'application de l'amnistie.

La raison de l'annullation fut que ces référés tendaient à provoquer de la part du corps législatif un vrai jugement.

RÉFÉRÉ (Jugemens sur). *Du 22 messidor, an 4.* Annullation d'un jugement du tribunal de Brest, rendu par forme de référé, par le président seul, portant, sur la demande de la veuve Arondel, injonction au nommé Lelay d'évacuer une maison dont il était locataire, et à défaut, autorisation de l'expulser.

Le motif fut que la loi nouvelle à composé les tribunaux d'un certain nombre de juges, dont aucun deux n'est rien isolément; que le pouvoir de juger a été délégué à leur ensemble et non à un seul, que la loi n'a point fait d'exception pour les matières célères qui se jugeaient ci-devant par forme de référé devant un seul juge. (N⁰. 92, E.)

RÉGLEMENS. Voyez au mot *Excès de pouvoir*, diverses cassations de jugemens conçus en forme de réglemens.

RELIGIONNAIRES FUGITIFS. *Du premier messidor, an 2.* Cassation d'un jugement du tribunal du district de Bourg en Ain, du 28 juin 1792, sur la demande des héritiers de Madelaine Dépré, contre Louise Dubuay, veuve Dépré.

Comme contraire aux articles premier et 17 de la loi du mois de décembre 1790, concernant la restitution des biens des religionnaires fugitifs. (N⁰. 119, B.) Voyez *Protestans*.

RÉMÉRÉ. I. *Du 26 prairial, an 2.* Rejet d'une requête en cassation, présentée par Laurent Bergerot, contre un jugement du tribunal de Joigny, du 25 frimaire précédent, qui avait admis l'exercice du réméré après le terme convenu.

Le moyen de cassation était tiré des textes de la *déclaration des droits*, relatifs à la propriété.

Le motif du rejet fut, que la déclaration des droits consistait dans des maximes trop générales pour être appliquées comme lois aux différends particuliers des citoyens; que d'ailleurs le tribunal de Joigny ayant seulement jugé que la propriété en question n'avait pas été incommutablement acquise à Bergerot, par le laps du temps fixé pour le réméré; on ne pouvait pas dire qu'il y eût précisément violation du droit de propriété consacré par la déclaration des droits.

II. *Du 29 brumaire, an 5.* Annullation sur la demande de Pierre Trepreau, contre Huet, d'un jugement du tribunal de Bourgueil, du 22 fructidor, an 3.

Il s'agissait de la faculté de réméré d'un héritage de revenu indéterminé, et il avait été jugé en premier et dernier ressort.

Même contravention qu'au mot *Dernier ressort.* (N°. 201, E.)

REMBOURSEMENS. I. *Du 26 messidor, an 4.* Annullation sur la demande de la veuve Andrieux, contre Descollon, d'un jugement du tribunal de Décize-le-Rocher, du 28 thermidor, an 3.

Il s'agissait d'une somme de trente mille livres prêtée en 1792, sans intérêt, avec condition de ne pouvoir être remboursée avant dix ans.

Le tribunal de Nevers avait déclaré valides les

offres de remboursement, et la consignation avait eu lieu le 26 messidor.

Sur l'appel, le jugement argué avait été confirmatif, nonobstant que la loi du 25 messidor, suspensive des remboursemens, eût été invoquée.

Contravention à l'article premier de la loi du 25 messidor, an 3, qui autorisait tout créancier à refuser son remboursement offert avant le terme. (N°. 104, E.)

II. *Du 23 fructidor, an 4.* Annullation sur la demande de Tampié, contre la veuve et enfans Coye, d'un jugement du tribunal d'Uzès, du premier fructidor, an 3.

Il s'agissait d'une somme de soixante-quinze mille livres due par obligation, dans laquelle il avait été stipulé que le débiteur ne pourrait se libérer avant le terme de vingt ans, que du consentement du créancier, et que cependant le créancier aurait la faculté d'exiger, avant le terme, jusqu'à la concurrence de la moitié.

Le tribunal de Nîmes avait rejeté les offres de la veuve Coye.

Celui d'Uzès les avait déclarées valables, à l'égard de la moitié exigible par le prêteur.

Contravention aux lois romaines : car, si le terme est naturellement en faveur du débiteur, *leg.* 70, ff. *de Solution,* la présomption n'est plus de mise, si les parties ont stipulé autrement : *nisi alia mens fuerit.* Loi 17, *de Regul. jur.* Outre que le contrat de prêt est susceptible des mêmes clauses que les autres contrats, L. *Omnia* 7, *de reb. credit,* et que *legem contractus dedit,* l. 23, *de Regul. jur.* L. 1, §. 6, *de Pos. de pact.* : de sorte que le terme étant stipulé en faveur du créancier, il ne peut être enfreint contre sa volonté.

La

La loi du 25 messidor avait été objectée ; le tribunal d'Uzès ne l'avait pas cru applicable, parce que les offres avaient été antérieures.

Contravention à cette loi, article premier, qui voulait qu'aucun créancier ne pût être contraint à recevoir son remboursement avant le terme, d'autant que les offres n'avaient pas été suivies de la consignation, qui, selon les principes confirmés par la loi du premier fructidor, peut seule tenir lieu de paiement. (N°. 134, E.)

III. *Du 2 brumaire, an* 5. Annullation sur la demande de Boiron, contre Guigon, d'un jugement du tribunal de l'Ardèche, du 28 vendémiaire, an 4.

Des offres faites d'un capital de rentes créées en 1780 et 1788, avaient été déclarées valables, après une ordonnance de délibéré non signifiée à la partie qui avait fait défaut.

Contravention à l'article 3 de la loi du 3 brumaire, an 2, qui voulait que l'ordonnance de délibéré fût signifiée.

A l'article 10 de la même loi, qui voulait que le jour du rapport fût indiqué, et Boiron averti pour se défendre.

Et à la loi du 25 messidor, qui avait suspendu, art. 2, le remboursement des rentes. (N°. 172, E.)

IV. *Du 3 brumaire, an* 5. Annullation sur la demande de Trumeau, contre Cautault, d'un jugement du tribunal de Château-Roux, du 22 fructidor, an 3.

Il s'agissait d'un prix de vente, stipulé payable après le décès du vendeur, dans un acte du 9 thermidor, an 2. Les offres du remboursement avaient été déclarées valables, nonobstant le refus fondé sur la loi du 25 messidor, an 3.

III. Partie.   Y

Contravention à cette loi, qui ne voulait pas que le créancier fût contraint à recevoir avant le terme. (N°. 174, E.)

V. *Du 14 brumaire, an 5.* Annullation sur la demande de Roullier, contre la veuve Billaut, d'un jugement du tribunal d'Eure et Loir, du 16 nivôse, an 4.

Roullier avait reçu, sous protestation, le 27 messidor, an 3, le remboursement d'une rente à lui offert; il avait été jugé que sa quittance était irrévocable.

Contravention à la loi du 25 messidor, an 3, portant suspension du remboursement des rentes, à compter du même jour, en n'autorisant les remboursemens ultérieurs, qu'autant qu'il serait constaté que l'accepteur avait connaissance de la loi. (N°. 183, E.)

VI. *Du 8 ventôse, an 5.* Annullation sur la demande de Daly, contre la veuve et les héritiers Souvier, d'un jugement du tribunal du district de Valence, du 18 thermidor, an 3.

Au fond, il s'agissait du désistement d'objets cédés par une transaction du 12 juillet 1777, aux offres de rembourser les quatre millions trois cent cinquante-deux livres, prix de cette cession; ce qui avait été successivement ordonné en première et dernière instance; encore bien que, lors du dernier jugement, la loi qui suspendait de pareils remboursemens fût déjà rendue, et que le remboursement fût rejeté.

Contravention à la loi du 25 messidor, an 3, qui, après avoir permis de refuser le remboursement d'une créance avant l'échéance du terme, ajoute, article 3 : *sont compris dans cette suspension provisoire, les remboursemens des capitaux qui,, en cas de dissolution de mariage, doivent être restitués par le mari ou ses héritiers;* en ce que partie de ces quatre millions trois cent cinquante-deux livres étant dotale, le remboursement en était provisoirement suspendu. (N°. 280, E.)

VII. *Du 28 ventôse, an 5.* Annullation sur la demande de Joseph Labeyrie, contre Pierre Beraud, d'un jugement du tribunal du district de Mont-de-Marsan, du 28 brumaire, an 4.

Il s'agissait du remboursement de soixante-dix mille livres, restant du prix de biens fonds aliénés en 1785.

Le jugement en dernier ressort avait autorisé ce remboursement, nonobstant la loi du 25 messidor, an 3, qu'il déclara non applicable, au moyen de la faculté qu'avait l'acquéreur de rembourser les soixante-dix mille livres, par portion de vingt mille livres, pendant quinze ans. (N°. 281, E.)

VIII. *Du 8 ventôse, an 5.* Annullation sur la demande de François Perignon, contre Louis Wauban, d'un jugement du tribunal d'Etain, du 23 thermidor, an 3.

Il s'agissait du remboursement d'une rente de dix livres, au principal de deux cents livres, constituée le 15 novembre 1788, avec clause qu'elle ne pourrait être remboursée qu'en avertissant trois mois d'avance.

Sur refus, offres réelles et dépôt du principal au greffe de la municipalité, et ensuite assignation en validité de ces offres, dans les premiers jours de messidor, an 3.

Un jugement les avait déclarées valables, nonobstant la loi du 25 messidor, sur le motif que la consignation était antérieure à cette loi, et avait libéré avant qu'elle fût rendue.

Contravention à l'article premier de cette loi, qui porte : *aucun créancier ne peut être contraint de recevoir le remboursement de ce qui lui est dû, avant le terme porté au titre de créance*; et à l'article 2 de la même loi, suivant lequel *est provisoirement suspendu le remboursement de toutes rentes créées avant le premier janvier 1792, quelles que soit leur nature, et les causes dont elles procèdent*; en ce que, dans l'espèce, le remboursement de cette rente, constituée dès 1788, était suspendu malgré la consignation de son principal, avant la loi, parce qu'elle était nulle et irrégulière, pour avoir été faite avant un avertissement préalable de trois mois, et encore *pour l'avoir été hors justice*, et dans un lieu autre que celui désigné par la loi pour recevoir un semblable dépôt. (N°. 282, E.)

IX. *Du 29 ventôse, an 5.* Annullation sur la demande de Lenormand, contre Richard de Sally, de deux jugemens, l'un du tribunal du ci-devant district de Rouen, du 17 frimaire, an 4; l'autre du tribunal civil du département de la Seine-Inférieure, du 17 nivôse de la même année.

Il s'agissait d'une demande en remboursement d'une somme de douze mille livres, provenant de cinq années de fermage d'un domaine, à raison de deux mille six cents livres par an, et dont le dernier terme était celui échu le 29 septembre 1794 (*vieux style*), que Richar de Sally, fermier, avait formée contre Lenormand.

En vendémiaire, an 4, Richard de Sally fit offrir cette somme en assignats valeur nominale.

Sur le refus de Lenormand, instance au tribunal du district de Pont - Audemer, qui, par jugement du 19 vendémiaire, an 4, déclare les offres bonnes et valables.

Le 17 frimaire, le tribunal de Rouen, saisi de l'appel, confirme cette disposition par jugement rendu en défaut de Lenormand.

Le 17 nivôse, jugement qui déboute Lenormand de l'opposition qu'il avait formée à celui du 17 frimaire, dont l'exécution fut ordonnée.

Contravention à la loi du 12 frimaire, an 4, qui permet à tout créancier qui se croira lézé par le remboursement des capitaux qui lui seront offerts, de les refuser, et qui n'excepte que les effets de commerce de négociant à négociant.

En ce que les fermages échus chaque année, représentant les fruits que le propriétaire aurait perçus en nature, s'il n'avait pas amodié ses fonds, doivent être regardés comme de vrais capitaux. (N°. 304, E.)

X. *Du 6 germinal, an* 5. Annullation sur la demande de Jacques-Nicolas Gimbault, contre la veuve Molinet, d'un jugement du tribunal civil de la Loire-Inférieure, du 22 floréal, an 4.

Il s'agissait d'une demande en validité d'offres faites par Molinet, d'une somme portée par une obligation passée devant notaire le 18 septembre 1790, après la dissolution d'une société de commerce.

Le tribunal de commerce avait déclaré les offres valables, et cette décision avait été infirmée par le jugement attaqué.

Violation de la loi du 12 frimaire, an 4, qui autorise les créanciers à refuser les remboursemens, et qui n'excepte que les effets de commerce de négociant à négociant.

En ce qu'une obligation provenant d'un compte définitif après la dissolution de la société, et portant intérêt, ne pouvait être considéré comme un effet de commerce. (N°. 310, E.)

XI. *Du 18 germinal, an 5.* Annullation sur la demande de Godeau-la-Houssaye, contre la veuve Despreaux, tant en son nom que comme tutrice de ses enfans mineurs, d'un jugement du tribunal civil du département du Cher, du 21 floréal, an 4.

Il s'agissait d'une demande en validité d'offres d'une somme de cent vingt mille huit cents livres due à la Houssaye par Despreaux et sa femme, pour prix de vente de biens fonds intérêts et frais.

Ces offres furent faites en assignats, le 2 thermidor, an 3

Sur le refus de la Houssaye, instance devant le tribunal du district de Châteauroux, et à l'audience du 21 thermidor, an 3, Despreaux réalisa ses offres sur le bureau et les porta à cent vingt-cinq mille livres.

Le 29 fructidor, jugement qui déclare les offres bonnes et valables, et permet la consignation.

Appel de ce jugement le 13 vendémiaire, an 4.

La consignation fut effectuée le 18 du même mois.

Le 21 floréal suivant le tribunal du Cher a confirmé le jugement de première instance:

Cinq juges d'une section, et un juge pris dans une section différente, ont concouru à ce jugement.

Contravention à l'article premier de la loi du 12 frimaire, an 4, qui autorise les créanciers des capitaux dus par obligations antérieures au premier vendémiaire, à les refuser.

A l'article 2 de la même loi, qui suspend toutes procédures commencées à raison du refus de recevoir les paiemens ou remboursemens énoncés dans l'article précédent ; en ce que l'effet de la consignation faite le 18 vendémiaire , an 4 , se trouvait suspendu par l'appel interjeté par Godeau , le 13 du même mois, et indécise à l'époque de la promulgation de la loi du 2 frimaire.

Aux articles premier et 2 de la loi du 15 germinal , qui n'admettaient les remboursemens qu'en mandats.

A l'article 220 de l'acte constitutionnel, qui veut que les tribunaux civils se divisent en sections. (N°. 316 , E.)

XII. *Du 2 floréal , an* 5. Annullation sur la demande de Leroilivet , contre Lecomte , d'un jugement du tribunal civil de la Seine-Inférieure, du 9 messidor, an 4.

Le 2 fructidor, an 3 , Lecomte paya à Leroilivet quarante-six mille trente-sept livres dix sols, à valoir sur le prix d'une métairie, payable à différens termes, que celui-ci lui avait vendu le 9 fructidor, an 2 , sur laquelle somme celle de vingt-un mille cent trente-sept livres dix sols avait été reçue par anticipation , et avant l'échéance des termes stipulés dans le contrat. (Il parait qu'à l'époque de ce paiement anticipé Leroilivet n'avait aucune connaissance de la loi du 25 messidor, an 3, suspensive des remboursemens).

Lorsqu'il connut les dispositions de cette loi, il voulut forcer Lecomte à reprendre les vingt-un mille cent trente-sept livres dix sols payés par anticipation ; il lui fit des offres réelles qui furent refusées.

Le tribunal du département de l'Eure déclara ses offres valables.

Mais le tribunal de la Seine-Inférieure a infirmé

le jugement de première instance, et les a déclarées nulles.

Contravention à l'article 5 de la loi du 25 messidor , an 3 , portant que : *la suspension des remboursemens , avant le terme porté aux titres de créances , ne pourra préjudicier aux remboursemens qui seront volontairement acceptés , pourvu qu'il soit stipulé dans l'acte qui constaterait le remboursement que celui qui l'avait accepté avait connaissance de la loi.* (N°. 325 , E.)

XIII. *Du 3 floréal , an 5.* Annullation sur la demande des frères Perdrix , contre Delpierre , d'un jugement du tribunal du Nord , du 8 frimaire , an 4.

Il s'agissait d'une rente constituée de partie du prix de vente , avec stipulation que le capital ne pourrait être offert qu'après la mort des vendeurs; cependant l'acheteur l'avait offert , et même consigné aux mois de pluviôse et ventôse , an 3. Sur cela, procès devant le tribunal de Valenciennes, qui autorisa le remboursement; et le 19 messidor, jugement confirmatif de celui d'Arras , signifié seulement le 27 thermidor ; alors les vendeurs se fondèrent sur la suspension des remboursemens qui venait d'être ordonnée, pour refuser encore celui dont il s'agit : leur refus fut accueilli par le tribunal de Valenciennes, mais condamné par le jugement argué.

Il était pourtant vrai que les choses avaient été entières lors de la suspension.

Contravention à l'article premier de la loi du 25 messidor. (N°. 227 , E.)

XIV. *Du 21 floréal , an 5.* Annullation sur la demande de Pierre Laurent , au nom et comme syndic et directeur des créanciers unis de François Devilliers, contre les femmes Maisonneuve et Faye, d'un jugement du tribunal de la Creuse, du 4 ventôse, an 4.

Il s'agissait d'une demande en validité d'offres réelles, faites en prairial, an 3, d'une somme de cinquante mille livres assignats, due par Devilliers aux créanciers unis, dès l'année 1784.

Le tribunal du district de Limoges, avait déclaré les offres bonnes et valables; sur l'appel, le tribunal de la Creuse rendit le 4 vendémiaire, an 4, jugement confirmatif.

Contravention à l'article premier de la loi du 12 frimaire, an 4, qui autorise le refus de remboursement de capitaux dus par obligation antérieure au premier vendémiaire de la même année, et à l'article 2 de la même loi qui suspend toute procédures commencées à raison du refus de recevoir des remboursemens. (N°. 357, E.) Voyez *Consignation , Offres réelles , Rentes.*

RENONCIATION. Voyez *Successions.*

RENTES seigneuriales. *Du 29 floréal, an 5.* Annullation sur la demande de Driencourt, contre les filles Mouchy , d'un jugement du tribunal du Nord, du premier floréal, an 4.

Il s'agissait d'une rente stipulée seigneuriale. Le tribunal du Nord en avait ordonné la prestation.

Contravention à l'article premier de la loi du 17 juillet 1793, portant suppression sans indemnité de toutes redevances ci-devant seigneuriales. (N°. 356, E.)

RENTES viagères. I. *Du 21 messidor, an 4.* Annullation sur la demande des frères

Lecointe, contre Roger, d'un jugement du tribunal d'Avranche, du 22 germinal, an 3.

Il s'agissait d'une rente viagère que Roger avait voulu éteindre par le remboursement du capital, et son offre avait été déclarée valable.

L'annullation fut fondée sur la force des contrats, sur ce qu'aucune loi n'autorisait les débiteurs de rentes viagères à se délier ainsi de leur obligation ; et les lois relatives au remboursement des rentes n'étaient applicables qu'aux rentes perpétuelles. (N°. 99, E.)

II. *Du 28 nivôse, an 5.* Annullation sur la demande de Simon Simon, contre les veuve et héritiers d'Antoine Boussier, d'un jugement du tribunal des Basses-Alpes, du 10 pluviôse, an 4.

Il s'agissait de savoir si une rente viagère de cent trente-quatre livres due à Simon, à cause de la cession de l'usufruit d'un domaine, devait être payée pour l'an 3, conformément à la loi du 2, thermidor.

Un jugement en premier et dernier ressort avait décidé que cette rente ne participant pas à la nature du fermage, n'était point dans le cas de cette loi.

Contravention à l'article 3, N°. 4 de la loi du 3 brumaire, an 4, suivant lequel : *les intérêts dûs pour douaires, légitimes, ventes de fonds, seront payables moitié en nature, lorsqu'ils seront constitués en rente viagère pour vente de fonds de terre, et que le capital ne sera pas remboursable ;* en ce que cette rente viagère étant le prix de la cession de l'usufruit d'un fonds de terre, avait tous les caractères requis pour être payée moitié en nature. (N°. 250, E.) Voyez *Remboursemens.*

RENVOI D'UN TRIBUNAL A UN AUTRE.
Du 19 *germinal, an* 3. Annullation sur le réquisitoire du commissaire du pouvoir exécutif, d'un jugement du tribunal de Dijon, du 11 messidor, an 2.

En faisant droit sur l'appel d'un jugement du tribunal d'Arnay, celui de Dijon avait renvoyé devant les premiers juges autres que ceux qui avaient jugé.

Contravention aux lois du mois d'août, titre 2, article 7, et du mois de novembre 1790, article 2, qui veulent : *que l'ordre des jurisdictions ne puisse être troublé, et que le tribunal de cassation connaisse des renvois d'un tribunal à un autre.* (N°. 17, E.) Voyez *Déclinatoire, Incompétence.*

REPRISE D'INSTANCE. I. *Du* 17 *germinal, an* 4. Annullation sur la demande de Guillaume Lerbost, contre les mariés Amelin, d'un jugement du tribunal de Tanargue, du 17 germinal, an 3.

Il s'agissait de l'exécution d'un arrêt du ci-devant parlement de Toulouse, du 4 mars 1757. Il y avait des fruits et autres objets à liquider. L'instance avait été reprise en 1787. Le jugement argué avait rejeté la demande en reprise par le motif que tout avait été jugé en 1757, et qu'ainsi il n'y avait pas eu lieu à reprise d'instance.

Contravention au titre 30 de l'ordonnance de 1667, concernant la liquidation des fruits, notamment à l'article 2, portant que les parties condamnées à la restitution des fruits, ou leurs héritiers, seront tenues, au jour de la première assignation, de représenter les comptes, papiers de recette et baux à ferme, etc., ce qui suppose la continuité de l'instance. (N°. 13, E.)

II. *Du* 2 *ventôse, an* 5. Annullation sur la

demande de François Johannot, contre Sophie Johannot et autres, de deux jugemens du tribunal du district de Valence, des 2 et 12 prairial, an 3.

Au fond, il s'agissait d'une demande en rabattement de décret accueillie d'abord en première instance.

Sur l'appel, il avait été rendu, le 2 prairial an 3, un premier jugement par défaut, qui l'avait déclaré non-recevable, comme portant sur un jugement d'instruction.

Et sur l'opposition à ce jugement, lors de laquelle Françoise Johannot demandait que vu l'absence d'un des enfans de Jean-Baptiste Johannot décédé depuis, la cause fût mise en état à la poursuite de la partie la plus diligente, il avait été rendu le 12 du même mois un jugement de débouté.

Contravention à l'article 2 du titre 26 de l'ordonnance de 1667, portant : *si la cause, instance ou procès n'étaient en état, les procédures faites et les jugemens intervenus depuis le décès de l'une des parties seront nuls, s'il n'y a reprise ;* en ce que sur le défaut de reprise de l'instance de la part d'un des enfans de feu Johannot, la cause n'était pas en état lors du jugement du 12 prairial.

Et fausse application de l'article 6 de la loi du 3 brumaire, an 2, conçu en ces termes : *on ne pourra appeller d'aucun jugement préparatoire pendant le cours de l'instruction, et les parties seront obligées d'attendre le jugement définitif, sans qu'on puisse cependant leur opposer ni leur silence, etc.,* en ce que le jugement dont était appel était définitif, et non pas préparatoire. (N. 276 , E.)

REQUÊTES CIVILES. I. *Du 20 août 1791.* Annullation d'un arrêt du parlement de Paris, du

8 août 1783, entre les Brangier et Labroüe de Vareilles.

Un arrêt du 30 juillet 1776, avait condamné les Brangier à payer à Labroüe une rente foncière. Les Brangier ayant recouvré en 1779 des actes qui prouvaient l'amortissement de la rente, s'étaient pourvus par requête civile. Ils avaient justifié que ces actes étaient au pouvoir de Labroüe, notamment un de 1709, que Labroüe lui-même avait produit dans une autre instance contre une autre partie.

L'arrêt du parlement, du 8 août 1783, avait rejeté la requête civile.

Contravention à l'article 34 du titre 35 de l'ordonnance de 1667, qui porte, qu'il y a ouverture de requête civile *pour dol personnel.... s'il y a des pièces décisives nouvellement recouvrées et retenues par le fait de la partie adverse.*

II. *Du 3 mars 1792.* Annullation d'un arrêt du parlement de Dijon, du 7 mai 1787, et d'un jugement du tribunal du district de Beaune, du 27 juillet 1791, entre François Dessauze, Louis Gautherot et Louis Douheret.

Le parlement de Dijon avait condamné Dessauze, ci-devant procureur, à la restitution d'une somme de deux cent quarante livres, faisant partie de celle qu'on prétendait lui avoir été payée pour frais et déboursés dans un procès des frères Regnault, que Gautherot s'était chargé d'acquitter. Dessauze méconnaissait avoir reçu cette somme.

Le parlement avait de plus ordonné que les frais des procédures faites par Dessauze dans le procès des frères Regnault, fussent taxés, et qu'une lettre de Dessauze, qui avait été produite, demeurerait au greffe ; il avait supprimé un mémoire imprimé par Dessauze ; et pour *plus ample réparation*, il l'avait interdit pour trois ans avec amende.

Dessauze se pourvut contre cet arrêt, dont la rigueur paraissait difficile à justifier, par requête civile, qui fût ensuite portée au tribunal de Beaune. Celui-ci entérina la requête civile, et cependant ne rapporta l'arrêt qu'en trois de ses dispositions seulement, et il ordonna que la lettre Dessauze lui fût restituée.

L'arrêt a été cassé pour contravention aux lois sur les offices, notamment à celles de 1467 et de 1484, qui veulent que *nul officier ne soit destitué que pour forfaiture préalablement jugée.*

Le jugement de Beaune a été cassé, 1°. parce qu'en ne rapportant que partiellement l'arrêt contre lequel il avait admis la requête civile, il est contrevenu à l'article 33 du titre 35 de l'ordonnance de 1667, qui porte que : *les parties seront remises en pareil état qu'elles étaient avant l'arrêt*, 2°. parce que ce jugement, en ordonnant la restitution de la lettre déposée au greffe, est contrevenu à l'article 40 du même titre, qui veut que : *la requête civile soit jugée sans entrer dans les moyens du fond.* (N°. 66, E.)

III. *Du 21 floréal, an 3.* Annullation sur la demande de Lacrosne, contre Mallard, d'un jugement du deuxième arrondissement de Paris, du 29 vendémiaire précédent.

Il était question d'une requête civile, admise contre un arrêt du parlement de Paris, sur ce qu'il avait été fait droit sur un appel incident non relevé, et sur ce que l'arrêt avait été fondé sur une pièce simulée, et par conséquent fausse.

Mais l'appel incident avait été tenu pour relevé,

et il avait été fait droit sur l'arrêt, par la prétendue simulation, dont la querelle avait été rejetée.

Fausse application de l'article 34 du titre 35 de l'ordonnance de 1667, qui admet comme moyen de requête civile, *l'inobservation de la procédure*, et le *dol personnel*.

Contravention à l'article 32, qui ne permet pas la rétractation des arrêts sous prétexte du mal jugé au fond. (N°. 46, E.)

IV. *Du* 28 *floréal, an* 3. Annullation sur la demande de Susanne Lesoudier, contre Basnier et autres, d'un jugement du tribunal de Bayeux, du 28 vendémiaire précédent.

Il s'agissait d'une requête civile qui avait été déclarée non-recevable, sur le fondement que Basnier n'avait pas été cité au bureau de paix en personne ou à domicile; mais la citation avait été faite dans une signification de Basnier lui-même et par réponse.

Fausse application de l'article 3 du titre 2 de l'ordonnance de 1667. (N°. 54, E.)

V. *Du* 29 *floréal, an* 3. Annullation sur la demande de Balland, contre Davouzt, d'un jugement du tribunal du quatrième arrondissement de Paris, du premier brumaire précédent.

Il s'agissait au fond, d'obligations souscrites et querellées sous prétexte de dol.

Le jugement attaqué avait admis une requête civile, sous le prétexte, 1°. que le commissaire du pouvoir exécutif n'avait pas été entendu; mais Davouzt, assujéti à s'aider d'un conseil dans ses affaires, n'avait pourtant pas été interdit.

2°. Qu'il y avait contradiction entre des jugemens rendus dans cette affaire; mais ces jugemens avaient été rendus sur des questions diverses.

Fausse application de l'ordonnance de 1667, titre 5, article 34, qui autorise les requêtes civiles, *lorsqu'il y a contrariété de jugemens, et lorque le ministère public n'a pas été oui en choses qui le requièrent.* (N°. 59, E.)

VI. *Du 28 floréal, an. 4.* Annullation sur la demande de la veuve Pochet, contre Robert et Gassaud, d'un jugement du tribunal de Sisteron, du 25 février 1793.

Une requête civile, fondée sur pièces prétendues recouvrées nouvellement, avait été admise, sans que l'époque du recouvrement fût prouvée autrement que par une lettre particulière sans date authentique, et la preuve offerte que les pièces en question étaient au pouvoir des demandeurs en requête civile, deux ans avant la date de la lettre.

Contravention à l'article 12 de l'ordonnance de 1667, qui veut que le jour auquel la pièce a été recouvrée soit prouvé par écrit, et non autrement.

Et encore à l'article 2 du titre 20 de la même ordonnance, qui défend d'admettre la preuve des contraventions non comprises dans les actes, et non des simples faits étrangers aux parties et à leurs conventions. (N°. 48, E.)

VII. *Du 4 prairial, an 4.* Annullation sur la demande de Lacrosse, contre Mallard, d'un jugement du tribunal du deuxième arrondissement de Paris, du 9 vendémiaire, an 3.

Il s'agissait de requête civile contre un arrêt du ci-devant parlement de Paris, du 28 juillet 1789, que Mallard avait fait accueillir par deux moyens; savoir : une omission de forme, et le prétendu dol personnel.

L'omission

L'omission de forme avait été alléguée, en ce qu'il avait été fait droit, par arrêt sur appointement, sur un appel incident non relevé; mais l'appel avait été tenu pour relevé, et les parties avaient contesté et instruit même sur cet appel.

Le dol personnel avait été articulé, en ce qu'un acte simulé et prétendu faux, avait été le fondement de l'arrêt; mais la simulation et la fausseté de cet acte avaient été l'objet principal du procès jugé par l'arrêt de 1789, et la querelle principale n'avait pu être reproduite comme moyen de requête.

Fausse application des articles 12 du titre 2, et 23, 24 et 27 du titre 35 de l'ordonnance de 1667, qui voulaient qu'aucuns ajournemens ne fussent donnés devant les juges en dernier ressort qu'en vertu de lettres de chancellerie, etc., et réglaient la procédure en fait d'incidens et d'appointemens.

Fausse application de l'article 34 du titre 35, qui autorise la requête civile pour dol personnel, ce qui ne pouvait s'entendre du dol prétendu qui avait fait la matière du procès.

Contravention à l'article 21 du même titre, qui ne voulait pas qu'un arrêt fût rétracté, sous prétexte du mal jugé au fond. (N°. 51, E.)

VIII. *Du 6 prairial, an* 4. Annullation sur la demande d'Imbert, contre Desmartis, d'un jugement du tribunal de Bordeaux, du 18 messidor, an 3.

Imbert avait appellé, le premier frimaire, d'un jugement rendu contre lui par le tribunal de commerce de Bergerac; mais dans l'instance d'appel la déchéance n'avait pas été demandée; le jugemen fut infirmé par le tribunal de Libourne.

Desmartis se pourvut par requête civile, fondée sur la nullité de l'appel fait le jour même du jugement, et la requête civile fut entérinée.

III. Partie.   Z

Fausse application de l'article 34 du titre 35 de l'ordonnance de 1667, qui autorise la requête civile lorsque la procédure ordonnée n'a pas été suivie; car il ne s'agissait pas de nullité de procédure, mais de déchéance ; et d'ailleurs la voie de la requête civile n'avait pas même été admissible à l'égard de la procédure ordonnée par les nouvelles lois, qui n'autorisent que celle de la cassation. (N°. 58, E.)·

IX. *Du* 16 *floréal*, *an* 5. Annullation sur la demande de Jean Dufour et de Marguerite Montaugé sa femme, contre Jean Montaugé, d'un jugement du tribunal du district de Tonneins, du 3 juillet 1793.

Le tribunal de Tonneins avait accueilli une demande en requête civile, proposée par Jean Montaugé contre un arrêt du ci-devant parlement de Bordeaux, du 27 août 1789, sous prétexte que cet arrêt contenait des dispositions contraires, et que la procédure prescrite par l'ordonnance de 1667, n'avait pas été observée.

On avait fait résulter la prétendue contrariété de ce que l'arrêt rescindé avait condamné Jean Montaugé à restituer à Marguerite les fruits des biens de ses père et mère par lui perçus depuis le décès de Joseph Montaugé (tuteur de Marguerite), et que par une autre disposition, le même Jean Montaugé était condamné à relever et garantir André Montaugé (héritier du tuteur de Marguerite) des condamnations contre lui prononcées à raison du compte de la gestion que le tuteur avait eûe ou dû avoir depuis sa nomination jusqu'à son décès, attendu que, nonobstant la tutelle de Marguerite déférée à Joseph, Jean avait administré les biens de la pupille et en avait perçu les fruits.

Il n'existait point de contrariété dans ces dispositions, puisqu'il s'agissait dans l'une, entre Jean et Marguerite Montaugé, de fruits perçus *depuis le décès du tuteur*; et dans l'autre, entre Jean et André Montaugé, de compte de gestion et de fruits perçus avant le décès du même tuteur; en quoi les juges avaient fait une fausse application de l'article 34 du titre 35 de l'ordonnance de 1667.

Le tribunal de Tonneins avait encore accueilli le moyen de requête civile, pris de la prétendue inobservation de la procédure prescrite par la même ordonnance ; en ce que l'on n'avait pas joint un appel incident formé par André Montaugé à l'appel principal de Jean Montaugé.

Mais les parties avaient contesté, produit et conclu au fonds sans réclamation ; l'arrêt avait statué conjointement sur l'un et l'autre appel ; au moyen de quoi le vœu de l'ordonnance se trouvait rempli.

Fausse application du même article 34 de la loi précitée. (N°. 345, E.)

RÉQUISITIONS. *Du 22 nivôse , an 4.* Annullation sur la demande de Lebastard, contre Fontenillas, agent de la république, d'un jugement rendu par le tribunal du district de Caudebec, le 24 vendémiaire, an 3.

Il s'agissait de la mise en réquisition par Fontenillas, de deux barils d'alun, le 4 germinal, an 2; le jugement de Caudebec avait jugé la réquisition bien faite.

Le motif de cassation est que Fontenillas n'avait point énoncé dans l'acte de réquisition l'ordre en vertu duquel elle avait été ou dû être faite ; ensorte que le jugement qui l'a admise malgré cette omission, est en contravention avec l'article 3 du décret du 24 pluviôse, an 2, qui exige que les agens de la république citent dans les actes de réquisition, les décrets, arrêtés ou délibérations qui les autorisent à exercer ce droit. (N°. 147, E.)

RESSORT. Voyez *Dernier ressort*.

RÉTRACTATION des jugemens. *Du* 14 *floréal , an* 2. Cassation de trois jugemens du cinquième tribunal du département de Paris, des 22 janvier, 6 février et 25 mars 1793, sur la demande de Nicolas Arnoult, armateur, contre les syndics et directeurs de la compagnie des Indes.

Il avait été donné défaut contre Arnoult sans qu'il eût été valablement appellé.

Par les jugemens des 6 février et 25 mars 1793, le tribunal avait rétracté une disposition formellement énoncée dans le jugement du 22 janvier précédent.

Contravention aux articles premier et 42 du titre 35 de l'ordonnance de 1667, par lesquels il est défendu aux juges de rétracter leurs propres jugemens, et à la déclaration du 21 avril 1671, qui leur défend d'en changer les dispositions par manière d'interprétation ou autre voie. Voyez *Requêtes civiles*.

RETRAITS. I. *Du* 16 *février* 1792. Rejet de l'opposition formée à un arrêt du conseil du 8 juin 1789, qui avait cassé l'arrêt du parlement de Paris, rendu entre les parties le 12 avril 1788, entre Marie-Anne-Aimée Martin, mineure émancipée d'âge, son curateur aux causes et Jacques Amelineau.

L'arrêt du parlement de Paris, avait admis un retrait lignager, formé par la fille Martin, contre Amelineau, retrait que les premiers juges avaient déclaré nul.

Cet arrêt fut cassé par un arrêt du conseil rendu sur requête du 8 juin 1789, et les parties renvoyées procéder sur l'appel aux requêtes de l'hôtel, où elles procédèrent en effet.

Le 23 juillet 1790, fut rendue la loi qui abolit le retrait lignager, et dont l'article 2 porte : *toute demande en retrait lignager, qui n'aura pas été consentie et adjugée en dernier ressort avant la publication du présent décret, sera et demeurera comme non-avenue; et il ne pourra être fait droit que sur les dépens des procédures antérieures à cette loi, ensemble sur les intérêts des sommes consignées.*

Ce ne fut que le 11 avril 1791, que la mineure Martin fit signifier son opposition à l'arrêt du 8 juin 1789.

Le tribunal a prononcé *qu'il n'y avait pas lieu à statuer sur cette opposition*, attendu qu'elle avait pour objet de faire subsister une demande en retrait, qui, au lieu de se trouver terminée et adjugée en dernier ressort à l'époque de la publication de la loi ci-dessus, était au contraire litigieuse et pendante aux requêtes de l'hôtel sur l'appel du jugement de première instance, et s'était par conséquent trouvée abolie et comme non-avenue par la publication de cette loi. (N°. 63, E.)

II. *Du 25 janvier 1793.* Annullation d'un jugement rendu par le tribunal du quatrième arrondissement de Paris, le 23 mai 1791, entre Debure et Lami, contre Droulhins-Ménilglaise.

Demande en retrait lignager ; la cause était pendante en première instance à l'époque de la publication de la loi du 23 juillet 1790, le tribunal d'appel avait prononcé l'adjudication du retrait *en dernier ressort*, le 23 mai 1791.

Contravention à l'article 2 de la loi du 23 juillet 1790, qui porte : *toute demande en retrait lignager ou de mi-denier, qui n'aura pas été consentie ou adjugé en dernier ressort avant la publication du présent décret, sera et demeurera comme non-avenue, et il ne pourra être fait droit que sur les dépens des procédures antérieures....* etc. (N°. 47, E.)

III. *Du 14 pluviôse, an 2.* Cassation d'un jugement du tribunal de Moulins-en-Gilbert, du 2 mars 1792, sur la demande de Jean Saurel, contre Goby, 1°. en ce qu'il avait prononcé sur une question de retrait, ce qui est contraire aux décrets d'abolition de toutes les espèces de retrait ; 2°. en ce qu'il avait statué en dernier ressort sur une question dont la valeur excédait mille livres. (N°. 46, B.)

IV. *Du 11 pluviôse, an 2.* Cassation d'un jugement du tribunal de Saint-Etienne-en-Forès, du 20 juin 1793, sur la demande de Madelaine Chazelle (veuve Bauclou), contre les époux Vigier.

Ces derniers avaient formé contre la veuve Bauclou une *demande en subrogation* à des biens héréditaires acquis par cette veuve. Le tribunal de Montbrison, puis celui de Saint-Etienne, avaient accueilli cette demande.

Annullé comme contraire aux articles 1 et 2 de la loi du mois de juin 1790, portant abolition de toute espèce de retrait. (N°. 109, B.)

V. *Du 7 fructidor, an 3.* Annullation sur la demande de Benoît Mauger, contre Jean-Baptiste de Sain-Jean et Jeanne Servière sa veuve, d'un jugement du tribunal du district de la campagne de Lyon, du 6 brumaire, an 3.

Le jugement attaqué avait admis l'exercice d'une espèce de retrait, dont l'effet était d'autoriser le cohéritier à retirer des mains de l'étranger à qui il avait été fait cession par un autre cohéritier, la portion cédée, en lui remboursant toutes les sommes par lui payées, ce qui était contraire aux lois des 2 et 30 septembre 1792, portant suppression des retraits lignagers, de mi-denier féodal, censuel et autres; et à celui du 19 floréal, an 2, qui supprime nominativement le retrait dont il s'agit, sous la désignation de retrait de convenance ou successoral: (No. 104, E.)

VI. *Du 9 floréal, an 4.* Annullation sur la demande de Devilliers, contre les mariés Coquard, d'un jugement du tribunal de Noyon, du 14 brumaire, an 3.

Il s'agissait d'un retrait lignager, ou de mi-denier, qui avait été admis.

Contravention à l'article 2 de la loi du 19 juillet 1790, qui voulait que toute demande en retrait lignager ou de mi-denier, qui n'aurait pas été consentie avant la publication de cette loi, fût comme non avenue. (No. 40, E.)

VII. *Du 25 vendémiaire, an 5.* Annullation sur la demande de Beraud, contre les mariés Mouratille, d'un jugement du tribunal de Saint-Léonard, du 22 germinal, an 3.

Il s'agissait de la subrogation accordée à la femme Mouratille, dans une cession de droits que ses cohéritiers avaient faite à Beraud.

Nulle valeur déterminée, et l'on avait jugé en premier et dernier ressort.

C'était un retrait qui avait été adjugé.

Contravention à la loi du 19 floréal, an 2, portant

abolition du retrait de convenance ou successoral. (N°. 165, E.) Voyez *Féodalité.*

RIVIÈRES. *Du 14 fructidor, an 2.* Sur la demande de Jean-François Bruant, contre Philippe-Henry Masson, cassation de deux jugemens de Lunéville et de Blamont, des 15 mars et 14 mai 1793, comme contenant excès de pouvoir, pour avoir connu d'une contestation relative à l'usage et à la navigation d'une rivière flottable, laquelle, est-il dit, ne peut concerner que les autorités administratives, d'après l'article 3 du titre premier de la loi du 26 février 1790. (N°. 198, B.) Voyez *Administration.*

ROUTES (Entrepreneurs de). *Du 21 ventôse, an 4.* Annullation sur le réquisitoire du commissaire du directoire exécutif, d'un jugement du juge de paix de Perrier, du 23 floréal, an 3.

Il s'agissait d'indemnités pour fouilles dans une carrière par un entrepreneur de grandes routes. Le juge de paix avait procédé à l'estimation, et condamné l'entrepreneur.

Contravention à l'article 4 du titre 4 de la loi du mois de septembre 1790, qui voulait que cette difficulté fût portée d'abord, par voie de conciliation, devant le directoire de district, et ensuite au directoire de département. (N°. 179, E.) Voyez *Voirie, Chemins.*

S

SECTIONS des tribunaux. I. *Du premier brumaire, an 5.* Annullation sur la demande de Roman et Nossel, contre Bour, d'un jugement du tribunal du Mont-Terrible, du 23 frimaire, an 4.

Le jugement avait été rendu par deux sections du tribunal réunies.

Contravention à l'article 220 de l'acte constitutionnel, qui exige que le tribunal civil se divise en sections. (N^c. 171 , E.)

II. *Du 25 germinal, an 5.* Annullation sur la demande de Morat et sa femme, contre Paul et Jean Courty, leurs frères et beau-frères, d'un jugement du tribunal des Pyrénées-Orientales , du 4 pluviôse, an 4.

Paul et Jean Courty avaient réclamé l'hérédité du père commun, mort le 28 septembre 1789, qui les avait institués ses héritiers testamentaires, sauf les legs des filles.

Le tribunal de famille avait rejeté leur prétention.

Le tribunal des Pyrénées-Orientales réforma la décision du tribunal de famille ; dix juges avaient concouru à ce jugement ; trois d'entr'eux avaient été appellés, sans nécessité, d'une autre section que celle qui était saisie de la contestation.

Contravention à l'article 220 de l'acte constitutionnel, portant: *le tribunal se divise en sections; une section ne peut prononcer au-dessous de cinq juges.* (N°. 322 , E.) Voyez *Juges , Jugemens.*

SERVITUDES. I. *Du 25 messidor , an 2.* Cassation d'un arrêt du ci-devant parlement de Paris, du 3 février 1789, sur la demande de Barraud, contre les héritiers L'hôtellier.

Cet arrêt, en infirmant une sentence du bailliage de Clermont-sur-Oise, avait maintenu les héritiers L'hôtellier dans la possession d'une servitude qu'ils s'étaient acquise sans titre ni concession, sur une maison acquise par Barraud, pendant qu'elle était en saisie réelle.

Contravention à l'article 216 de la coutume de Clermont, et à l'article 268 de celle de Senlis, et 186 de celle de Paris, qui décident que nulle servitude ne peut s'acquérir sans titre, par quelque laps de tems que ce soit. (N°. 152, B.)

II. *Du 8 floréal, an 4.* Annullation sur la demande de Bonnetière, contre Mercier et Vielle-Caze, d'un jugement du tribunal de Saint-Geniès, du 21 pluviôse, an 2.

Il s'agissait d'un droit de servitude de chemin; le juge de paix en avait rejeté la prétention; il y avait eu appel pour cause d'incompétence, et le jugement avait été confirmé.

Contravention à l'article 9 de la loi du mois d'août 1790, qui, déterminant la compétence des juges de paix, y comprend les actions possessoires, mais nullement celles sur le fond des servitudes.

D'ailleurs, le jugement n'énonçait ni questions ni motifs.

Contravention à l'article 15 du titre 5 de la loi du mois d'août 1790. (N°. 38, E.)

SOCIÉTÉ. *Du 21 brumaire, an 5.* Annullation sur la demande de Lebon, Collery et autres, contre Bruslé, d'un jugement du tribunal de Laon, du 26 thermidor, an 3.

Il s'agissait de fermes nationales, acquises en société. Lebon avait donné pouvoir de les vendre autant que les autres intéressés y consentiraient; Jacques Michel et Collery n'avaient donné aucuns pouvoirs, et cependant on avait vendu; et le jugement argué avait maintenu la vente.

Contravention aux lois romaines, qui, en matière de conventions, et dans le silence des coutumes, sont le droit commun de la France, et notamment aux lois 5, *ff mandat.* 68, *pro socio*, 18, *de contract. empt.* qui veulent que le mandat soit étroitement accompli, et que chaque communiste ne puisse vendre que sa part de la chose commune. (N°. 189, E.) Voyez *Conventions*.

SUCCESSIONS. On a réuni sous ce titre toutes les cassations fondées sur contraventions aux lois concernant la matière des successions et partages. On en trouvera encore plusieurs autres aux mots *Enfans naturels, Testamens, Donations.*

I. *Du* 10 *août* 1791. Annullation d'un arrêt rendu par la troisième chambre des enquêtes du ci-devant parlement de Paris, le 10 février 1788, entre Paillon et Robert Beaudeau.

Aimée Paillon, mariée en 1763, à Robert Beaudeau, avait été dotée et appanée par Jean Paillon, son père, au moyen de quoi elle avait renoncé à toutes successions échues et à écheoir.

Bientôt après, Beaudeau et sa femme prirent des lettres de restitution contre leur contrat de mariage, se plaignant, 1°. que la somme de mille livres pour laquelle ils avaient renoncé à la succession maternelle, était au-dessous de ce qui devait leur revenir de cette succession ; 2°. qu'en paiement de ces mille livres, on leur avait donné une maison qui ne valait que six cents livres ; 3°. que le père, en appanant sa fille de deux mille deux cents livres, avait stipulé que cette somme ne serait payable qu'après sa mort.

Le parlement de Paris avait entériné les lettres de restitution et autorisé Beaudeau et sa femme à se faire rendre compte des successions des père, mère, frères et sœurs prédécédés.

Contravention aux articles 219, 242, 244 et 293 de la coutume de la Marche, qui régit les parties, suivant lesquels il est permis au père *d'appaner ses filles par contrat de mariage, au moyen de ce, d'avantager une plus que les autres, et de les faire renoncer à toutes successions échues et à échoir, tant en directe que collatérale, dedans les termes de représentation.* (N°. 46, E.)

II. *Du 3 août* 1792. Annullation d'un arrêt rendu par le conseil supérieur du Cap, le 29 juin 1785, et débouté de l'opposition formée envers un arrêt du conseil, du 6 juin 1787, entre les frères Audibert, Jean Salnave, Jean Mazères et autres.

Les héritiers Salnave avaient formé des demandes contre les légataires universels de Bernard Mazères et les frères Audibert; le conseil supérieur les avait condamnés, *solidairement*, au paiement de la somme de cent dix-sept mille cent dix livres. Requête en cassation au conseil; la communication en est ordonnée avec sursis; nonobstant le sursis, il avait été fait des poursuites qui furent déclarées attentatoires par arrêt du conseil du 6 juin 1787. Opposition à ce dernier arrêt de la part de Penchalier, porteur de lettres-de-change tirées pour le montant des adjudications de l'arrêt du conseil supérieur du Cap.

Des demandes incidentes avaient été formées au conseil; mais le tribunal de cassation, incompétent à l'égard de ces demandes, ne s'est occupé que de la cassation de l'arrêt du Cap, qu'il a prononcé, et de l'opposition à l'arrêt du conseil, du 6 juin 1787, dont il a débouté.

Contravention, 1°. à l'article 332 de la coutume de Paris, portant que : *les héritiers d'un défunt...*

sont tenus personnellement de payer et acquitter les dettes de la succession, pour telle part et portion qu'ils sont héritiers d'icelui défunt.

Le conseil supérieur avait prononcé la condamnation solidaire.

2o. A l'article 333 de la même coutume, qui veut que : *si les héritiers sont détenteurs d'héritages..... obligés et hypothéqués à la dette..... chacun des héritiers soit tenu de payer le tout, sauf son recours.*

Il n'y avait originairement aucune hypothèque. (No. 19, E.)

III. *Du 15 septembre 1792.* Annullation d'une sentence arbitrale, du 10 juin 1791 , et du jugement rendu par le tribunal d'Angers, le 19 juillet suivant, entre Réné-François Bérault, et Charles-François Bérault.

Il s'agissait du partage de la succession du frère aîné des parties, laquelle était ouverte, d'après les termes de la coutume d'Anjou, par son absence, sans aucune nouvelle, depuis plus de sept ans.

La sentence arbitrale, confirmée par le jugement, avait ordonné le partage par égales portions, en se fondant sur l'article 2 de la loi du 18 mars 1790, qui abolit les droits d'aînesse et les partages inégaux à l'égard de la qualité des personnes, sans faire attention que la même loi excepte de sa disposition ceux qui sont mariés et les veufs ayant enfans ; que dans le fait Réné-François Bérault était marié antérieurement, et que la succession était ouverte avant la publication de la loi du 18 mars.

Contravention, 1o. à l'article 230 de la coutume d'Anjou, qui porte : *si le frère aîné meurt sans enfans, et qu'il laisse un ou plusieurs de ses frères puînés ou leur réprésentation, l'aîné des-*

*dits puînés prendra les deux tiers dans sa suc-
cesssion.*

2°. A l'article 11 du titre premier de la loi du
28 mars 1790, qui, après avoir prononcé l'abolition des privilèges, des droits d'aînesse et de mas-
culinité, et les partages inégaux, s'exprime ainsi :
*en conséquence toutes les successions tant di-
rectes que collatérales.... qui échoiront à compter
de la publication du présent décret,* seront, sans
égard à la qualité des biens et à celles des personnes,
*partagées entre les héritiers, suivant les lois,
statuts,* etc.

*Sont exceptés.... ceux qui sont actuellement
mariés et veufs ayant des enfans, lesquels par-
tageront entre eux et leurs cohéritiers, conformément aux anciennes lois, les successions
mobiliaires ou immobiliaires qui pourront leur
échoir.* (N°. 25, E.)

IV. *Du 8 floréal, an 2.* Cassation d'un jugement du tribunal du district de Louviers, du
premier mars 1793, sur la demande de Jean-Louis
Fouchet, contre Paschal Goujon.

Ce jugement, confirmatif d'une sentence du tribunal de famille, avait débouté Fouchet, comme
mari de la sœur de Goujon, de sa demande en
partage égal de la succession de Goujon père,
décédé au mois d'octobre 1792, attendu la renonciation faite par Catherine Goujon, femme Fouchet, dans son contrat de mariage, aux successions
de ses père et mère, moyennant la dot à elle constituée.

Annullé sur le fondement de la loi du 8 avril
1791, dont l'article premier avait aboli toute
inégalité résultante en successions, *ab intestat,*

de la distinction des sexes et des exclusions coutumières. (N°. 84 , B.)

V. *Du 11 germinal, an 3.* Annullation sur la demande de Sébastien Odot et consorts, contre Nicolas Miot et consorts , d'un jugement arbitral, du 18 ventôse, an 2.

Il s'agissait de la succession de François Miot, que les arbitres avaient adjugée à ses neveux, sans y donner part à ses petits neveux.

Contravention à l'article 77 de la loi du 17 nivôse, selon lequel la représentation a lieu à l'infini en ligne collatérale.

Et à l'article 82, selon lequel la succession se divise, en autant de parties qu'il y a de branches appellées à recueillir, et la subdivision se fait de la même manière. (N°. 3, E.)

VI. *Du 13 germinal, an 3.* Annullation sur la demande d'Alexis Hebert, contre les mariés Bouley, d'un jugement du tribunal d'Avranches, du 8 messidor, an 2.

Il s'agissait de l'hérédité de Pierre Julien, à laquelle sa veuve avait renoncé, mais on l'accusait de soustraction.

Des arbitres de famille avaient été saisis ; ils avaient ouï des témoins, et jugé définitivement. Il y avait eu appel, fondé sur des vices de forme de l'enquête ; mais il avait été jugé que les arbitres n'étaient pas tenus de ces formes.

Le tribunal d'Avranches avait connu de la requête civile et l'avait admise par des moyens pris de l'omission des formes dont il s'agit.

Contravention à l'article 12 du titre 10 de la loi du mois d'août 1790, qui assujétit les arbitres de famille seulement à entendre les parties et prendre les connaissances nécessaires.

Fausse application des lois relatives aux formes de procéder. (N°. 4, E.)

VII. *Du 13 germinal, an 3.* Annullation sur la demande de Nicolas Rivière, contre d'autres Rivière, d'un jugement arbitral, des 11 et 14 thermidor, an 2.

Il s'agissait d'une succession r'ouverte par la loi du 17 nivôse.

Il avait été fait une licitation, en vertu de laquelle l'un des héritiers avait été mis en possession ; la rescision de cette licitation avait été demandée.

Le jugement arbitral avait décidé que, sans attendre l'évènement de la demande en rescision, les biens devaient être partagés.

Contravention à l'article 45 de la loi du 17 nivôse, qui voulait que les droits acquis à des tiers-possesseurs, à des créanciers hypothécaires et à tous autres, fussent conservés. (N°. 8, E.)

VIII. *Du 17 germinal, an 3.* Annullation sur la demande de Moreau et consorts, contre la veuve Hubert et consorts, d'un jugement arbitral du 26 floréal, an 2.

Il s'agissait de la succession de Jean Lerôle, entre trois sœurs germaines et un frère utérin. Les arbitres avaient ordonné le partage en quatre portions égales.

Contravention à l'article 83 de la loi du 17 nivôse, qui veut : *qu'une moitié de toute succession collatérale soit attribuée aux héritiers paternels, et l'autre moitié aux héritiers maternels.*

Et à l'article 89, qui veut que si des parens
descendent

descendent à la fois des auteurs de plusieurs branches, ils recueillent cumulativement la portion à laquelle ils sont appellés dans chaque branche. (N°. 9, E.)

IX. *Du 18 germinal, an 3.* Annullation sur la demande de Jacques Blache, contre Boutard et consorts, d'un jugement arbitral, du 4 thermidor, an 2.

Il s'agissait de la succession de Jeanne Blache, qui avait trois frères ou sœurs représentés ; les arbitres avaient ordonné le partage en quatre parts, eu égard à ce que les neveux étaient à ce nombre.

Contravention aux articles 77 et 88 de la loi du 17 nivôse, comme au N°. 3. (N°. 12, E.)

X. *Du 19 germinal, an 3.* Annullation sur la demande des mariés Brichet, contre Jacques Delpire et autres, d'un jugement arbitral, du premier floréal, an 2.

Il s'agissait d'une succession r'ouverte, et de legs n'excédant dix milles livres, en faveur des personnes dont la fortune n'était pas de cette valeur et ayant des enfans.

Les arbitres avaient annullé ces legs.

Contravention aux articles 34 et 35 de la loi du 17 nivôse, selon lesquels, les legs..... étaient maintenus..... lorsque le légataire n'avait pas..... une fortune excédant.... dix mille livres, et le legs ne s'élevait pas au-delà.... et encore autant de fois cinq mille livres qu'il avait d'enfans. (N°. 18, E.)

XI. *Du 19 germinal, an 3.* Annullation sur la demande de la veuve Alix, contre Gilliard et consorts, d'un jugement arbitral, du 20 thermidor, an 2.

III. Partie. A a

Il s'agissait d'une institution contractuelle ayant le caractère d'une disposition entre-vifs, faite en 1783, et que les arbitres avaient annullée, comme disposition à cause de mort.

Contravention à l'article 2 de la loi du 17 nivôse, portant : *que les dispositions contractuelles, antérieures au 14 juillet 1789, qui renferment des libéralités entre-vifs et une institution à venir, n'auront leur effet que pour le don à venir.* (N°. 16 , E.)

XII. *Du 26 germinal, an* 3. Annullation sur la demande de Jean Briquet, contre Rosse, d'un jugement arbitral, du 25 prairial, an 2.

Il s'agissait de la succession de Marie-Anne Rosse, r'ouverte par la loi du 17 nivôse.

Les arbitres avaient adjugé cette succession, moitié à Rosse, père de Marie-Anne, et moitié à ses enfans d'un autre lit, au préjudice de Briquet, qui était appellé dans la ligne maternelle.

Contravention à l'article 69 de la loi du 17 nivôse, qui *n'appelle les pères ou mères que lorsque le défunt n'a laissé ni descendans, ni frères, ni sœurs;* et à l'article 72, suivant lequel *les ascendans sont toujours exclus par les héritiers qui descendent d'eux.* (N°. 24, E.)

XIII. *Du 8 floréal, an* 3. Annullation sur la demande de la veuve Bailly, contre Silvain et François Roblin, d'un jugement arbitral, du 5 thermidor, an 2.

Il s'agissait d'une succession r'ouverte et de legs n'excédant pas dix mille livres en faveur de personnes n'ayant pas dix mille livres de fortune.

Même contravention qu'au N°. 10. (N°. 31, E.)

XIV. *Du 3 fructidor, an* 3. Annullation sur

la demande de Jean Mager, contre Jacques Latty et consorts, d'une décison du 4 prairial, an 2, rendue par des arbitres nommés en exécution de la loi du 17 nivôse.

Il s'agissait de la succession de Philippe-Jacques Ducogat, décédé depuis la publication de la loi du mois de nivôse. Les arbitres avaient autorisé la retenue d'un sixième en faveur d'héritiers institués par un testament de 1763, ce qui était contraire à l'article 47 de la loi du 22 ventôse, qui porte que : *si l'auteur de ces dispositions ayant survécu à la promulgation de la loi du 5 brumaire n'en a pas fait une nouvelle, sa disposition est nulle et de nul effet.* (N°. 100, E.)

XV. *Du 13 vendémiaire, an 4.* Annullation sur la demande de Nicole Baudemont, contre Levilain, d'un jugement du tribunal du district de Pont-Audemer, du 10 vendémiaire, an 3.

La femme Tasquier avait pris à fieffe, conjointement avec son précédent mari, une partie des biens du nommé Guérane Dubois, moyennant une rente de cent vingt livres, avec clause que si son mari venait à la prédécéder, elle aurait le droit d'en jouir, exclusivement à ses enfans et autres héritiers, en payant la rente.

Le cas prévu étant arrivé, une instance s'était engagée entre la femme Tasquier et Levilain, au tribunal de Bernay, qui avait prononcé en faveur de la femme; et sur l'appel au tribunal de Pont-Audemer, était intervenu le jugement attaqué qui l'avait déclarée non-recevable dans sa demande, sur le fondement des articles 329, 330 et 339 de la coutume de Normandie.

Fausse application desdits articles, en ce qu'il ne s'agissait dans la cause, ni de conquêts libres et simples, ni de transport d'un conjoint à l'autre, mais de l'exécution de la stipulation d'une tierce-personne , à laquelle lesdits articles n'avaient aucun rapport. (N°. 121 , E.)

XVI. *Du 13 vendémiaire, an 4.* Annullation sur la demande de la veuve Valabrèque , contre les Valabrèque, d'un jugement arbitral, du 9 floréal, an 2.

La veuve Valabrèque avait été déclarée déchue de l'hérédité de son mari, décédé postérieurement au 14 juillet 1789, par un jugement arbitral, rendu conformément aux dispositions de la loi du 5 brumaire, an 2 , et depuis elle avait demandé la restitution de cette hérédité, en vertu de celle du 17 nivôse suivant, qui avait abrogé ou modifié celle du 5 brumaire, en ce qui concernait la validité des dons faits entre époux.

Les arbitres nommés pour régler les parties sur cette nouvelle demande, y avaient declaré cette veuve non-recevable, sur le fondement que postérieurement à la publication de la loi du 17 nivôse, ayant été assignée pour le paiement d'une lettre-de-change souscrite par son mari , elle avait déclaré qu'elle n'était point son héritière , et fait assigner les défendeurs en leur dite qualité d'héritiers pour défendre à cette demande , ce que ces arbitres avaient regardé comme une répudiation de l'hérédité de son mari.

Contravention aux dispositions générales des lois romaines, notamment au §. dernier des institut. *de hœred. qualit. et different.* à la loi 19, ff. *de adquir. vel amitt. hœred.* et à la loi 21 , *in princip.* et §. 2, *de cod.* suivant lesquels il n'y a de répudiation que lorsqu'il y a intention et volonté expresse de répudier une hérédité déférée, et que

l'on sait être déférée ; circonstances qui ne se rencon-
traient point dans l'espèce proposée. (N°. 123, E.)

XVII. *Du* 13 *frimaire*, *an* 4. Annullation sur
la demande des mariés Bach, contre Calveyrac,
d'un jugement arbitral, du 9 nivôse, an 3.

Vincent Calveyrac avait eu de son premier
mariage une fille nommée Thomasse, et d'un
second mariage deux autres enfans. Thomasse
était morte sans postérité ; et l'ouverture de sa
succession avait donné lieu à la formation d'un
tribunal d'arbitres forcés, devant lequel Vincent
Calveyrac avait soutenu pour ses enfans que la
succession leur était entièrement dévolue à l'exclusion de la femme Bach, leur tante, qui soutenait,
au contraire, que les biens maternels de sa nièce
lui appartenait.

D'après un partage d'opinions entre les arbitres,
un tiers avait été nommé, qui, sans communiquer
avec ceux-ci, n'avait adjugé la succession ni à la
tante, ni aux frères, mais au père de la défunte,
en vertu de l'article 69 de la loi du 17 nivôse, an
2, expliquée, disait-il, par la réponse 51e conte-
nue dans le décret du 22 ventôse suivant.

Contravention, 1°. à l'article 54 de la loi du 17
nivôse, qui veut que les contestations de cette
nature soient jugées *par des arbitres*, et non par
un seul.

2°. A l'article 77 de la loi du 17 nivôse, selon
lequel la représentation a lieu à l'infini en ligne
collatérale. (N°. 137, E.)

XVIII. *Du* 26 *pluviôse*, *an* 4. Annullation
sur la demande de Jean-Baptiste Germain et
autres, contre les Faivre, d'un jugement arbitral,
du 22 messidor, an 2.

Il s'agissait de la succession de Claudine Faivre, dont les arbitres avaient ordonné le partage entre héritiers de divers dégrés.

Contravention aux articles 77 et 83 de la loi du 17 nivôse, an 2, et à la loi du 22 ventôse, réponse 50ᵉ, suivant lesquels la représentation à lieu à l'infini.... les successions se divisent en autant de parties qu'il y a de branches appellées, et chacun suit la condition de son auteur. (Nᵒ. 165, E.)

XIX. *Du 13 germinal, an 4.* Annullation sur la demande de Sébastien Tepenier et autres, contre Godin, d'une sentence arbitrale, du 11 messidor, an 3.

Il s'agissait de la succession de Louise Tepenier, qui avait disposé de ses biens par testament en faveur de Godin, qualifié son mari.

Le mariage avait été contesté et par conséquent le testament.

Le tribunal de Chinon avait par jugement du 19 prairial, déclaré le testament nul pour cause d'incapacité.

Les arbitres nommés sur la poursuite de Godin, sans avoir égard au jugement de Chinon, qui leur parut incompétent d'après la loi du 17 nivôse, an 2, qui attribuait à des arbitres les causes relatives aux successions, ordonnèrent l'exécution du testament.

Contravention à l'article 5 du titre 27 de l'ordonnance de 1667, qui dispose que les jugemens qui doivent passer en force de chose jugée, sont ceux dont il n'y a pas appel ; car il n'y avait pas appel de celui de Chinon.

A l'article 2 de la loi du 25 nivôse, an 3, qui autorisait les tribunaux à connaître des procès actuellement existans sur des questions d'état ;

car ce texte avait déterminé la compétence du tribunal de Chinon. (N°. 67, E.)

XX. *Du 26 germinal, an 4.* Annullation sur la demande de Renault, contre les frères Zimner, d'un jugement arbitral, du 27 floréal, an 3.

Il s'agissait de la succession de Marie Zimner, décédée femme Renault.

Les arbitres avaient adjugé à Renault le quart des meubles et la motié de ses acquêts.

Contravention à la coutume de Treves, §. 6, titre 6, qui, n'y ayant point d'enfans, voulait que le survivant des époux gardât la moitié des biens mobiliers, et que de l'autre moitié il en fût fait deux parts, dont l'une lui appartiendrait encore, et à l'article 13 de la loi du 17 nivôse, qui voulait que les avantages stipulés entre les époux, ou établis par les coutumes, eussent leur plein effet. (N°. 29, E.)

XXI. *Du 27 floréal, an 4.* Annullation sur la demande de Barbara, contre les Petit, d'un jugement du 10 thermidor, an 3.

Il s'agissait de la succession de Marie - Anne Barbara; Nicolas Barbara avait eu quatre enfans, savoir, 1°. Nicolas qui avait laissé Louis et Michel, lesquels avaient eu aussi des enfans.

2°. François, qui avait laissé autre François, lequel avait eu des enfans.

3°. Marie, femme Petit, qui avait laissé cinq enfans.

4°. Jean, qui avait laissé Marie-Anne, de la succession de laquelle il s'agissait. Les arbitres nommés entre les parties en avaient ordonné la division en huit parties dans la ligne paternelle, tandis qu'en remontant à l'aïeul paternel de la défunte, il n'y avait que trois parts à faire ; cet aïeul ayant eu outre le père de la défunte trois enfans, et les enfans de ceux-ci ayant du venir à la succession par représentation.

Contravention à l'article 77 de la loi du 17 nivôse, selon lequel la représentation a lieu à l'infini en ligne collatéralle, et à l'article 32, qui fait entrer les représentans dans le dégré et dans tous les droits du représenté. (N°. 46, E.)

XXII. *Du 27 floréal, an 4.* Annullation sur la demande de la veuve Ruy, contre la Locaille, d'un jugement arbitral, du 23 vendémiaire, an 3.

Il s'agissait de la succession de Ruy. L'article 13, chapitre 11 de la coutume de Liége avait attribué ces biens à la veuve faute d'enfans ; mais les arbitres avaient jugé que la succession devait être réglée par la loi du 17 nivôse.

Contravention à l'article 3 de la même loi, qui maintenait les avantages stipulés entre époux, ou établis par les coutumes, statuts et usages. (N°. 44, E.)

XXIII. *Du 11 prairial, an 4.* Annullation sur la demande de la veuve Watermuller, contre Oberle et Walter, d'un jugement arbitral, du 30 vendémiaire, an 3.

Il s'agissait d'une maison composant la succession de Waltermuller : les arbitres nommés pour régler cette succession étant partagés avaient eux-mêmes nommé un tiers ; ensuite ils avaient adjugé la maison à la fille aînée, en cette qualité d'aînée, en la chargeant d'une somme de huit cent livres.

Contravention à l'article 55 de la loi du 17 nivôse, an 2, qui voulait que le tiers-arbitre, en cas de partage, fût nommé par le juge de paix.

A la loi du 8 août 1791 , qui avait aboli toute inégalité résultante entre héritiers des qualités d'aînés ou puínés.

Et même aux lois romaines sur l'aliénation des biens des mineurs, et notamment à la loi 5 , §. 9 , *ff. de verb. cor. qui sub. tut.* , les enfans du second lit étant sous la tutelle de leur mère. (N°. 62 , E.)

XXIV. *Du 24 prairial , an 4*. Annullation sur la demande d'Antoine Baudry , contre Réné, de sentences arbitrales , des 14 prairial et 2 thermidor , an 3.

Il s'agissait de la succession de Jeanne Baudry , et de celle d'Antoine.

Une sentence du ci-devant bailliage de Chinon avait ordonné le partage des meubles de la succession d'Antoine Baudry , et faute par Antoine de les représenter , l'avait condamné à payer à Réné quinze cent livres : Réné avait fait signifier cette sentence , et Antoine en avait interjeté appel.

Réné Baudry avait fait revivre sa demande en partage de ses meubles devant les arbitres nommés pour régler la succession de Jeanne , et Antoine s'était départi de son appel , et avait offert la somme de quinze cents livres à laquelle il avait été condamné.

Les arbitres ne s'étaient pas arrêtés à cette offre , et avaient ordonné le partage effectif.

Contravention à l'article 5 du titre 27 de l'ordonnance de 1667 , selon lequel les jugemens qui doivent passer en force de chose jugée , sont ceux dont l'appel n'est pas recevable , soit que les parties y eussent formellement acquiescé , ou qu'elles n'en eussent interjeté appel dans le tems ; car il y avait eu acquiescement dans la signification faite à la requête de Réné Baudry , et dès-lors qu'Antoine se départait de son appel, la sentence demeurait irrévocable. (N°. 69 , E.)

XXV. *Du 9 messidor, an 4.* Annullation sur la demande de Pothier, contre Rois, d'un jugement du tribunal de Rouen, du 6 messidor , an 3.

Il s'agissait d'un héritage pris à titre de fieffe, par Guillaume Pothier, et ensuite par lui transporté à l'un de ses fils. On avait demandé la nullité du transport fait par le père au fils, comme contenant un avantage ; et il avait été vérifié qu'au lieu de la rente de neuf cents livres dont l'héritage avait été chargé, il valait mille quatre-vingt livres, d'où résultait pour le fils un bénéfice de cent quatre-vingt livres.

Contravention à l'article 434 de la coutume de Normandie , selon lequel les parens ne peuvent avantager l'un de leurs enfans plus que l'autre. (N°. 94 , E.)

XXVI. *Du 23 messidor, an 4.* Annullation sur la demande de Pierre Foulon et autres , contre la veuve Leterreux , d'un jugement arbitral du 20 ventôse, an 3.

Il s'agissait d'une succession ouverte au mois de ventôse de l'an 3 , et que les arbitres avaient adjugée aux parens plus proches en dégrés , d'où était résultée l'exclusion des parens paternels.

Contravention à la loi du 17 nivôse, an 2, article 77 , selon lequel la représentation a lieu à l'infini; article 82, qui veut que les successions se divisent en autant de parties qu'il y a de branches pour la recueillir ; et article 83, qui en attribue la moitié aux héritiers paternels et l'autre moitié aux héritiers maternels. (N°. 102 , E.)

XXVII. *Du 8 fructidor, an 4.* Annullation

sur la demande d'Itournel, contre Dautré Itournel,
d'un jugement du tribunal de Riom, du 4 ventôse,
an 3.

Il s'agissait d'une convention d'association faite
le 27 janvier 1731, entre Georges et Jean Itournel,
de tous leurs biens, avec pacte réciproque de se
succéder à défaut d'enfans, en présence de leur
père. Cet acte ne fut querellé que l'an 2.

Le tribunal de Riom, en réformant un jugement
de celui de Thiers, avait déclaré l'association
nulle, parce qu'elle avait dérogé à une institution
contractuelle et à cause de la présence du père.

Contravention, 1°. à l'article premier, chapitre
15 de la coutume d'Auvergne, suivant lequel tous
pactes de succéder apposés en contrats d'association
étaient bons et valables, et qui n'excluait point la
présence du père ;

2°. A l'article 46 de l'ordonnance de 1510, qui
voulait que toute rescision de contrat se prescrivît
par le laps de 10 ans. (N°. 124, E.)

XXVIII. *Du 17 vendémiaire, an 5.* Annullation sur la demande de Destaral, contre les enfans
Comarve, d'un jugement du tribunal de Toulouse,
du premier frimaire, an 2.

Ce jugement avait adjugé la revendication des
enfans de Comarve, qui avait pour objet leurs
biens maternels aliénés par leur père, avec restitution des fruits perçus durant la vie de leur père.

Contravention en ce dernier point à la loi romaine,
suivant laquelle ces fruits avaient appartenu au père,
*utendi, fruendi, habuerat, in diem vitœ, facultu-
tem, l. 1, cod. de bon. matern. l. 6, de bon. quod
liber.* (N°. 151, E.)

XXIX. *Du 17 vendémiaire, an 5.* Annullation
sur la demande de François Lemonier, contre

Thomas, d'un jugement du tribunal du Havre, du 11 mai 1791.

Il s'agissait d'une succession ouverte en 1718 ; François Lemonier avait été déclaré non-recevable dans sa demande en partage, ce qui était probablement fondé sur le laps de tems.

Contravention à la coutume de Normandie, article 529, suivant lequel entre co-héritiers la prescription quadragénaire n'avait pas lieu avant le partage.

Outre quatre juges, un suppléant avait été appellé sans nécessité.

Voyez au mot *Suppléans*.

Il n'y avait aucune énonciation de questions et de motifs. (N°. 152, E.)

XXX. *Du 24 frimaire, an 5*. Annullation sur la demande de Deblanque, contre Charbel et autres, d'un jugement arbitral, du 21 fructidor, an 3.

Il s'agissait d'une vente passée sous réserve d'usufruit, pour une somme payée par la veuve Foubouisse à Deblanque et sa femme, celle-ci héritière naturelle de ladite veuve ; les arbitres avaient annullé cette vente, la considérant comme à fonds perdu.

Contravention à l'article 26 de la loi du 17 nivôse, an 2, qui prohibe les ventes à fonds perdu à l'un des héritiers présomptifs, 1°. en ce que le citoyen Deblanque, acheteur par moitié, n'était pas successible, 2°. en ce que la vente n'était pas à fonds perdu. (N°. 223, E.)

XXXI. *Du 3 nivôse, an 5*. Annullation sur la demande de la veuve Bourreau, contre Jean Muray et autres, de deux jugemens du tribunal de Bourqueal, des 24 germinal, an 2, et 22 floréal, an 3.

Il s'agissait, au fond, du partage d'une succession ouverte en novembre 1762.

La demande formée à cet effet le 29 juillet 1793 (*vieux style*), avait été accueillie le 26 avril suivant par un tribunal de famille.

Mais, sur l'appel, jugement de renvoi devant des arbitres comme seuls compétens d'après l'article 34 de la loi du 17 nivôse, suivant laquelle ce partage devait être fait.

Fausse application de cet article, qui ne renvoie devant les arbitres que les contestations *qui pourront s'élever* sur l'exécution de la présente loi, en ce que la contestation existait déjà quand cette loi a été rendue.

Contravention à l'article 61 de la même loi, qui n'abolit toutes lois, coutumes, usages ou statuts sur la transmission des biens par succession ou donation, que pour les successions échues le 14 juillet 1789 et depuis ; et celles qui échéront à l'avenir : en ce que la succession dont le partage était demandé étant ouverte en 1762, ne pouvait être divisée que d'après les lois alors en vigueur. (N°. 231 , E.)

XXXII. *Du 22 nivôse , an* 5. Annullation sur la demande d'Antoine Girard, contre Bailleux-Tagon et Bailleux-Méchin, d'un jugement arbitral, du 25 thermidor, an 4.

Il s'agissait de la nullité d'un acte d'abandon fait le 8 pluviôse, an 3, par Jeanne-Agnès Méchin, de tout son mobilier et d'une rente viagère de cent cinquante livres, à Antoine Girard, sous diverses conditions onéreuses, comme de loyers, nourriture, etc.

Un jugement arbitral avait déclaré nul cet acte comme contenant une donation universelle, sauf la retenue du sixième en faveur du donataire.

Fausse application de l'article 25 de la loi du 17 nivôse, an 2, qui qualifie et maintient,

comme donations entre-vifs, lorsqu'elles sont antérieures au 14 juillet 1789, les dispositions par
lesquelles le donateur avait promis de nourrir et
entretenir le donataire, ou de lui donner une somme
déterminée en cas que leur humeur cessât de sympa-
thiser ; mais qui ne pouvait faire loi ici, où l'acte
n'est point qualifié de donation, et est, au contraire,
un véritable contrat onéreux.

Et à l'article 26 de la même loi, qui ne défend
la donation à charge de rentes viagères, ou ventes
à fonds perdu, qu'autant qu'elles sont faites à l'un
des héritiers présomptifs ou à ses descendans ; en
ce qu'Antoine Girard n'était ni parent ni successible de Jeanne-Agnès Méchin. (N°. 244, E.)

XXXIII. *Du 11 pluviôse, an 5.* Annullation
sur la demande d'Antoine Lagarenne, contre Marie-
Anne Lemoine, épouse divorcée d'avec lui, d'un
jugement du tribunal civil du département du
Calvados, du 18 germinal, an 4.

Il s'agissait d'une demande formée par la citoyenne
Lemoine, en répétition de sa dot et envoi en possession d'une maison que son mari avait acquise et
dont il avait payé partie du prix au moyen d'une
somme de treize cents livres provenant de l'aliénation des propres de la citoyenne Lemoine, et de
mille trente livres qu'il avait reçues de son beau-
père ; il s'était obligé pour le surplus à payer au
vendeur une rente de quatre cent cinquante livres,
et à rembourser une autre rente dont celui-ci était
grévé.

Le tribunal de famille avait décidé que Lagarenne
ne serait tenu d'abandonner à la citoyenne Lemoine
que la partie de la maison qui pouvait lui revenir,
à raison de treize cents livres provenant de l'aliénation de ses propres, par la raison qu'il n'était pas

établi que les mille trente livres qu'il avait reçu du père de Marie-Anne Lemoine , avaient été employées à quelques acquisitions , et qu'il s'était seulement obligé d'assurer cette somme sur tous ses biens présens et avenir.

Sur l'appel , le tribunal du Calvados envoya Marie-Anne Lemoine en possession de la totalité de la maison.

Fausse application de l'article 65 du placité de la ci-devant Normandie, ainsi conçu : *le remploi des immeubles que le mari ou la femme possédaient lors de leur mariage , doit être fait sur les immeubles qu'ils ont acquis depuis ledit mariage , au sol la livre.* (N°. 261 , E.)

XXXIV *Du 12 pluviôse , an 5.* Annullation sur la demande d'Albert-François Gamot, tant en son nom que comme commun en biens et donataire de feu Françoise-Colette Warmé sa femme, contre Jacques-Hippolyte Warmé Galhaud, tuteur des enfans mineurs de ladite Warmé , et de Jean-Rolland Laguette son premier mari, de deux jugemens du tribunal du département de la Somme, des 27 nivôse et 2 ventôse, an 4.

Une contestation s'était élevée devant un tribunal de famille entre les enfans du premier lit de feue Françoise-Colette Warmé , d'une part ; et Gamot son second mari, et leur fille, d'autre part ; relativement aux avantages que ladite Warmé (décédée le 4 ventôse, an 3) avait faits à Gamot son second mari, dans leur contrat de mariage , le 28 décembre 1788 , et qui se trouvaient réduits par les dispositions rétroactives de la loi du 17 nivôse, an 2, à l'usufruit de la moitié des biens de la citoyenne Warmé.

Sur appel du jugement du tribunal de famille,

le tribunal du département de la Somme ordonna, le 27 nivôse, an 4, que les parties plaideraient au fond.

Le 2 ventôse de la même année, second jugement, qui, au lieu de déclarer qu'il n'y avait lieu de statuer d'après l'article 11 de la loi du 3 vendémiaire précédent, infirma la décision du tribunal de famille, ainsi que tout ce qui avait précédé et suivi.

Contravention à l'article 11 de la loi du 3 vendémiaire, qui annulle tous procès existans, *tous jugemens intervenus, partages ou tous actes et clauses qui ont leur fondement dans l'effet rétroactif des lois des 5 brumaire et 17 nivôse, an 2, ou dans les lois subséquentes.* (N°. 263, E.)

XXXV. *Du* 19 *germinal, an* 5. Annullation sur la demande de la veuve Loisel et son gendre, contre une autre veuve Loisel, de sentences du juge de paix de Franqueville, du 14 vendémiaire, an 3.

Il s'agissait des avantages matrimoniaux de la défenderesse ; il avait dû être procédé selon les formes de la loi du 17 nivôse, an 2 ; mais, avant cette loi, des arbitres de famille avaient été nommés, et ensuite, sans nouvelle nomination, ces arbitres avaient été érigés en tribunal arbitral selon ladite loi, par les décisions du juge de paix confirmées au tribunal de Rouen, et ils avaient procédé en cette qualité ; le jugement du 14 vendémiaire avait été rendu par un seul arbitre nommé après partage.

Contravention à l'article 54 de la loi du mois de nivôse, an 2, qui voulait la formation nouvelle d'un tribunal arbitral, et de plus même contravention qu'au N°. 17. (N°. 318, E.) Voyez *Donations, Enfans naturels, Testamens, Époux.*

SUPPLÉANS.

SUPPLÉANS. On a réuni sous ce titre plusieurs
cassations uniquement fondées sur ce que des
suppléans avaient été appellés sans nécessité, pour
concourir à des jugemens, ou sur ce que des personnes, qui n'avaient point la qualité de suppléans,
en avaient induement rempli les fonctions.

I. *Du 11 mai 1793.* Annullation d'un jugement
du tribunal criminel du département de la Somme,
contre les nommés Gricourt, en ce qu'il avait été
rendu avec le concours de deux hommes de loi
appellés en remplacement de deux juges absens.

Le motif fut que la loi avait déterminé d'une
manière impérative, le nombre et le caractère des
juges criminels (article 2 du titre 2 de la loi du
mois de septembre 1791), et que des suppléans
accidentels n'avaient pas pu être admis en remplacement.

II. *Du 13 thermidor, an 3.* Annullation sur
la demande de Mainemard, contre Mathieu, d'un
jugement du tribunal du troisième arrondissement
de Paris, du 21 nivôse, an 3.

Un homme de loi avait fait fonction de juge,
lorsqu'il n'y avait ni absence, ni empêchement de
juge, ce qui était contraire à l'article 2 de la loi
du 29 août 1793, qui s'exprime ainsi : *en cas
d'absence ou d'empêchement de juges, les tribunaux sont autorisés à appeller des gradués
assermentés, ou des hommes de loi, pour remplacer et concourir aux jugemens.* (N°. 87, E.)

III. *Du premier brumaire, an 4.* Annullation
d'un jugement du tribunal de Saint-Claude, du 5
fructidor, an 2, contre les nommés Janet, sur
l'appel d'une sentence de juge de paix.

Le motif fut que ce jugement avait été rendu par
quatre juges et un suppléant. Le nombre de trois

III. Partie.   B b

juges était suffisant, aux termes de la loi du mois d'août 1790 ; et la loi du mois de mars 1791 , veut que les suppléans ne soient appellés qu'en cas de nécessité.

IV. *Du 9 brumaire, an 4.* Annullation sur la demande de la veuve Lemeilleur et son fils, contre Pinet et consorts, d'un jugement du tribunal du district de Beauvais, du 8 germinal , an 3.

Les défendeurs avaient formé une demande en résiliation de bail d'un bien dont ils s'étaient rendus adjudicataires, sur le fondement que la défenderesse ne l'avait pas fait viser ni enregistrer dans le délai prescrit par la loi; sur quoi le jugement attaqué avait prononcé en faveur de Pinet et consorts ; mais quatre juges et un suppléant, de la présence duquel la nécessité n'était pas prouvée , avaient concouru à sa formation. (N°. 131, E.)

V. *Du 14 nivôse, an 4.* Annullation sur la demande de Madeleine Bayle, femme de Jacques Massot et autres, contre Pierre Médaille, d'un jugement du tribunal du district de Carcassone, du 19 fructidor, an 2 , par lequel a été ordonné l'exécution d'un testament.

Le motif de cassation est qu'un suppléant avait concouru avec quatre juges à rendre le jugement du 19 fructidor, ce qui est contravention à l'article 29 du décret du 26 mars 1791, qui porte que les suppléans ne seront appellés que dans le cas où leur assistance sera nécessaire. (N°. 148, E.)

VI. *Du 23 nivôse, an 4.* Annullation sur la demande d'Étienne Moreau , contre Antoine Lauguet, d'un jugement du tribunal du district de Breteuil, du 14 germinal, an 3.

Le commissaire national avait concouru comme quatrième juge à rendre ce jugement. (N°. 152, E.)

VII. *Du* 29 *nivôse*, *an* 4. Annullation sur la demande d'Antoine Boudinot, contre Perraud, d'un jugement du tribunal de Corbeil, du 6 ventôse, an 3.

Il était question, au fond, d'un bail de biens nationaux, et du droit que le fermier adjudicataire avait conservé en revendant la propriété.

Un suppléant avait été appellé, bien qu'il y eût quatre juges. (Nᵒ. 155, E.)

VIII. *Du* 3 *ventôse*, *an* 4. Annullation d'un jugement du tribunal de Saint-Flour, du 4 vendémiaire, an 5, entre les nommés Marly et Viger.

Le motif fut que ce jugement avait été rendu par quatre juges du tribunal et un suppléant accidentel qu'ils avaient appellés sans nécessité ; tandis que, suivant l'article 7 du titre 4 de la loi du mois d'août 1790, le nombre de quatre juges était alors suffisant ; et que, suivant l'article 29 de la loi du mois de mars 1791, les suppléans ne doivent être appellés que dans le cas où leur assistance est nécessaire.

IX. *Du* 3 *ventôse*, *an* 4. Annullation sur la demande de Lelong, contre Barré, d'un jugement du tribunal de Rouen, du 5 prairial, an 2.

Il s'agissait d'une vente faite par un failli.

Il y avait quatre juges, et l'on avait appellé un suppléant. (Nᵒ. 170, E.)

X. *Du* 3 *ventôse*, *an* 4. Annullation sur la demande des Marly, contre Viger, d'un jugement du tribunal de Saint-Flour, du 14 ventôse, an 3.

Il s'agissait de droits successifs.

On avait appellé un citoyen pour faire fonction de juge, bien que le tribunal fût complet de quatre juges. (Nᵒ. 169, E.)

XI. *Du* 22 *floréal*, *an* 4. Rejet d'une requête

en cassation, présentée par la commune de Soubiran, contre un jugement du tribunal de Moléron, du 18 vendémiaire, an 4.

Le moyen de cassation était pris de ce que les juges pour se compléter avaient appellé un homme de loi, non suppléant en titre, lequel n'avait point prété le serment exigé par la loi du mois de mars 1791, article 29.

Le motif du rejet fut que cette loi n'exigeait ce serment que des suppléans entrant en fonctions, et non des citoyens sans titre, appellés accidentellement et en cas de nécessité.

XII. *Du 27 floréal, an 4.* Annullation sur la demande de Guachet, contre Marion, d'un jugement du tribunal de Vendôme, du 25 fructidor, an 2.

Le jugement avait été rendu par trois juges et deux suppléans, sur un appel qui ne demandait que quatre juges; ensorte que l'un des suppléans y était superflu.

Contravention à l'article 29 de la loi du mois de mars 1791, suivant lequel les suppléans ne doivent être appellés que lorsque leur présence est nécessaire à la validité des jugemens. (N°. 45, E.)

XIII. *Du 15 ventôse, an 5.* Annullation sur la demande de Henry-Ferdinand Grandjean de' Lille, contre Jacques-Isidore Goizot, d'un jugement du tribunal de Sens, du 16 thermidor, an 3.

Au fond, il s'agissait de la rescision d'une adjudication en justice pour cause de lésion d'outre moitié et de minorité.

Admise en première instance, elle avait été rejetée sur l'appel; mais un suppléant ayant concouru comme cinquième juge.

Même contravention. (N°. 292, E.)

XIV. *Du 25 ventôse, an 5.* Annullation sur la

demande de Boudot, contre Villette et Dubar, d'un jugement du tribunal de Felletin, du 24 août 1793.

Il s'agissait de revendication. Le jugement avait été rendu par trois juges et deux suppléans.

Même contravention. (N°. 298, E.)

T

TAILLES. *Du 5 frimaire, an 5.* Annullation sur la demande de Fortier et Liquier, d'un jugement des Requêtes de l'hôtel, du 7 octobre 1790, contre les héritiers Lacombe et Tarane.

Il s'agissait de tailles que Fortier et Liquier avaient demandées dans une distribution, par préférence aux autres créanciers ; mais ils avaient été déclarés non-recevables.

Contravention à l'article 42 de la déclaration du 20 janvier 1736, qui voulait que les débets de la taille fussent payés par préférence à toute autre créance. (N°. 211, E.)

TÉMOINS. *Du 25 ventôse, an 2.* Cassation de trois jugemens du tribunal du district de Saint-Florentin, des 11, 25 juin, 2 juillet et 20 août 1792, sur la demande de Romain Letellier, marchand, contre Joseph Dufresne.

Contestation s'était élevée entre ces deux particuliers, relativement à des salaires d'ouvriers payés par Letellier pour le compte de Dufresne ; et ce dernier répétait une somme de plus de mille livres. Le tribunal de Saint-Florentin, jugeant en dernier ressort, sur le consentement donné par les parties, avait ordonné que les ouvriers, à qui les paiemens avaient été faits, seraient entendus à la requête de la partie la plus diligente, et par d'autres jugemens postérieurs, les déclarations des ouvriers produits par Dufresne avaient été reçues.

Annullé , après partage , en ce que les ouvriers qui n'étaient point parties au procès , avaient été entendus pour faire preuve du fait prétendu par Dufresne ; comme contraire aux articles 2 et 5 du titre 20 de l'ordonnance de 1667. (N°. 67 , B.) Voyez *Preuve testimoniale.*

TESTAMENS. I. *Du 24 frimaire , an 2.* Cassation d'un arrêt du ci-devant parlement de Toulouse , du 31 août 1790 , sur la demande de Joseph Giscard de Montastruc , contre Luc Lasalle.

Il s'agissait d'un testament nuncupatif fait par Michel Escal devant le curé de sa paroisse et témoins, le 26 octobre 1736 , il avait été exécuté , sans réclamation , pendant plus de quarante ans ; mais en 1787 , un des enfans réduit à sa légitime par ce testament , prétendit qu'il était nul , attendu qu'il n'y était pas fait mention que la lecture en avait été faite au testateur , conformément à l'ordonnance de 1735 , et le parlement de Toulouse , adoptant cette prétention , avait cassé le testament.

Fausse application de l'article 5 de ladite ordonnance de 1735 , concernant les testamens , et contravention aux articles 80 et 81 , d'après lesquels la lecture n'était nécessaire que pour les testamens postérieurs à la publication de cette loi , et non pour les testamens antérieurs , à l'égard desquels le législateur déclarait lui-même ne vouloir aucunement déroger aux lois et coutumes anciennes.

Or , l'ordonnance de 1735 n'avait été enregistrée au parlement de Toulouse que le 23 février 1737, et le testament en question était du 26 octobre 1736, et le testateur était décédé dans la même année. (N°. 25 , B.)

II. *Du 3 messidor , an 2.* Cassation d'un jugement du quatrième tribunal du département de Paris , du 2 septembre 1793 ; sur la demande de

Marie-Geneviève Fricot, contre Adélaïde Savary, veuve d'Edouard Dijon.

Par son testament olographe, la mère de Dijon, décédée en 1786, avait réduit ses enfans à leurs légitimes, et légué une rente viagère de quatre cents livres à Geneviève Fricot, demanderesse.

Le jugement attaqué avait réduit à six cents livres une fois payées, la rente ci-dessus.

Annullé comme contraire à l'article 298 de la coutume de Paris, qui fixe la légitime des enfans à la moitié de leur part naturelle, et sur le motif que dans l'espèce, il restait, légitimes prélevées, un fonds plus que suffisant pour l'acquit de la rente. (N°. 125, B.)

III. *Du 28 floréal, an 3.* Annullation sur la demande de Jean Rouzet, d'un jugement du tribunal de Montauban, du 23 messidor, an 2, contre Jean Rouzet et autres.

Il s'agissait d'un testament terminé ainsi : *fait, passé et lu en présence de..... les trois derniers n'ont signé pour ne savoir, ni ledit testateur pour ne pouvoir à cause de la faiblesse de sa main, tous de ce requis.*

Ce testament avait été déclaré nul, sous le prétexte qu'il n'y était pas suffisamment constaté qu'il eût été lu au testateur, et que le testateur eût déclaré la cause pour laquelle il ne pouvait signer.

Contravention à l'ordonnance de 1785, et à la déclaration du 17 août 1783, qui, en exigeant que la lecture fût faite du testament entier au testateur, et que l'on fît déclarer par le testateur la cause pour laquelle il ne signait pas, n'avaient prescrit aucune expression ou formule ; l'énonciation du testament énonçant suffisamment que le vœu de la loi avait été rempli. (N°. 55, E.)

IV. *Du 23 floréal, an 4.* Annullation sur la

demande de la veuve et enfans Vassal , contre
Rouviere , d'un jugement du tribunal de Mont-
Hippolyte , du 28 nivôse , an 3.

Il s'agissait d'un testament de Jérôme Rouviere.

Le défendeur avait argué de nullité en qualité
d'enfant né hors mariage du testateur légitimé par
rescrit après sa mort. Ce testament avait été déclaré nul.

Fausse application de l'article 53 de l'ordonnance
de 1735 , qui annullait les testamens quant à l'institution , en cas de prétérition de ceux qui ont droit
de légitime ; en ce que l'enfant né hors mariage ,
n'ayant eu droit de légitime , ni au tems du testament , ni au tems de la mort de son père , on n'avait
pu donner à la fiction de la loi , qui le regardait
comme légitime après le rescrit, l'effet de la vérité ,
et au rescrit une exécution rétroactive. (N°. 43 , E.)

V. *Du quatrième jour complémentaire , an* 4.
Annullation sur la demande d'Herman , contre
Duvringer , d'un jugement arbitral , du 29 thermi-
dor , an 2.

Il s'agissait des dispositions testamentaires de
Catherine-Madeleine Duvringer , le 23 germinal ,
an 2 , datées de 1784.

Les arbitres avaient annullé ces dispositions , et
décidé que le testament antérieur à la loi du 17
nivôse n'était pas même susceptible d'exécution à
concurrence des portions que cette loi déclarait
disponibles.

Contravention à la loi du 19 fructidor , an 2 ,
réponse trente-troisième, selon laquelle le testament
antérieur à la loi du 17 nivôse, an 2 , devait avoir
son exécution , à concurrence des portions disponibles , lorsqu'il ne s'agissait que des dispositions à
titre particulier , et la réponse quarante-septième
de la loi du 22 ventôse, qui exigeait de nouvelles

dispositions tant de la part des personnes qui avaient survécu à la loi du 17 nivôse, an 2, qu'à l'égard de celles à titre universel. (N°. 137, E.) Voyez *Successions, Donations.*

TIERCE-OPPOSITION. I. *Du 24 frimaire, an 4.* Annullation sur la demande de Bornainville et Martin, contre Roger, d'un jugement du tribunal du district de Louviers, du 6 floréal, an 3.

Les demandeurs avaient formé originairement une demande en revendication de marchandises, contre Roger, qui, d'une autre part, se les était fait adjuger vis-à-vis d'un autre créancier, en vertu d'un jugement qui avait reçu son exécution, et dont il excipait à leur égard. Ils s'étaient en conséquence pourvus contre ce jugement par la voie de la tierce-opposition ; mais le jugement attaqué les y avait déclarés non-recevables, sur ce qu'il avait reçu son exécution.

Contravention à l'article 2 du titre 35 de l'ordonnance de 1667, qui, en admettant la tierce-opposition aux jugemens, ne fait aucune distinction entre les jugemens exécutés et ceux qui ne le sont pas, d'où il suit que le jugement attaqué à supposé dans la loi une exception dont elle ne parle point. (N°. 141, E.).

II. *Du 9 nivôse, an 4.* Annullation sur la demande de Jean Orsal, contre Jean Blanc, cessionnaire de Jean Monjaux, d'un jugement du tribunal du district de Séverac, rendu le 11 fructidor.

Confirmatif d'autre jugement, par lequel Jean Blanc avait été reçu opposant à un précédent jugement rendu au tribunal du district de Saint-Geniès, contre Jean Monjaux, non cédant, le 22 nivôse, an 2.

Les motifs de cassation sont que le jugement du 22 nivôse, an 2, est contradictoire, et que Jean

Blanc est censé partie dans ce jugement, puisqu'il est aux droits de Jean Monjaux, contre lequel il a été rendu. Motifs fondés sur les articles 2 et 3 du titre 85 de l'ordonnance de 1667, dont l'un n'admet l'opposition simple que contre les jugemens par défaut, et l'autre n'admet la tierce-opposition qu'en faveur de ceux qui n'ont point été parties ou duement appellés. (N°. 147 , E.)

III. *Du 17 germinal , an 4.* Annullation sur la demande des Lesquier , contre Jean Née , d'un jugement du tribunal de Caen, du 3 fructidor, an 3.

Il s'agissait d'un héritage tenu en rente par les auteurs maternels de Lesquier , et que leur père avait été condamné à délaisser par arrêt du parlement de Rouen.

Le tribunal de Caen avait déclaré les frères Lesquier non-recevables dans leur tierce-opposition à cet arrêt.

Contravention à l'article 2 du titre 35 de l'ordonnance de 1667 , qui permet de se pourvoir par requête, afin d'opposition contre les arrêts et jugemens en dernier ressort , auxquels les demandeurs en requêtes n'ont pas été parties ou duement appellés. (N°. 14 , E.)

IV. *Du 21 brumaire , an 5.* Annullation sur la demande des frères Casteau , contre Claret, d'un jugement du tribunal de Carcassone , du 24 fructidor, an 3.

Il avait été objecté aux frères Casteau une sentence des ci-devant Requêtes du palais de Toulouse ; ils n'avaient formé tierce-opposition qu'en cause d'appel, et par cette raison elle avait été rejetée.

Contravention à l'article 2 du titre 35 de l'ordonnance de 1667, qui autorisait l'opposition de ceux qui n'avaient été parties ni appellées , et ne l'excluait pas en cause d'appel. (N°. 187 , E.)

V. *Du 27 brumaire, an 5.* Annullation sur la demande de Pierre Tesson, contre Depitre, agissant pour les mineurs Tesson, de jugemens d'arbitres, des 5 et 9 brumaire, premier et 17 frimaire, an 3.

Il s'agissait du partage d'une succession : il y avait eu des jugemens d'arbitres. Depitre, agissant pour les mineurs, avait fait accueillir par de nouveaux arbitres une tierce-opposition, et obtenu en conséquence diverses décisions.

Contravention en ce que Depitre n'avait pu être tiers-opposant, au nom des mineurs Tesson, à des jugemens dans lesquels les mineurs avaient été parties : l'ordonnance de 1667, titre 35, article 2, n'admettant la tierce-opposition qu'en faveur de celui qui n'a pas été partie ou duement appellé. (N°. 197, E.) Voyez *Défaut, Opposition.*

TIMBRE. I. *Du 13 pluviôse, an 2.* Cassation d'un jugement du tribunal du district de Bourg, du 7 septembre 1792, sur la demande des régisseurs, contre René Chicad, ci-devant greffier du tribunal.

Ce jugement avait décidé qu'il n'y avait pas contravention à la loi du mois d'octobre 1791, de la part de Chicad, pour avoir dressé un cautionnement sur papier libre.

Annullé comme contraire à cette loi, qui ne fait pas de distinction entre les différentes espèces de cautionnemens. (N°. 45, B.)

II. *Du 28 ventôse, an 2.* Cassation d'un jugement du tribunal du district d'Apt, du 21 janvier 1793, confirmatif d'un autre jugement du tribunal d'Aix, sur la demande de Joseph Bertel, contre Catherine Bonavie.

Ces jugemens avaient condamné Bertel en exécution d'une promesse sous signatures privées, faite sur papier libre, et sans qu'elle eût été enregistrée avant d'être produite en justice.

Contravention à l'article 19 de la loi du mois de février 1790, sur le timbre, et à la loi du mois de décembre , sur l'enregistrement, qui exigent que tous actes privés en vertu desquels il sera formé quelque demande, soient timbrés et enregistrés avant de pouvoir être produits en justice, à peine de nullité des jugemens. (N°. 71 , B.)

TRANSACTIONS. *Du 11 thermidor, an 3.* Annullation sur la demande de Pestres, contre Albert-Louis-Aymar Lefournier Wargemont, d'un jugement du sixième arrondissement de Paris, du 23 floréal, an 2.

Le jugement attaqué avait reçu le commissaire national opposant à un arrêt du ci-devant parlement de Paris, du 8 août 1780 , qui ordonnait l'exécution de deux autres arrêts , des 28 avril 1778 et 23 janvier 1779 , lesquels conféraient à la femme Wargemont , mariée et domicilée en Brabant, la libre administration de ses biens. Il avait aussi reçu , tant le commissaire national, que Wargemont lui-même, opposans à un autre arrêt de la même cour , du 5 février 1781 , portant enregistrement de lettres-patentes dérogatoires aux dispositions des actes anti-nuptiaux passés entre le mari et la femme, et confirmatives d'une sentence de séparation de corps, rendue sur la demande Wargemont lui-même, en l'officialité de Malines. Par suite de ces oppositions, ce jugement anéantissait les lettres-patentes, ainsi que tout ce qui avait précédé et suivi, et faisait revivre les dispositions du contrat de mariage, nonobstant des arrangemens contraires pris par les parties.

Le motif de l'annullation des lettres-patentes

était pris de la loi du 20 septembre 1793, dont les articles 2 et 3 sont ainsi conçus : *les lettres-patentes accordées dans des cas particuliers, enregistrées aux ci-devant parlemens ou autres cours supérieures, sans opposition ou discussion préalable.*

Les arrêts de propre mouvement et autres du ci-devant conseil, sans partie présente ou duement appellée, et sans mention de pièces originales et productions de procès, ne peuvent en aucuns cas être valablement opposés à ceux contre qui ils ont été obtenus.

Les personnes qui ont essuyé des condamnations en vertu de ces lettres-patentes et arrêts, ont le droit de se pourvoir contre les jugemens qui les ont prononcées dans les délais fixés par la loi.

Fausse application de cette loi, en ce que, 1°. les lettres-patentes annullées, au lieu d'avoir été obtenues contre Wargemont, avaient, au contraire, été accordées de son consentement exprès, et conformément à une transaction par lui volontairement souscrite.

2°. En ce qu'aucune condamnation n'était intervenue contre lui en exécution de ces lettres-patentes.

Contravention, en ce que le jugement avait reçu le commissaire national opposant, à la loi du 24 août 1780, qui porte : *au civil, les commissaires du roi exerceront leur ministère, non par voie d'action, mais seulement par voie de réquisition, dans les procès dont les juges auront été saisis.*

3°. Contravention, en ce qu'il ordonnait l'exécution du contrat de mariage au préjudice d'une transaction du 13 juillet 1780, qui n'était arguée de dol ni de fraude.

A l'ordonnance de 1560, qui s'exprime ainsi qu'il suit : *confirmons et autorisons toutes tran-*

*sactions qui sont passées sans dol et force......
voulons et nous plaît que contre icelles nul ne
soit reçu sous prétexte de lésion quelconque,
mais que les juges, à l'entrée du jugement s'il
n'y a autres choses alléguées contre icelles
transactions, déboutent les impétrans et les
déclarent non-recevables. (N°. 97, E.)*

TRIBUNAL DE FAMILLE. *Du 6 prairial,
an 4.* Annullation sur la demande d'Anne-Marie
Guilemin, contre Antoine Renard, d'un jugement
du tribunal d'Autun, du 22 messidor, an 3.

Les parties, mari et femme divorcés, avaient
nommé des arbitres de famille.

Le tribunal d'Autun avait déclaré l'appel du
jugement de ces arbitres non-recevable, les con-
fondant avec les arbitres volontaires.

Contravention à l'article 4 du titre 10 de la loi
du mois d'août 1790, selon lequel la partie qui
se croyait lésée par des décisions d'arbitres de
famille, pouvait se pourvoir par appel. (N°. 70, E.)
Voyez *Arbitres.*

TUTEURS. I. *Du 8 ventôse, an 3.* Annullation d'un jugement du tribunal de Neufchâtel,
rendu le 18 floréal, an 2, sur appel d'un autre
tribunal, entre les nommés Letailleur et Bloquet.

Ce jugement avait été rendu par trois juges au
lieu de quatre, nombre exigé par la loi d'alors.
Les parties, à la vérité, avaient consenti à être
jugées par ces trois juges, et ce consentement
aurait pu valider le jugement en lui donnant le
caractère de décision arbitrale ; mais l'une des
parties agissait en qualité de tuteur, et la loi de
1790, titre premier, ne donne le droit de compro-
mettre et nommer des arbitres, qu'aux personnes
jouissantes et usantes de leurs droits

II. *Du 13 prairial, an 4.* Annullation sur la demande de Claude Durand, contre la veuve de Pierre Durand, et les mariés Lachaud, d'un jugement du tribunal de Brioude, du premier germinal, an 3.

Il s'agissait de la validité d'une cession faite par Pierre Durand à Claude son frère, querellée et annullée sous prétexte que Claude avait été tuteur légitime de Pierre, selon l'article 6, chapitre 11 de la coutume d'Auvergne, et on n'avait pu traiter avec lui avant de lui avoir rendu compte.

Contravention à cet article de la coutume d'Auvergne, qui ne déclare tuteur que le frère aîné majeur de vingt-cinq ans, au tems du trépas du père ou aïeul ; car Claude Durand ne s'était pas trouvé majeur au décès du dernier de ses ascendans, puisqu'il y avait eu un autre tuteur. (N°. 68, E.) Voyez *Mineurs.*

V

VENTES. I. *Du 8 floréal, an 4.* Annullation sur la demande des frères Truitiers, contre la veuve Martin, d'un jugement du tribunal de Forcalquier, du 29 brumaire, an 3.

Il s'agissait d'une vente faite au préjudice d'une donation ; mais la veuve Martin était héritière de son père, qui avait fait la vente, et de son mari qui s'en était rendu garant, et cependant la vente était annullée.

Contravention aux lois 14, *ff. de except. rei vend.* et autres, dont il résulte qu'il y a exception de garantie contre la demande de celui qui est garant de l'éviction. (N°. 49, E.)

II. *Du 12 prairial, an 4.* Annullation sur la demande de Chappuis, contre Perrcin, d'un jugement du tribunal de Bourgoin, du 3 prairial, an 3.

Il s'agissait de la vente d'un héritage, dont le vendeur s'était auparavant dépouillé par une donation ; mais il y avait eu ensuite confusion de la qualité d'héritier avec celle de donataire, ensorte que l'acheteur avait contre la revendication l'exception de garantie. Cependant Chappuis avait été condamné au délaissement. (N°. 65, E.)

VOIRIE (Grande). *Du 21 ventôse, an 2.* Cassation d'un jugement du tribunal du district de Luxeuil, du 4 septembre 1793, sur la demande de Jean-Claude Buisson, en présence du commissaire national.

La police municipale de Boindincourt, sur le rapport d'un garde champêtre, avait condamné Buisson à recombler une fouille qu'il avait faite près d'un grand chemin, et à une amende. Sur l'appel, le tribunal de Luxeuil, sans égard aux moyens d'incompétence proposés par Buisson, contre la municipalité, et contre le rapport du garde, l'avait déclaré non-recevable dans son appel et condamné aux dépens.

Contravention à la loi du 6 septembre 1790, qui attribuait aux tribunaux de district le contentieux relatif à la grande voirie, et à la loi du mois d'avril 1790, qui veut que les rapports des gardes champêtres ne fassent foi que jusqu'à la preuve du contraire qui pourra être admise sans inscription de faux. (N°. 64, B.) Voyez *Routes, Chemins.*

F I N.

www.ingramcontent.com/pod-product-compliance
Lightning Source LLC
LaVergne TN
LVHW011225170726
843501LV00002B/376